西欧音源の日本語1016《ミ〜レ》

日葡辞書にグラッチェ・ミ〜レ

レナート・ミナミ
Renato Minami

幻冬舎
MC

葡語《ポルトガル》（音）は漢字の訓読みを促し国字（和製漢字）になった

刀剣銘文・仏教経典（五、六世紀）の「漢字」・その後の「かな」が文語（貴族・武士の教養《たしなみ》）となる一方、庶民も聞いた「葡音」（十六世紀）は漢字の訓読みを助け（漢字になければ）国字をつくった。いま巷間（口語）に残る千語のルーツをたどる。

葡音そのまま表記

パン　ジショ　カステラ　おカシ　オッパイ　ナンパ　オテンバ　さらば　ピリピリ（↓**1001**）

葡音で意味が変化

ありがとう　まさか　めでたい　いたずら　さらば　すごい　すくむ　あそぶ　わび
おもしろい　せめて　やおら　らく　あながち　がってん　かなしい　とても　とにかく

葡音で漢字を訓読

胡坐《あぐら》　痘痕《あばた》　団扇《うちわ》　狼狽《うろた》える　驚《おどろ》く　案山子《かかし》　勘違い（間違い）　屈《かが》む　考える　寂《さび》しい　洒落《しゃれ》

葡音で国字を創作

鎹《かすがい》　躾《しつけ》　襷《たすき》　饂飩《うどん》（の「饂」）　莫蓙《ござ》（の「蓙」）　噺家《はなしか》（の「噺」）　矢鱈《やたら》（の「鱈」）

葡音で和語を創作

挨拶《あいさつ》　生憎《あいにく》　天晴《あっぱれ》　螻蛄《おけら》　お辞儀《じぎ》　お世辞《せじ》　お接待《せったい》　面白《おもしろ》い　億劫《おっくう》　お襁褓《むつ》　油断《ゆだん》

葡音に漢字を充当

胡麻　護摩　綺麗　可愛い　得体　囮《おとり》　虜《とりこ》　釦《ボタン》　弁柄《べんがら》　侘寂《わびさび》

葡音が西から東進

おもろい　あからん　けちょんけちょん　ちゃんと　ちゃかす　チャリンコ　チャルメラ　チャンポン　ぺちゃんこ　おじちゃん

＊　現代の日本でも常識・感じ方は人・地域により千差万別（↓**873**「真面目（卵の話）」）なのに、四百五十年前の葡音は異文化ですからあらゆる場面が考えられます。場合によって（わかりやすく）スキット（たとえ話、寸劇）にしています

＊＊　葡語辞典で確かめられるようアルファベット表記にしました（ご確認は大きめの辞典をお薦めします）

＊＊＊　国語辞典で語源不明または（英語以外の）外来語では？と思われる日本語は目次（五十音順）でお確かめください。通読される方はまず「ありがとう（↓**71**）」からお読みください

序

戦後、まだ帰国子女が珍しかった頃、日本経済の先兵、商社は「語学堪能な人材が豊富」と言われた。英語についてはともかくとして、ほかのドイツ語、フランス語、スペイン語、ポルトガル語、アラビア語、タイ語、韓国語などもカバーすることになった。

そこで、若手社員を語学ごとに選抜、それぞれの語圏に派遣して生活習慣を身につけさせれば言葉も上達して、会社の世界展開に役立つに違いない、と制度化された。いわゆる「海外語学研修生」で、商社のこのアイデアは銀行・メーカーにも及ぶが、妻帯者だと自宅で日本語を話してしまうので外国語習得の妨げになる、との懸念から、「独身」を条件にした。

それでも「海外での自由」に惹《ひ》かれ、血気盛んな商社マンの応募が殺到した。だが、成功例もあれば失敗例もある。独身は派遣時のことで、あとから結婚するのは本人の自由とばかり、現地の女性と結婚して会社も辞め国籍まで変更してしまう例も。無事帰国しても、配属先のオフィスで日に何回も敷物を広げて、アラーの神に祈る者さえあったという。

こうした時代、私はブラジルにいた。ブラジルではだれも外国人とは思われない。国籍が違えば確かに外国人、でもブラジル人は元々《もともと》みな外国人だったので、ブラジルに着いた初日に「ブラジル銀行への道」を尋ねられたり、フランスでもよくあるが、制服姿の女学生がひょっこりと目の前に立って「腕時計の時間」を聞かれたりした。日本人でネクタイをしていれば間違いない、と思われたのだろう。

「ブラジルの日本人」を研究しているパラナ連邦大学教授は、日本人を見つけるや、「あなたは船で来たか、飛行機で来たか」と尋ね、「船で来た日本人は信用できるが、飛行機で来た連中はすぐ日本に帰ってしまうので信用できない」と言う。

ブラジル社会における日本人の信用は船組が築き上げた。しかし飛行機組ならではの発見もある。

外国語はまず最初に「感謝の言葉」を習う。ポルトガル語では「オブリガード」（女性はオブリガーダ）、発音は「（オ）**ブリガー**（**ド**）」である。ひょっとして、これ「アリガトウでは？」と飛行機組家族の間で噂になった。（「（オ）**ブリガー**（**ド**）」を早口で繰り返すと「**アリガト**」になる（↓**173**）。昔の日本人にはそう聞こえたのでは？）

船組とその子孫は今では百五十万人以上になるので、これに気づいている人も多いものと思われる。

帰国して大学で「有難うの語源はオブリガード」と話すと、早速学生の手が挙《あが》り、「ポルトガル船来航前の日本に感謝の言葉はなかったのでしょうか?」「いい質問だ」と黒板を消して時間を稼ぐ。おもむろに正面を向き平然と「それまでは『いやはや、これはかたじけのうござる』と言ってたんです」と無事答えた。(鋭い質問を咄嗟《とっさ》にクリアした即妙の一瞬は何年経っても忘れられない。)

高校古文の授業で「ありがたし」は感謝ではなく、「在り難し」(存在し難い)と教わる。能(百萬《ひゃくまん》)に「この寺ぞありがたき。かたじけなくもかゝる身に」の一節がある。「このようなお寺は滅多に在るものではない、有り難くも私のような身に」の意味。能の観阿弥・世阿弥は室町時代だから、平安時代の「ありがたき」お大師様は、この世に存在されることが「在り難し」=滅多にないのであって、当時も「ありがたし」と言われていたとするなら、直接に感謝の意味はなかったことになる。

ザビエル一行は、日本人の親切に触れて、その度に「.オブリガード」を連発した。それを聞いた日本人「あの南蛮人、何と言った?」「どういう意味?」から「もしやアリガトウでは?」と思いいいたる過程で、厳密に「存在か感謝か」など意識することなく、「在り難い」ゆえに「有り難い」と感謝するようになった（盲亀浮木《もうきふぼく》、即ち、仏の教えに出会うことは盲亀が大海を泳ぎ、浮木の穴を見つけるほど稀有《けう》な出来事で、在り難いことゆえ感謝すべし、との仏教の教えが行き届いていた）。

ブラジル時代、就寝中も昼間のポルトガル語が日本語と響き合い、ふと目覚めることがしばしばあり、四百五十年前のザビエルたちの時代を想うとともに、現代日本語に残るポルトガル語の多様さに気づくが、長崎街道開通四百年記念行事（ポルトガル大使館後援於：福岡県直方市《のおがたし》）の折にそのいくつかを発表、当時の原稿に加筆して本書を書き下ろした。

二〇一六年オリンピック・リオ大会の閉会式で、東京大会（二〇二〇年）へのメッセージはOBRIGADO - ARIGATO（赤い文字）だった。歴史は史料＝物証で確定する。本書は日本語の中からポルトガル語の音の痕跡《こんせき》をたどり推定するものですが、これは物証に乏しく状況証拠を積み重ねる検察の作業にも似ている。読者は裁判官、裁判員になって自由（フレキシブル）な心証でお読みいただければ幸甚です。

プロローグ

中国の「竹莢魚《チゥチァイー》」、魚のアジを日本で「鯵」と書く。なぜか？

アジは年中釣れる。釣船で竿頭《さおがしら》（釣果《ちょうか》トップ）の常連（地元鎌倉の鮨屋）は弥生（旧暦参月）になると刺身が旨くなる、だから「鯵」と書く（旨さに参った、は俗説）と言う。梅に鶯《うぐいす》啼《な》けば鯵《あじ》、四月花咲き桜鯛《さくらだい》、五月青葉出でて初鰹《はつがつお》、六月白む暁の定時に啼くので「時鳥《ホトトギス》」（歳時記）と書いた先人の耳・眼・舌は研ぎ澄まされていた。早春の微《かす》かな味の変化に俳人は遥《はる》か遠くを感じとり「鯵」を「夏の季語」にした。

鯵釣れて東京湾でありにけり　稲畑廣太郎（ホトトギス）

東京湾フェリーの航路《三浦半島（久里浜《くりはま》）⇕房総半島（金谷《かなや》）》は鯵の漁場で、神奈川からも千葉からも釣船が出る。鯵釣の外道《げどう》（目的外の釣魚）にフグが混ざる。神奈川側から出て釣れたフグをクーラーボックスに入れようとすると、隣の親切な釣人が心配して大声でご注進。「船長さん、この人、フグ持って帰ってるよ」。すると真っ黒に日焼けした船頭が操舵室から鉢巻き頭を出し「持って帰っちゃいけねぇとは言わねぇが、すすめはしねぇだ」。決まり文句のだみ声が響く。

千葉側（内房《うちぼう》）から出た釣船では「（フグが釣れたら）陸《おか》に上《あ》がって、おばあちゃんに料ってもらいな」だった。船宿の昼食「ちらし寿司」に舌鼓《したつづみ》を打ち「このお寿司、関西風で美味しいね」と褒《ほ》めると「何言ってんだ（関西だって）？　代々伝わる（千葉の）味だ！」。おばあちゃんは怪訝《けげん》そうに鴨居《かもい》の先祖の写真を見上げた。

無免許では調理できないフグ。しかし「慣習は法律に優先する」からか免許は全国統一されていない。九州では近所のだれかがおろしてくれていた。フグ調理の元祖は小祝《こいわい》浦（大分県中津市）で漁師経由（周防灘《すおうなだ》の海上）で本州に伝わる。大阪の十三《じゅうそう》では猛毒のキモをよく洗い（こっそり）刺身で出す店もあった。フグで命を落とした坂東三津五郎（人間国宝）ではないが、旨いものは旨い。それはともかく、千葉の「ちらし寿司」は間違いなく関西の味だった。

勝浦、白浜という地名は和歌山（紀伊半島）にも千葉（房総半島）にもある。漁船に冷凍庫など無い時代、魚の本当の味を知らぬ江戸っ子に鰹《かつお》のタタキを食べさせようと和歌山の漁師が黒潮に乗って鰹の群《むれ》を追い、江戸（消費地）近くの房総半島の港に母港（和歌山）の名をつけ定住、関西の文化が千葉の漁村に伝わったからこそ、おばあちゃんはフグを捌《さば》け、おばあちゃんのつくる「ちらし寿司が関西風」だったのだ。

東京湾で鯵を釣り千葉の船宿で「ちらし寿司」を食《くら》えば「和歌山の鰹漁師」が「神の愛を知らぬ日本人を救霊しようと黒潮に乗ってやってきた宣教師」のようで、「千葉のおばあちゃん」が「現代の日本人」に見えてくる。

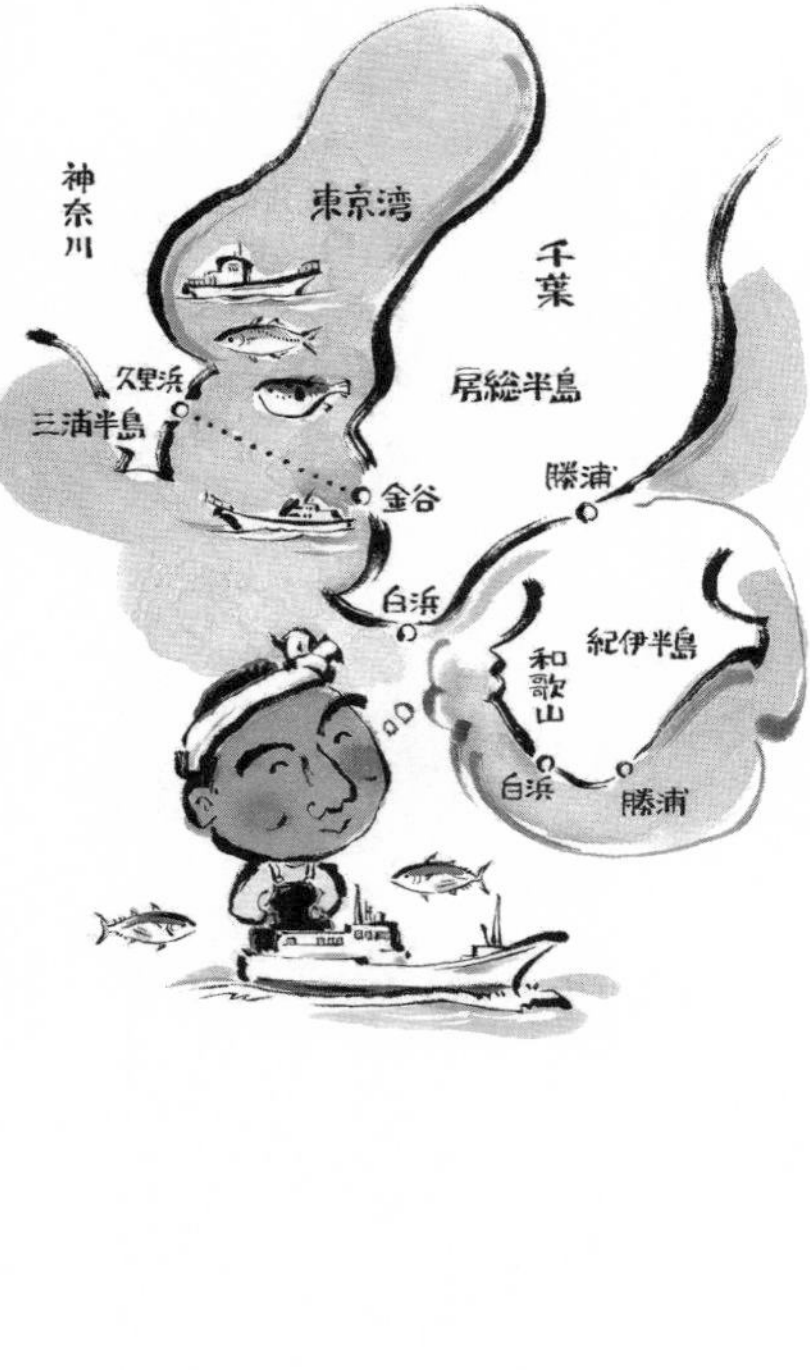

「グラッチェ・ミ〜レ Grazie mille」（イタリア語）は Thank you very much（ポルトガル語 Obrigado)。天正遣欧少年使節に同道したヴァリニャーノ神父（イタリア人）、バスク生まれのザビエル（スペイン人）など宣教師はラテン各国の出身で当時はポルトガル語が公用語だった。大浦天主堂を訪れた日本人信徒をローマ法王に報告したプティジャン神父（フランス人）を含め彼らの声から日本語千語《ミ〜レ》が生まれた経緯をたどる本書「グラッチェ・ミ〜レ」はラテン世界（ローマ法王庁）への謝辞。

これら千語からわかることは何か。

令和四年　睦月

レナート　ミナミ

目次

1016 Japanese
sound like
West-European

西欧音源の日本語

日葡辞書にグラッチェ

☀ミ〜レ 1016

1

あい（愛）

法華経＊（鳩摩羅什《くまらじゅう》訳）の「愛」はサンスクリット語 tṛṣṇā トリシュナー（渇き）＝「渇愛」の意味。七世紀玄奘三蔵がインドから密教の経典を持ち帰ると「愛染明王」（不動明王）、「金剛愛菩薩」（曼荼羅）のサンスクリット語 raga ラーガ（愛欲）も「愛」と訳される。九世紀初頭最澄・空海が密教を伝えると「愛」は「煩悩」（の一つ）とされ、日本独自の（中国にはない）「護摩焚き」で祈願・供養のため火にくべる護摩木が「滅却・清浄すべき煩悩」に見えたのは葡語 goma ゴマ「護摩（嘘→虚仮）」（→330）や「六根清浄」の影響だろう。

＊法華経―「愛別離苦、是故会者定離」「十二因縁（無明、行、識、名色、六処、触、受、愛、取、有、生、老死）」

古語「愛《かな》し」（いとおしむ）や「愛《め》づ」（かわいがる）、「愛娘《まなむすめ》」「愛弟子《まなでし》」（→881）、「香具山は畝傍《うねび》をを（愛）しと耳成《みみなし》と」（万葉集）、「愛育、寵愛」（日本書紀）「愛敬つき」（源氏物語・枕草子）などの漢字「愛」を法華経型「愛」とすると、貪愛《とんない》（親鸞『教行信証』）、愛欲、愛着、愛憎などは密教型「愛」で、愛宕《あたご》神社（阿多古山→愛宕山）のお札（「火迺要慎」《火の用心》）を家の竈《かまど》に貼ったのは「愛染明王」の威力で火事から家屋を守る意味があり、戦国武将直江兼続《かねつぐ》の兜（立物）に入れた「愛」の文字も「愛染明王」の威を借りて相手を畏怖させた。

こうした日本の事情など知るべくもないザビエルたちは「アモール」（amor＝love）の適訳（日本語）を模索した。パン（↓741）やジショ（↓386）など実在するモノなら現物を示せば済むが、「amorなど抽象名詞」は実際に見せることができない。ザビエルに随行したヤジロー（↓949）は宣教師が日本で直面するであろう困難を予め想定し「キリストと言っても日本人にはわからない。Deusデウス『神』はダイニチと言えば日本人は大日如来を連想するので理解できる」などと日本への航海中にアドバイスしていただろう。しかしamor＝loveの適訳（日本語）までは思いつかなかった。「日本にないものだからそのままアモールでいいのではないか」「いや、実物ならそれでもよいが抽象概念はそうはいかない。アモールだといつまでも異質な外来語として扱われる。キリストのamorアモールを伝道するには一言でわかる日本語でなければならない」などの議論を経て最終的にamorの公式訳は「御大切」に落ち着く。I love you. も「君を御大切に思ひ奉る」と言われればより具体的で「こころ」が動き易いかも知れない。

（葡語）	（当時の日本語）	（現在の日本語）
Jesus Cristo	ぜずす くりしと	イエス キリスト
amor	御大切	愛
próximo	ぽろしも	隣人
Deus	ダイニチ ↓でうす	神（主）
Virgem Maria	びるぜん まりや	処女 マリア

「隣人愛 o amor ao próximo」は「ぽろしもへの御大切」。「ぽろしもは皆でうすの作《つくり》給《たま》えば也《なり》」「万事にこえてでうすを思い奉り、我身を思う如くぽろしもとなる人を大切に思ふ事これなり」（↓エピローグ）「わがためにわれらが御主《あるじ》でうすをたのみ玉へ。あめん*」（↓**635**「ドチリーナ切支丹」）や高山右近周辺の文献には「カリダアデ」（caridade：amor の具体的行為「慈善、施し」）などの言葉が残っており宗教心・神学の高まりを窺い知ることができる。（「カリダアデ」（英 charity チャリティ「慈善（行為）」（↓**387**））は仏教の「喜捨」とは異なる。「寄進」という言葉は中国語にはなく「喜捨」の音から日本独自の用語になったと思われる。）

＊ 祈りの最後「アーメン」は当時のキリシタンも使った。葡語 amar「愛する」の三人称（複数）接続法現在が amen（こぞりて愛すべし）。スペイン語、フランス語、イタリア語、英語、ギリシャ語も同様。「amém アーメン」は assim seja「かくあれかし（然り、そうありますように）」と訳されているが、ラテン語圏で amen は（諸人《もろびと》愛すべし）の意味

「愛」の中国音は「ai アイ」。日本語の「愛」には法華経型と密教型双方の意味・用法があったが明治時代、中国語版聖書から日本語版聖書をつくるとき初めて* love が「愛」と訳されるとポジティブな「愛」が強調される。しかし「御大切」を説いた桃山時代の神父の脳裏には「amor アモール＝アイ」の予感があった。

＊ 西郷隆盛の揮毫「敬天愛人」などは西洋文化の影響か

聖書（原典ヘブライ語）はギリシャ語を経てラテン語に翻訳された。十字架のイエスはさぞ痛かっただろうとラテン語圏で「イエスのアイ」は直感的に「イエスの受難」とわかる。なぜならラテン諸国*で「痛い！」は「アイ！」（↓5「あいたっ！」）、とくに痛いとき「Ai-jesus! アイジェズス！」＝「イエスのアイ」と叫ぶ。「受難＝痛《ア》み《イ》」が皮膚感覚でわかる。「キリストの受難《パッション》」（聖書）を語るとき「痛《ア》み《イ》」と「愛《アイ》」はラテン系言語で同音（宣教師には「イエスの悲鳴＝アイ」）が聞こえていた。法華経を漢訳するときそんな偶然を知るはずはなく、もし必然とするなら鳩摩羅什以前（紀元前後）にどこかでキリスト教（ラテン語）の影響があったことになる。

＊「♪アイ、アイ、アイ、アイ ¡Ay! ¡Ay! ¡Ay! ¡Ay!」がサビの歌（シエリトリンド cielito lindo）は「カンタイノジョレス ¡canta y no llores!（歌いなさい、泣かないで）」と続くが、スペイン語「¡Ay! アイ！」も葡語も「Ai! アイ！（「（ハートが）痛い！」）

「キリストの受難」（聖書）はラテン語（パッショ passio）を経て英語（パッション passion）になる。そのジュースの名称からかエネルギードリンクと誤解されがちなパッション・フルーツはブラジル原産。膜に包まれた黒い種がギッシリ詰まった果実、その美しい花も西洋では昔から知られていた。花の中央に大きく現れるめしべの形状に「磔刑《たっけい》に処せられたキリストの姿」を想いその花をパッション（受難）と名付けた。

南天の夜空に輝く四つの星を結び十字架（サザンクロス＝南十字星）としたカトリック信徒がパッション・フルーツの花から出現する磔刑のキリスト様に思わず十字を切る姿は、蓮《はす》の華《はな》から現れたお釈迦様に合掌する仏教徒のようだった（北半球からは見えない南十字星 Cruzeiro do Sul を頼りに帆船の進路を決めた大航海時代のポルトガル人が戦国時代の日本に到達し、その鉄砲で天下統一を果たした信長の安土桃山時代を迎える）。

バッハの受難曲《パッション》のほかベートーベンのピアノソナタ「熱情」も「appassionata アパショナータ」。ポルトガルやブラジルで最も大切な人柄はその人が simpático ＊シンパチコ」であるかどうか、相手の感情（パッション pát）を同調（シンクロ sim）できるかどうか（↓413「邪魔」）、つまり「好感度が高い共喜共憂の士」であるかどうか、だという。法話でわかりやすく「生老病死」を語る日本の仏教だが、ベトナム僧ティク・ナット・ハンは英語で compassion「コンパッション＝情を共に体現すること」（同情）の大切さ「同体大悲」を説く。日本語で「同情する」は（他人を）憐れむ場合に使うが、本来の意味は相手の「情（パッション）」と同じくする（合わせる）ことで直接「他者救済」「社会奉仕」につながる（道元の「同事」《正法眼蔵》だろうか）。

法華経が中国に伝わる頃には聖書（ラテン語版）があったことからラテン語 ai.

「アイ」と漢字「愛」との接点＊＊が推測され、漢字「愛」の解字《なりたち》（心が切なくて足もそぞろに進まない会意・形成文字）も法華経のトリシュナー（渇き）＝「愛」（鳩摩羅什訳）と矛盾しない。

＊ 反対の「低感度→感じが悪い」antipático アンチパチコはスペイン語、イタリア語、フランス語も同じ

＊＊「イエスの ai アイ（受難）」と漢字「愛」の関係は結局、ラテン語聖書の成立と法華経（鳩摩羅什訳）の時代に遡る

2 あいあい（藹々）

「和気藹々」（和《なご》やかな雰囲気に溢れている様子）の「藹《あい》」は「草木が盛んに茂るさま」。「盛んに」→「いたく」→「痛いほど」と程度を表す。

3 あいくち（合口）

「ai アイ」は（痛い）、「クチ」は cútis クチス「皮膚」。つまり「皮膚が痛い→血をみる」意味。

4

あいさつ（挨拶）

「挨拶」の語源は禅宗の「一挨一拶」（碧巌録《へきがんろく》）にある（通説）。しかし禅宗でなくても挨拶はする。「一挨一拶」の禅訳は「切り込み問答」で日本の禅僧が「挨拶」を当てた（中国人は「拷問」の一種かと思う）がその「音源」は何だろう。

米海軍で上官への敬礼「アイアイサー！（Aye aye, Sir!）」はスペインの無敵艦隊ではSí, mi señor. だから「アイアイサー！」はバイキングの用語だろう（鬨《とき》の声war cry に近い）。日本に来たアングロサクソン系と言えばイギリス人ウィリアム・アダムズ（三浦按針）が初。船乗りだった彼の「アイアイサー！」を聞いた僧侶が「一挨一拶」から漢字「挨拶」を当てたものと思われる。（「挨」も「拶」も他に熟語はない。）

5

あいたっ！

急激な痛みに思わず「あいたっ！」と叫び、また何かしくじったときも思わず「あっ、しまった！」「あいたっ！」と反応する。ポルトガル人もそんなとき「アイ！　Ai!」と絶叫する。英語の「アウチ！　Ouch!」。先日フィギュアスケートの演技を終え成績発表を待って金メダルが決まった瞬間、「Oh, my God!」（神様！）

と叫ぶ日本人がいた。葡語「アイ！　Ai!」を聞き「あいたっ！」と真似たとしても不思議ではない。

6

あいにく（生憎）

こんな歌がある。♪ Ai, que saudade do meu tempo de república!（ああ、懐かしい学生時代！）（痛みを感じるほど懐かしい）。日本語でも「いたく感じる」「痛感する」と言う。「Ai アイ」（痛い）は「とても」「いたく」（強調）。

葡語 nica ニカは「些細な事」で「あいにく」は「とても些細なこと↓どうでもよいこと」。

神父がお困りだろうと親切な日本人が教会に「おとし紙（今のトイレットペーパー、昔九州ではそう呼んでいた）」を持ってきた。神父に「アイニカ（そんな些《さ》末《まっ》な事）」と断わられ「アイニク（間に合ってます）」と思った日本人が「生憎」と書いた。

7

あいや

大相撲「すもう（↓480）」で呼出しの声に土俵の両力士が塩を取りに東西に別れるころ行司が「かたやー〇〇、こなたー□□」と東西の力士を紹介する。横綱などでは立行司が「あいやー□□」と言うことがある。また武士が喧嘩の仲裁に入るとき大声で「あいや、待たれい！」と二人の中に割って入る。

葡語 aí アイ（イにアクセント）は「そこ」（場所を示す）。「あいやー□□」は「そこにいるのは□□」、「あいや、待たれい！」は「そこで待て！」の意。武士の時代が終わった今も行司の声に残る。

辞書には「これこれ、ああ、など相手を呼び止める時の言葉」とあるが語源は「葡語 aí アイ」。

8

アカ〈の他人〉

「アカの他人」の「アカ」とは何か？ 英語の諺《ことわざ》 Blood is thicker than water.（血は水より濃し）の water「水」は葡語 água「アグア」、イタリア語 acqua「アクア」。これが「アカ」に聞こえた。（↓**10**「閼《あ》伽《か》棚」）「アイ！」（痛み）と「愛」（↓**1**）の如く関係は遡るが、「水っぽさ」を「アカの他人」「水くさい」などと強調した。

9

あがく（足掻く）

葡語 agarrar アガハーは、溺《おぼ》れる者が藁《わら》をもつかむように「（何かに）しがみつく」。「足を掻く」のではない。

10 アカだな（閼伽棚）

葡語で「水」は「アグア água」、イタリア語では「アクア acqua」。昔から日本の山中にはあちこちに祠《ほこら》があり、水が供えてあった。そんな祠を閼伽棚と言った（↓徒然草「神無月のころ」の段）。ひょっとして、これ、葡語?と思いきや、閼伽棚は仏教用語（梵語）で、閼伽は「水」。ラテン語「アクア aqua」が閼伽になったもので、ポルトガル船来航より古くから、洋の東西はつながっていた。

11 あかちん（赤チン）

「あか」は「赤」、葡語 tintura ティントゥラは「チンキ剤（塗り薬）」。

12 あがなう（贖う）

葡語 agarrar アガハーは「取りつく　しがみつく」。神父が罪多き人間の欲望を語るとき pecado que se agarra firmemente em nós... アガハ…（我々人間にこびりついた欲望↓罪）と繰り返したことから「アガハ」＋「なう」⇓「罪滅ぼしをする＝あがなう」で漢字「贖」を訓読みした。「なう」は「伴う」「商う」「担う」「償う」など「行為を実行する」意味。

13

あからさま

「開く、開かん」は元々日本語だが、ポルトガル人宣教師の承認を得られず「ラチがあからん」（熊本弁↓977）と言い、また葡語の動詞「アカニャー acanhar」（恥ずかしがらせる）から、「あからさまに」とは（恥ずかしいことも包み隠さずさらけだして）の意味（↓15）。「赤心」「赤裸々」の「赤」もしかり。

14

あからめる

「（顔を）あからめる」は実際に赤くなるからだが、「アカニャー acanhar」（恥ずかしがる）が語源。

15

あかん

熊本弁で「あからん」、「ちゃんとせんばあからんたい（ちゃんとしないとだめ）」と言う。元々「開く、開かん」は日本語だが「（～しなければ）いけない」という用法はポルトガル来航以降。

動詞「アカニャー acanhar」は（恥ずかしがらせる）だが、これに強調語尾「～アン ão」をつけて「～したら（～せんと）恥ずかしい」、それが「～したら（～せんと）あかん」（関西弁）になった。

16 あきたけん（秋田犬）

「犬《いぬ》」は「ケン cão」。それまで日本語では「いぬ」と呼んでいたが、葡語の「ケン」から「秋田いぬ、土佐いぬ」などを「秋田ケン、土佐ケン」と呼ぶようになった。ポンペイの遺跡にも犬のモザイク（タイル）画がありイタリア語でも「カーネcane」。

17 あきなう（商う）

葡語 aquinhoar アキノアー「分配する」から。一人称単数現在 aquinhoo アキノヲはピッタリそのまま「（私は）商う」。「商社の本業は分配業にあり」（某社元会長）はいかにも昭和らしい言葉。

「商い」と言えば正直感（↓863「ほんま」）があるが「ビジネス」となると利益至上感が前面に出る。二〇〇四年まだホテルの予約サイトなどない時代、ヨーロッパのホテルを予約するのにイタリアのヤフーでホテルのアドレスを探した。陽気な彼らはコメントとともにアドレスも書き込んでいた。安い予約サイトではなくホテルのホームページに正規の料金で直接メールした結果、どのホテルでも一番いい部屋だった。「安かろう、悪かろう」を助長するネットビジネス、あえて予約サイトを利用しない手もある（チェック・イン時そういう目で見られ悪い部屋になることが多い）。

18

あきれる（呆れる）

葡語の動詞「アキエタ― aquietar」も quietar と同義で（静かにする）という意味。教会での何かの集会が荒れ、どうしようもないときに宣教師が天を仰いで「アキエタ、アキエタ Aquieta! Aquieta!」（お静かに！ お静かに！）と言ったことから、どうしようもないと困惑するさまを「アキレタ」と言い、動詞「あきれる」となった。これにぴったり（↓753「ピタッと」）の漢字はない。「呆」は中国語では「ぼんやりした」（呆然など）の意味だが、「あきれる」の意味に近い漢字を（葡語の音で）訓読みした。

19

アク（灰汁）

「灰汁《あく》」も当て字で葡語。あるとき宣教師がポルトガル料理を作ってみせた。牛豚は四足《よつあし》と呼び食べなかった日本人も牡丹鍋《ぼたんなべ》（＝猪《いのしし》）は食べた。獲ってきた猪でスープをつくった。ポルトガル人の言葉は「スープは骨からこうしてダシを取る。

表面に浮く溜まりをよく取る」。

この表面に浮く溜まりが「アクムラード acumulado」。これから「灰汁を取る」ことが日本料理必須の技となった。

九州ラーメンと言えば今でも「豚骨」スープだが、この時の猪骨スープの味が伝わっている。（↓**257**）

20

あくせく（齷齪）

「齷齪《あくせく》」の「齷《あく》」は「溜まり　蓄積」（↓**19**「アク」）。「セク」は「急《せ》く（↓**489**）」なので「アクがセク」は「溜《た》まった用事がいろいろあって忙しくしている」様子。中国語「齷齪」の意味「汚い、卑しい」とは異なる。

21

あぐねる

「あることを成し遂げられずどうすればよいか困る」ことを「あぐねる」「倦《あぐ》む」と言うが、葡語 aguentar アグエンターは「支える　我慢する」。ポルトガル人の常套句 não aguento（ノン）アグエント「…いたしかねる」から。

22

あくび（欠伸）

スープの表面に「灰汁《アク》（↓19）」が溜まる。疲れ・退屈のため溜まった「アクが首《クビ》から出る」ので「アクビ」と呼び漢字「欠伸」を訓読みした。

23

あくまで（飽く迄）

「飽きる迄」ではなく、「灰汁（↓19）まで」つまり「（不要な副産物の）灰汁まで」「徹底的に（どこまでも）」の意味。つぎの可能性もある。

背負った赤ん坊が泣きやまず困っている母親に通りがかったポルトガル人神父がAcomode o bebê no berço. アコモデ…（赤ちゃんを揺りかごに寝かしたら）と言ったのを「あくまで赤ん坊なんだから」と聞き、漢字で「飽く迄」と書いた。

24

あぐら（胡坐）

葡語 agrado アグラード「快適」から。ポルトガルの宣教師が謁見を希望するというので、正座のできない彼らをどうもてなしたらよいのか考えた殿様は「苦しゅうない」（堅苦しくなく、リラックスして）は何と言えばいいのか、切支丹《きりしたん》信者に尋ね「アグラ」と言えばよいことがわかった。

いよいよ本番、宣教師がやってくると、とにかく笑顔で「アグラ、アグラ」を繰り返し謁見の間（畳）に通した。どうしたらよいのかポルトガル人宣教師が戸惑っていると、殿様みずから畳に「アグラ」＊をかいてみせた。

現代でも海外の賓客を迎える政治家は握手するとすぐに片手で取材カメラの方向を示すが、まず笑顔で「アグラ、アグラ」（お気楽に、お気楽に）と言うのが当時の外交儀礼だったのだろう。

＊「敬意を払うのに我等は帽子をとって立ち上がるが、彼等は反対に履物を脱いで坐る」（ヴァリニャーノ神父『日本巡察記』）

25

あげ

九州北部の「あげ」は（あのように）の意味で、熊本弁の「あぎゃん」が変化したもの。葡語 guião ギアォンは「先頭旗、船舵、強い主張・意見・気持ち」。これから「げ」が「様子　気持ち」を表すようになり「さみしげ」「うれしげ」また

「何げなく」などと言った。

26 あけせき

熊本弁「あけせき」は、（ドアを開ける）こと。「せき」は葡語 secar セカー「帆をたたむ　閉める」意味。

27 あざける（嘲る）

踏み絵でだれだれが棄教したと聞いた神父は Que azar! ケアザー！（がっかりだね！）と言った。これを聞いた信者は棄教者を見下し嘲《あざけ》った。azar アザーには多様な意味があり総じて「不運、偶発事故、現実（社会）の不幸」に際して使われる。夏目漱石は「冷笑《あざ》ける」と書いている。（↓32）

28 あざとい

「あざとい」は（抜け目がない、要領がいい）こと、それも悪い意味で使っている。これは葡語の「アザード azado」（器用な、適当な、抜け目ない）から。

29

あざなう（糾う）

「禍福は糾へる縄の如し」（運、不運は「糾へる縄に異ならず」《漢書》）の「糾」を日本語でどう読み下すか、漢学者は考えぬいた揚げ句、宣教師の葡語 azar アザー「運、不運」の音から「あざなへる」と訓読みした。合格発表で不合格者に Que azar! ケアザー！（何という巡り合わせ！）と慰める。（↓32「あざわらう」）

30

あざむく（欺く）

ルアーフィッシングは古今東西ある。当時日本でも擬餌針《ぎじばり》でイワナ、ヤマメなどを釣っていた。擬餌針は羽毛に針を隠して魚を騙す（↓554）。葡語で羽毛は asa アザであり、（魚がかかって道糸の）目印にしていた羽毛を「強く引っ張る a muque アムケ」（↓900「ムキになる」）の可能性も考えられるが、葡語 azar アザー「不運不幸」へ向けて他人を「追いやる」意味だろう。

31

あさる（漁る）

「突っきん棒」という漁は昔からある。船首《みよし》（先端）に立って長い槍を持ち、海面を泳ぐカジキなどを突いて不意に襲うのだが、葡語 assalto アサルトは「(不意の)

襲撃」。

32 あざわらう（嘲笑う）

「あざける（↓27）」は「他人の不幸を」が葡語の意味だが日本語「あざわらう」は「相手が不幸でなくても恰も不幸であるかのようにせせら笑う」意味になった。葡語 azar アザーから「嘲笑《ちょうしょう》」（中国語）を「嘲笑《あざわら》う」と訓読みした。

33 アジト

辞書には「英語 agitating point（扇動司令部、隠れ家）の略」とあるが葡語動詞 agitar の過去形 agitou アジトゥは三人称で「（彼が）扇動した」。首謀者を主語に「アジト（ゥ）」と言ったのが居場所を指す言葉になった。

34 あせ（汗）

「あせる（↓35）」。

35 あせる（焦る）

日本では一般に、何らかのパフォーマンス（滝行、千日行、護摩行など）で世の中のことが何でも見えるようになると信じられ、修行研鑽を積み「霊能者」を目指す宗派は現代もある。第三者が絶対に知り得ない自らの事実を言い当てられればだれでも驚愕する。そうした経験のない人は「そんなの呪術」と一蹴するかも知れないがまさに摩訶不思議にも真実を言い当てるのである。宣教師も内心単なる呪術師と思っていた「霊能者」（東洋の預言者）だが、他人に知られるべくもない事実、たとえばポルトガルにいる兄妹の数などを言い当てられ心底驚いた。そのときの宣教師の叫び acertou! アセルトウ（当たり！）を聞いて「焦《あせ》る」と訓読みした。

聖書に預言者はでてくるが、日本では袴姿の巫女や霊媒師がズバリ言い当てた。

36

あせる（褪せる）

宣教師を古寺に案内することがあった。本堂の天井に描かれた絵を見て acelerado アセレラード「（劣化が）進んでる」と言い漢字「褪」を当て「褪《あ》せる」

が日本語になった。

37 あそこ

九州では「あそこ」を「あっこ」と言う。葡語「アッコラ acolá」は「あそこ、あちら」。

38 あそぶ（遊ぶ）

「遊ぶ」という日本語は古くからあり和歌・歌舞音曲（宴）から子供の遊戯まで（→「遊びをせむとや生まれけむ」《梁塵秘抄》）広く、心のままに楽しむ意味だった。葡語 assobiar アソビアーは「口笛を吹く」（過去形 assobiou）。桃山時代の日本人は「口笛を吹く」行為をよくは思わず「遊ぶ」に「不良」のイメージが加わり「遊び人」「遊女」などの言葉ができた。

39 あたかも（恰も）

「あたかも〜のように」は「まるで〜」とわかりやすく言うために「〜のように」と例示する。葡語 atacar アタカー「（突き）詰める 凝縮する」。源氏物語や枕草子には見当たらない。漢字「恰」は「恰好」「恰幅」（↓209）など日本で葡音の当て字に使われるが中国語にはない。

40 あたけぶね（安宅船）

信長の天下統一に「安宅船＝鉄甲船」の果たした役割は大きい。大型船に鉄板を貼りその小窓から鉄砲を乱射し琵琶湖周辺の敵を制圧した。葡語 atacar アタカー は「攻撃する」（英語 attack アタック）。「安宅船」は「攻撃船」、より小型の船「関船」も軍船で、能「安宅」・歌舞伎「勧進帳」（歌舞伎十八番のひとつ）内では「強固な守り」の意味で義経が通る関所を「安宅関《あたかのせき》」と呼んでいる。「安宅船」「関船」はあったが「安宅関」は実在しないと考えられる。「安宅」は地名・人名に残っている（小松市、徳島市。また伊藤忠商事に合併された安宅産業の「安宅」は創業者名）。

41

あだ名（綽名）

「渾名《あだな》・綽名《あだな》」は「アダター adaptar」（適応する、あてはめる）から「あてはめられた名前」。

42

アダな

♪粋な黒塀《くろべい》　見越しの松に　アダな姿の　洗い髪（春日八郎『お富さん』）は戦後（昭和）の歌。「アダな」、葡語 adamado アダマード（女好きな　英語 womanlike）は本来男性を指す形容詞だったが日本では女性にも使った。浮名の意味で「徒名《あだな》」と言う。また「婀《あ》娜《だ》っぽい」は女性に使用する形容詞。

43

あたふた

大食い大会の参加者は一斉に食べ物を詰め込む。葡語 atafulhar アタフリャーは「詰め込む」。

44

あつ（厚）かましい

ポルトガル人神父は殿様に謁見する前に、藩の家老に事前面接された。指定された場所に行くと、家老の家来の事前面接が待っていた（家老の家来にまで面通しされた）。その威張った態度に業を煮やした神父は「アテカマレイロ」até camareiro（家来までも！）と言い、「厚かましい」になった。camareiro カマレイロは cama カマ「ベッド」の用意（ベッドメイキング）をする人、侍者、側用人、付き人。

45

あっけ（呆気）

「呆気に取られる」は「意外なことに驚き呆れる」こと。

五十歳を過ぎて仏道を深め得度・出家する作家も多い昨今だが、平均寿命の短い時代にも高齢の宣教師はいた。モノの名前が出てこず、何でも「あれ」で済ましがちなのは認知症の初期症状で「あれ」の葡語が aquele, aquela アケーリ（男性名詞）、アケーラ（女性名詞）。

彼らが「アケーリ、アケーラ」と言い出すものだから周囲の日本人は「呆気に取られた」「呆気（に取られているヒマも）ない」と使った。

46

あっけらかん

葡語 aquele cão アケーリカォンは「あそこの犬」（のような顔）」。意外で驚くあまり口を開けて茫然としている様子を戸惑った犬の表情に喩《たと》えた。

47

あっさり

ブラジルやフランスのパン屋の店頭には自販機のような縦長の箱（ステンレス製）があり、正面のガラス越しに丸裸の鶏五、六羽を刺した串が数本、熱せられくるくる回って（串が自転しチェーンでその串を上下に公転させて）いる。回転している間に熱で油がしたたり落ち、油が抜けた鶏肉をパンに挟んで食べる。ドイツ料理シュバイネブラーテン（schweinebraten）のように調味（味付け）はせず（塩とせいぜいレモンのみの）いわばブラジル牛肉料理シュラスコ（churrasco）の鶏版（frango assado フランゴ・アッサード）で、街で手軽に買えるローストチキン。これがある国には（ケンタッキー）フライドチキンは難しい。

このassadoアッサードが「あっさり」の語源。「（熱で脂が落ちた）カラカラ焼き」「炙《あぶ》り焼き」とでも言おうか、脂気のないその食材自体の味は和食にもよく合い肯定的に「あっさり」受け入れられた。

48

あっちっち

郷ひろみが「♪あっちっち、あち」と歌ったが、日本で流行る前にヨーロッパで原曲（Ricky Martin の Livin' La Vida Loca）がヒットした。葡語 atiçar アチサーは「火をかきたてる」。

49

あっぱれ（天晴）

スポーツ選手の技を評して「あっぱれ！」「喝！」というテレビ番組がある。従来「あっぱれ」は「あはれ」が促音化したものとされてきたが、葡語 Aparato! アパラト！（お見事！）が語源（「あっぱれ」は単なる感嘆「ああ」だったが称賛「見事」の意味が加わった）。

髭の殿様が日の丸の「扇子（↓502）」を開いて「あっぱれ！」と喜ぶ姿が目に浮かぶ。しかし国旗は明治時代に制定されており殿様の扇子に日の丸というのは時代考証の余地がある。

明治政府はイギリス国歌 God Save the Queen（神よ、女王を守り給え）を参考に、古今和歌集の「さざれ石の巖《いわお》となりて苔の生すまで」から「君が代」が続くように国歌、そして国旗を定めた。「君が代」も「日の丸」も意外に若い。

50

あでやか（艶やか）

宣教師をお寺に案内した。仏教の説明を日本語でしてもわからず、僧侶は百聞は一見に如《し》かずと絢爛豪華な仏画を見せた。宙を舞う鳳凰（カラビンカ）に驚嘆し「アデヤー」と叫ぶので漢字「艶」を訓読みした。葡語adejarアデヤーは「鳥が舞う」（葡語は「アデジャー」だがスペイン語、バスク語では「アデヤー」）。

51

あとぜき

熊本弁「あとぜき」は、「ドアを閉める」こと。「せき」は葡語secarセカーから で「急《せ》ぐ」（↓494「せっかち」）のほかに「帆をたたむ　閉める」意味がある。

52

あながち（強ち）

「あながち〜でない」は「必ずしも〜でない」。葡語anãoアナォンは「小さい」。「あながち……ではない」は「一見、そうとも取れるが」と「小を否定して大を肯定する」。古来「程度が甚だしい」意味だったが小を否定し大を肯定する表現は比較的新しい。「必ずしも……ではない」と部分否定するのは（社会）事象がそれだけ複雑化した表現と言える。

53

あなた（貴方、貴女）

「あなた」も「こなた」（↓326）も丁寧語で、葡語で考えれば nata ナタは「生クリーム」（最良部分）。

nata は牛乳の最良部分。ウインナコーヒーは和製英語でウィーンでは「アインシュペナー（Einspänner）」と呼ぶ。葡語では café com nata カフェコンナタ（coffee with cream）。定冠詞 a をつけた a nata「アナタ」は「最良部分 the choicest part」（葡英辞書）。

「夫」のことを「良人」と訳す翻訳小説もあり、葡語以外の言語にも同様の表現がある。スペイン語「ナタデココ」は「ナタ de ココ」、すなわち「ココナツの最良部分」。

54

あばずれ（阿婆擦）

動詞「アバスタルダー abastardar」は「堕落する、劣化する」。「すれる」をつけた「あばずれ」は「堕落した使い古し」。

55

あばた（痘痕）

葡語 abatatado アバタタードは形容詞「ジャガイモの」。したがって「痘痕」は天然痘の痕（通説）や梵語ではなく「ジャガイモの芽」。「あばたもえくぼ」は「あばた（なかなか取れないので主婦が苦労するジャガイモの芽）も（愛らしい）えくぼに見える」。

56

あばれる（暴れる）

漢字「暴」はいつだれが「あばれる」と訓読みしたのだろう。葡語の動詞abalarアバラーは「あばれる　地震が起きる」。Terremoto abala Japão（地震アバラ日本）「日本で地震」《新聞の見出し》のように用い、これから浄瑠璃や歌舞伎で「あばれる」が使われた。古事記・日本書紀には「暴風」「暴浪」の用例はあるが万葉集・源氏物語・枕草子に漢字「暴」はない（〃地震アバラ日本〃の葡語abala「アバラ」は他動詞なのだが日本語では自動詞にしてアバレルと言った）。

地震
アバラ日本!
Terremoto
abala
Japão

57

あばよ

ボサノバの名曲 Não Me Diga Adeus（私にさよならは言わないで）。歌手 Maria Creuza マリア・クレウザがサビ前のつぶやきに哀愁を込める Se alguém lhe dá conselhos pra você me abandonar（ほかの誰かが私を捨てるようアドバイスしても）の me abandonar ミアバンドナー（私を捨てる）。

神父の説教で O Perigo de Abandonar a Fé（信仰を捨てる危険）を繰り返し聞かされたのだろう。見捨てる（見限る）とき「あばよ！」と言った。葡語 abandonar アバンドナーは英語の abandon。

58

あぶら（油）

地中から出た「燃える水」（出雲風土記）、肉を炙《あぶ》ってしたたり落ちる「脂」もまとめて「油」と書いた（「油脂」は総称）。

ポルトガルから伝わったテンプラ（「天婦羅《あ(ま)ふら》」・「天麩羅《あ(ま)ふら》」）も「アブラ」の当て字と読める。（↓620）ポルトガル人持参のオリーブ油では足りず灯火、燈明用の菜種油《あぶら》でも揚げた。語源は葡語 abrasar アブラザー「炙《あぶ》る」（↓59）。炙ってしたたり落ちたのが「アブラ」（「アブラザー」↓「アブラ」↓「天婦羅」を「テンプラ」の音に当てたことがわかる)。

さらにポルトガル人がパン用小麦粉とオリーブ油で「テンプラ」を作ってみせると日本人は素麺用小麦粉と灯火用菜種油で「油揚《あぶらあげ》」「かき揚げ」「から揚げ」をつくった。「薩摩揚げ」(鹿児島)、中津(大分)の「から揚げ」ともに全国区で有名。カレーパンもカレーを詰めて油で揚げ肉(カツレツ)に似せた。

59 あぶる(炙る)

葡語 abrasar アブラザーは「真っ赤に焼く」。ドイツ料理の定番 Schweinebraten シュバイネ・ブラーテン(豚肉の炙り焼)の「ブラ」も同語源。(→**58**「あぶら」)

60 あふれる(溢れる)

葡語 afluir「溢れる」の三人称単数形 aflue アフルエから。

61 あぶれる(溢れる)

葡語 afluir「溢れる」から。「世にあぶれんも知らず顔にて聞かんこそ心苦しかるべけれ」(源氏物語)の通り古来日本語「あぶる」はヒトが主語なのに葡語 afluir「あふれる」はモノが主語。

62

あべこべ（彼辺此辺）

ポルトガル人から西洋の剣*を献上された殿様が返礼品として脇差（短刀）を贈ると、抜いた刀は反対の向きだと鞘《さや》に納まらない。西洋の剣だとどっちの方向でも鞘に入るのに反《そ》りがある日本刀を鞘に収納するには向きがあった。家来が説明する。ポルトガル人は何度か失敗し今度は「入りますように」Ave coube「アベコウベ」と祈った（↓997「わび」）ことから「本来とは逆の様子」を「あべこべ」（彼辺此辺）と言うようになり、「奈辺《なへん》（どのあたり）にありや」の「辺」から「彼辺此辺」と書き「あちらとこちらが逆」の意味で使った。

＊国際博物館会議（令和元年九月）で秀吉所有と伝わる十字型洋剣「レイピア」（滋賀県甲賀市藤栄神社蔵）が発表された

63

アホ（阿呆）

関東人は「バカ」と言われても怒らないが、「アホ」と言われれば怒る。反対に、関西人は「アホ」と言われても怒らないが、「バカ」と言われれば怒る。とくに「バカタレ」はキツイ（↓247）。昔、会社で「アイツ（大阪出身者）、電話でオレのこと、バカタレ言いよった。絶対許さへんで！」と怒り心頭の課長（近江《おうみ》商人の末裔《まつえい》という滋賀出身者）を思い出す。「アホ」と言っとけば「わいがアホなら、おまえもアホじゃ」で済んだのに。令和になって北朝鮮が「アホ（韓国）が成長して大アホになった」と一流（独特）の表現をした。

「阿呆」も当て字で、「アホジーリャ」＝ a rodilha（軽蔑すべき人）という葡語。

64

あま（尼　海女）

ヤクザが「このアマ！」と女性を罵倒する。このama「アマ」は成人女性を指す葡語。だから「尼さん」「海女さん（↓157「おっぱい」）」は勿論、「おかみさん（↓133）」もama「アマ」。葡語が入って尼寺（あまでら）と訓読みするようになった。中国で外国人家庭に雇われた女性使用人を「阿媽《アマ》」と呼ぶのはポルトガル人の家庭だったから。聖武天皇の国分尼寺（こくぶんにじ）、また鎌倉の尼五山は当時から「にござん」と呼んだ。源氏物語・枕草子に「尼寺」は出てこない。

65

あやす

「赤ん坊をあやす」の「あやす」は葡語adjacenteアジェイセンテ「付き添う」から。当時の葡語の発音はスペイン語に近く「アエイセンテ」と発音した。どの漢学者も「あやす」の漢字は見つけられなかった。

66

あやふや

有無（有るか無いか）が不明確な状態を「有já無já」（有耶無耶《うやむや》）（→104）、存否（在りや否や）が曖昧な場合「在já否já」＝「在耶不耶《あやふや》」と言った。jáヤは英語のalready, yet「もう、すでに」。

67

あらがう（抗う）

葡語alagarアラガーは「緩和する　破壊する」。一五九七年「二十六聖人」が処刑され殉教者*となるが二十人の日本人信者に対する六人の宣教師の言葉Não alagamos... アラガモス（抗う勿れ）が日本語化し「逆らう」意味の漢字「抗」を「あらがう」と訓読みした。

* 「武力で為政者と戦うことは必ずしも教会の掟に忠実とは言へないので教会は（島原の乱の犠牲者は）殉教者として扱っていない」（『吉利支丹文学集Ｉ』）

68

あらくれもの（荒くれ者）

「落《らっ》花《か》狼藉《ろうぜき》の乱暴男」を「あらくれ者」と呼ぶ。葡語álacreアラクレ「荒れ狂う」から。

69

あらま

神父は信者の悩みを何でもやさしく聞いてくれたので、何かがあったらまず教会(何でも教会)へ行くのが習慣になって日本初の病院(大分県)が教会に隣接したのも自然の成り行きだった(今でも聖路加《ロカ》、聖ヨハネ、聖マリアンヌなどキリスト教系の病院名が残る)。

ある日、男の子が足をひどく怪我(↓280)してやってきた。診ると傷口が泥だらけだったので驚いた神父は(ややガッカリした表情で)「泥! a lama! アラマ!」(泥が!)と叫んだ。

これを聞いた付添いの母親の間で「あらま!」が(落胆・驚愕を表す言葉として)流行《はや》った。「あらあら」「まー」などはそのバリエーション。

70

あらまし

「あらすじ」の類似語に「あらまし」がある。「あら」は「あらかた」の「あら」でよいが、「まし」とは何か?

俗語 macête マセテ「束→大括り→コツ、骨子」がある。「マセテ」が「マシ」に聞こえた。

71

ありがとう（有難う）

能（百萬）に「この寺ぞありがたき。かたじけなくもかゝる身に」の一節がある。「このようなお寺は滅多《めった》に在るものではない、有り難くも私のような身に」の意味。能の観阿弥・世阿弥は室町時代の人だから、平安時代の「ありがたき」お大師様は、この世に存在されることが「在り難し」＝滅多にないのであって、当時も「ありがたし」と言われていたとするなら、直接に感謝の意味はなかったことになる。

ザビエル一行は、日本人の親切に触れる度に「オブリガード」を連発した。それを聞いた日本人「あの南蛮人、何と言った？」「どういう意味？」から「もしやアリガトウでは？」と思いいたる過程で、厳密に「存在か感謝か」など意識することなく、「在り難い」ゆえに「有り難い」と感謝するようになった（盲亀浮木《もうきふぼく》、即ち、仏の教えに出会うことは盲亀が大海を泳ぎ、浮木の穴を見つけるほど稀有《けう》な出来事で、在り難いことゆえ感謝すべし、との仏教の教えが行き届いていた）。

お菓子
cacifo
ごちそう
ありがとう
obrigado

72
あわや〔…するところ〕

葡語 havia já～アヴィヤは助動詞 haver の不完全過去完了形（英語の過去完了形 had yet～）。文法の時制は（婉曲表現や反実仮想など）言語により異なるのでハードルが高く、当時の日本人が（いくら語学力があっても）どこまで理解できたかは不明だが、葡語「havia já～アヴィヤ」の意味（反実仮想＝実際はそうではない）から「あわや（…するところ）」と日本語に定着した。

73
あんじょう

「あんじょう頼んまっせ。（関西弁）」（よろしくお願いします）の「あんじょう」。聖母マリアへの「受胎告知」はキリスト誕生の瞬間で名画のテーマ。マリアへ告知したのは天使ガブリエル。葡語 anjo アンジョは天使で英語の angel エンジェル。森永のエンジェルと同様、ガブリエルの背中には羽がある。anjo は辞書で「天使、神の使い、やさしい（穏やかな）人」。

神父の繰り返す「アンジョ」はその穏やかな表情から仏教徒は「安穏」を思い「（万事）穏やかに」との気持ちを込め「あんじょう頼んまっせ」と言った。「味よく」が「あんじょう」になったという説明は語呂合わせ、また「案の定」でもない。

74

あんぽんたん

留意すべき点「ポイント point」＝「ポント ponto」で、それをスカ⇓スカタンのように強調形（Aumentativo）にすれば、「ポンタン pontão」になる。不定冠詞（一つの）um「（フランス語読み）アン」をつけた「アンポンタン um pontão」は「一つの大問題、一大問題」の意味になり、「アンポン」だけでも間抜けな人間を指す。

先日女性ばかりの会に呼ばれた。九州の聴衆にわかりやすく、つい「うち、アンポンタン、やきね」（私、問題児だからね）との女性の言葉には心くすぐられる男もいる、と言ったら、前列の女性たちが眼を三角にして睨みつけている。あとで聞けば、彼女たちは男女共同参画運動のお歴々の由。そうとも知らずもの言うこそ「あんぽんたん」の極み、何事も事前のリサーチ怠るべからず。

75

イカサマ

葡語 santinho サンティーニョ＊「お守り」（聖母子像や聖母マリアのペンダント・ヘッド）は信者の証《あかし》。神父は十字架、とくに女性信者はペンダントを首にかけキリスト教徒であることを自覚した。

＊「メダイ」と伝わるのはキリスト教の名場面を図柄にした「葡語 medalha メダリャ（英語 medal メダル）」だが、サンティーニョはもっと小型軽量で日本の古銭を代用品にした記録もある

サンティーニョの数は教勢拡大のバロメーター。ポルトガルから当初持ち込んだだけでは足りず、日本でも増産、一つ一つ神父が出来具合を確認して不良品 inqualificado イカリフィカード「劣悪・劣等品」を刎《は》ねた。

日本人の信者は、たとえ不良品であっても「もったいない（→928）」と、神父が「イカ…」と刎ねた聖母像に「さま」をつけ十字を切って祈ったのが「イカサマ」の語源（偽物の意味）。

76

いがらっぽい

医療と宗教は切り離せない。終末期患者のホスピスや特別養護施設には仏像が安置されている。キリスト教教会にも体の不調を訴える者が駆け込んだ。何回通っても無料なので再来者も多かったが問診（意思疎通）が十分ではなかった。ある日、

咳で再来した患者に「igualado? イガラード（症状は変わらず？）」と尋ねると日本人患者は「喉がイガラッポイです」と答えた。

77

いかん

「いかん」は禁止また不可能を表す。葡語で「インカパース incapaz」（～できない）を強め、強調語尾「～アン ão」をつけて絶対禁止「いかん」と言った。

78

いきなり〔団子〕

熊本には銘菓「加勢以多」のほかに名物「いきなり団子」がある。サツマイモの上に餡を乗せ衣で包んで蒸した大福のような餅で、「いきなり」という名の由来については、①短時間でつくれるから説 ②生芋を調理する「生き成り」説 ③「簡単（古い熊本弁）」説 ④粗雑（いきなりな人＝片付けができない人）説があるが、いずれも確証はない。「加勢以多」はポルトガル人のレシピだったが、貴重品の砂糖に手の届かない庶民が安価なサツマイモで甘い餅をつくった。これを試食したポルトガル人の第一声「イグナロ！」（私のレシピではない）が「いきなり」に聞こえた。「いきなり」とは葡語の「イグナロ ignaro ＝ uninstructed（私が教えたレシピではない）」をわかりやすい日本語に聞き違えたもので、「いきなり団子」はサツマイモを砂糖の代用にした庶民の知恵の産物。「いきなり」を「行く・成り」＝「行く姿」と解釈し「身なり」「子供なりの考え」「なりふり構わず」などと使った。東京の「いきなりステーキ」は立ち食いだが、地方の店舗には座るスペースがある。地方は地価が低いこともあろうが、たとえ立食パーティーでもステーキ（メイン）を立って食べるのは一苦労。

79

イギリス

英語・フランス語→葡語→日本語が、シック→シッキ→チキと変化したように（→90）、イングリッシュ＝イングレスがイギリスになった。「イングレス inglês」は形容詞で、国名「英国」は「イングラテーハ inglaterra」。

80

イジメ（虐め）

葡語 redimir ヒジミール「償う」の命令形 redime ヒジメ「償え」が「イジメ」の

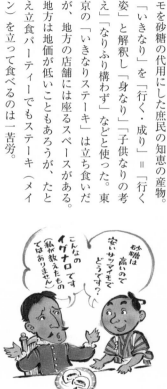

語源。「償え」と相手を追及し過ぎて「イジメ」に発展する。最近は「（ぞんざいに）話題にすること」を「イジる」と言う。

81
いそいそ

葡語 isso イソは「それ」（目的）。「いそいそ」「いそしむ」は「それ」（目的）に集中している様子。

82
いたい（痛い）

「いたい」は「あいたっ！」（↓5）から。葡語 ai! アイは「痛い！」（↓1）。間投詞はそのまま伝わった。

83
いたずら（悪戯）

「適度にふざける（↓778）」なら明るいイメージでも「ふざけ過ぎ」はマイナスイメージ、ラテン的にもホドがある。フランス、スペイン、ポルトガルから見れば、イタリアはラテンの本家。度が過ぎていると感じることが多い。観光地ローマに横行する子どものヒッタクリ（↓756）もジプシー（周辺国から流入したストリートチルドレン）の仕業だから仕方がない、と警官も諦め顔のイタリアスタイルは昔から。

「いたずら」の「いた」はイタリアの「ita イタ」、「ずら」は surra スラ「殴打」で「イタリア人流の仕業」「イタリア流アタック」の意味。

「花の色は移りにけりな　いたづらに　わが身世にふる　ながめせしまに」（小野小町）の「いたづらに」＝「徒《いたづら》に」「むだに」「むなしく」（日本古来の意味）だったが、ポルトガル来航以降「悪ふざけ」の意味が加わった。（↓38「あそぶ」）

84

いつくしむ（慈しむ）

「ジェズスの愛」「ジェズスの善」に「慈」をあてそれぞれ「慈愛（↓377）慈善（↓387）」と言い、それらを説明するのに漢字「慈」を日本古来の言葉で（いつくしむ）と訓読みした。

85

いばる（威張る）

葡語 rival ヒバルは「(対立する) 敵」、英語 rival ライバル。
「威勢を張る」はうまい当て字だが「威張」は中国語にも古語にもない。

86

いびつ（歪）

葡語 bitola ビトーラは「規格」。否定辞 i イをつけた ibitola イビトーラは「規格外」。

87

いやす（癒す）

葡語 rijo リジョ（頑強な）は当時「ヒーヨ」と発音され、mole モーレ（軟弱な）の反対語。たとえば homem rijo は（屈強な男）で homem mole は（軟弱な男）。「ヒーヨ」（力づける）意味から、漢字「癒」を「いやす」と訓読みした。ブラジルでは Rio de Janeiro リオデジャネイロをヒオデジャネイロと発音する。

88

イライラ

「イラ ira」は（怒り、立腹、憤怒）。「相手にジラされてイライラした」の「ジラす」と「イライラ」は、どちらも葡語（↓429）。

89

要る、要らん

九州の人は親切。東京人が九州に来るとハッとすることがいくつもある。子どものない叔父が入院して突如九州に戻ったときのこと、病院の駐車場に山から下りてきた老婆が「これ、もって行き（なさい）」と竹の子（破竹）が二本入った背中のカゴをこちらに傾ける。都会なら見知らぬ人からモノを貰《もら》うことなどない。もうひとつ、夏の暑い日長い坂を下っていると、女子学生が重いカバンを持って上ってくる。すれ違いざま「こんにちは」とにこやかに会釈する。ハッと立ち止まり、「だれだったかなぁ」と制服姿（後ろ姿）を振り返る。都会でこうしたことはない。むかし、ドイツの田舎で若い女性に笑顔で「グーテン・ターク」と挨拶されたが、フランクフルトなど都会では見られぬ光景。休日の朝、東京でテニスラケットを持ち登校する女子高生二人に「休みなのにたいへんだね」と言うなり、一斉に「キャーッ」と逃げ出した。こちらの人相も悪いが、きっと学校で「知らない人に声をかけられたら逃げなさい」と教えられているのだろう。

要は、資本主義化、都市化以前、世界中の人はだれもが親切で他人を思いやった。突如現れたポルトガル人にも親切にあれこれしてあげた、その「あれこれ」の大抵は彼らの役に立ったが、なかには親切の押し売りもあった。本来「それは要らないから、強要しないで。あっちに行って！」と命令口調で「ヴァイ・エンボラ！ Vai embora!」（あっちに行け！）と言うべきところ、親切に好意でしてくれたことなので、やわらかく婉曲《えんきょく》に「イラン・エンボラ！ Irão embora!」（あちらへどうぞ！）と言った。これを聞いた日本人、「要らん」を「イラン」と訓読みした。その違いを英語で言えば、命令形 Vai embora! (Go away!) ↓未来形 Irão embora! (You will go away!)。

90

インチキ

フランス語「シック chic」は葡語の「シッキ chique」（粋な、シックな、高級な）。あるとき、物知りな日本人の「先生」が「一見高級に見えて、実はちっとも高級でなくてガッカリするもの」を見て否定の接頭辞 in- をつけ inchique（インシッキ）と呼んだ。「インチキ」は日本人による造語。（「シッキ」⇓「チキ」についてはスイッチ（↓578「チャンとする」））

91

ういやつ（愛い奴）

殿様が「うい奴じゃ」と言って家臣を褒める。葡語 ui! ウイ！ は「感嘆を表す間投詞」、家臣の働きに驚いたという意味。米国大統領が部下の就任時 remarkable person（素晴らしい人物）だから任命したと言うのに似ている。

92

ういろう（外郎）

カステラはポルトガル人が製法を教えるとき「（生地を上に上げて）カステロ（お城）のように固くなるまで泡立てる」と言ったことによる。このためポルトガルでカステラと言っても通じない。ならば、と現物を見せると「あー、pão de ló パンデロのことね」と頷《うなず》く。ló ロは bôlo ボーロの略、pão de ló パンデロ「ケーキのパン」とは「パンケーキ」。　葡語 ui! ウイ！　は「感嘆を表す間投詞」で葡語 lo ロは bôlo ボーロ「ケーキ」の「ロ」。「ウイロ」は「ああうまいボーロ」の意。

九州各藩の南蛮菓子に対抗するかのように名古屋、伊勢、京都、神戸、山口、徳島、九州でも中津（大分）、宮崎で作られた。従来の通説（旧元朝の外交官＝外郎）や小田原の外郎家説の時代に原料の砂糖はなかった。

93

ウザい

「ウザい」は「流行遅れ、古臭い」。葡語「ウゼイロ useiro」は（習慣的、因習的）。鹿児島弁の「ウゼらしい」から「ウザい」が広まったが、その語源は葡語。

94

ウサン（胡散）臭い

葡語 usão ウサンは uso「慣行」の強調形で「慣例　因習」。中国語に「胡散」はなく「胡散臭い」は「可疑的」と言う。

95

うちわ（団扇）

「団扇《うちわ》」は当て字。葡語「ウチウ útil」は「便利な、役に立つ」。「役に立つ葉」「便利な扇子《せんす》」。

96

うっかり

葡語 cariar カリアーは「カリエスに罹《かか》る（↓202「がっかり」）」。Ui! ウイ！ は「ちぇ！」（失敗・過失など）思い通りに行かない場合に発する間投詞。）「うっかり」は予期せぬ失敗・過失を説明する副詞（連用修飾語）になった。夏目漱石は「空疎《うっかり》」と書いている。

97

うっとうしい（鬱陶しい）

静かな場所や大勢の面前で声高に話すことが憚《はばか》られる場合「咳」をして（本人

に）注意を促す。

葡語で「咳払い（合図または感情を表すための咳）」を o tossido オトッシードと言う。この親切・好意の「オトッシード」も咳をされた本人にとっては「うっとうし」かったのだろう。

98 うっとり

「うっとり見とれる」は夢見心地で見とれる様子。葡語 utópico ウトピコ「夢想的」から。

99 うとうと

「うっとり（→98）」と同じく、葡語 utópico ウトピコ「夢想的　夢見心地」が語源。「疎《うと》い」は別語。

100 うどん（饂飩）

「そうめん」の起源は奈良大神《おおみわ》神社の索餅《さくべい》（貴族の保存食）で、鎌倉時代に中国から製法（碾臼《ひきうす》など）が伝わり室町時代には素麺と呼ばれるようになった。江戸時代の「日本山海名物図絵」に「索麵」とある。これに対し「うどん」の語源は諸説あるが、ポルトガル人が大量に持ち込んだパンの原料（小麦粉）が契機になり、承天寺《じょうてんじ》（福岡：「饂飩蕎麦発祥之地」の碑あり）に伝わって「うどん」が広まった（「小麦粉」は「天婦羅《てんぷら》」の衣だけでなく蕎麦粉に混ぜ「そうめん」状につながりやすくして現在の蕎麦にいたる）。しかしパンは小麦粉を捏《こ》ねて発酵させなければならない。「そうめん」を太めにするとそのまま（発酵させずに）「うどん」ができた。中華麺をつくろうとしたものの鹹水《かんすい》がなく、水と小麦粉だけを煉った麺を飛魚《あご》だしで食べたらみんなが「（これは）いい dão ダン（↓**564**「だんだん」**607**「で」、正確な発音はダォン」）と言い、それに定冠詞をつけた o dão オダォン（饂飩《うどん》）が全国に広まった。漢字「饂」は国字（和製漢字）。「うどん」は「鹹水」を使わない日本独特の麺（中国では「面条」と言い鹹水のない地方で見られる）。

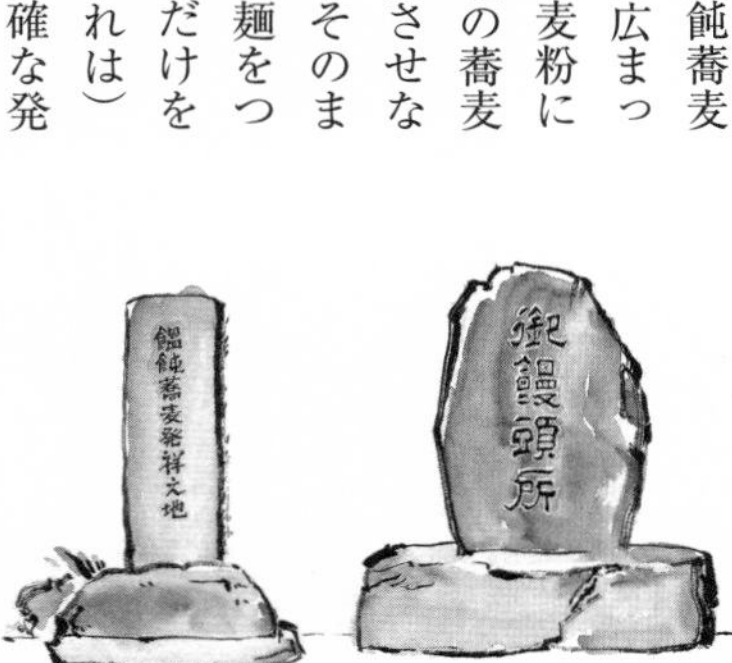

承天寺

それまで蕎麦粉を蒸し（加水して）食べていた蕎麦掻《そばがき》（練り）も同様に小麦粉を混ぜて蕎麦《そば》（切《きり》）を打った（↓**515**「そば」）。「うどん」や「そば」の老舗が創業したのはポルトガルがやってきた十六世紀後半の桃山時代で、久賀島（五島列島）の五輪教会には祭壇に小麦のレリーフがある。パンを焼きキリストの「ご聖体」としてミサの参列者に与えた。「島原の乱」による人口減少を小豆島からの移民で補い「そうめん」作りを奨励、現在の「島原素麺」に至る。

教会でパンをつくっても、信者でない日本人はダシ（↓532）を利かせた「うどん」の方が旨いとツルツル啜《すす》った。

101

ウハウハ

「ウハウハ」は儲かって喜ぶ様子。葡語の動詞 ufanar ウファナー（大喜びする）から。

102

うばざくら（姥桜）

愛媛県松山の大宝寺（国宝）は「乳母桜（姥桜）」で有名、乳が出ないので薬師如来に祈ったら乳が出るようになり、その乳母が亡くなる前に植えた桜に乳白色の花が咲く、と伝わる。大宝寺（飛鳥時代）の桜も寿命があるわけで現在の桜は何代目なのだろう。

一面満開の桜を観た神父が「ポルトガルの葡萄《ぶどう》（uva ウバ）畑のようだ」と言っ

たことから「うばざくら（乳母桜）」が伝説になった。源氏物語、枕草子に漢字「姥」はなく、「乳母」は「めのと」と呼んでいる。

リプトンで有名なスリランカの銘茶Uva《ウバ》は中国の祁門《キーマン》、インドのDarjeeling《ダージリン》とともに世界三大銘茶の一つとされるが、ポルトガルの植民地時代（一五〇七年から一世紀以上）に茶畑を見たポルトガル人が故郷の「葡萄（uva ウバ）畑」から名付けたUva ウバはこの地方の県名にもなっている。

コーヒー・紅茶の最高級とされる理由は産地の標高にある。標高により茶葉やコーヒー豆につく大気中の微生物が違い、同じ種でも高地だと香り高くなる（ブラジルでもコロンビアでもコーヒーの木は同じ、ブラジルコーヒーの種をコロンビアに植えれば香しいコロンビアコーヒーになる）。

103 ウマい（旨い）

「こんなおいしいもの、食べたことがない。こりゃ最高（一番）！」という意味で、数字の1＝「ウマ uma」から形容詞（ウマい）になった。

104 うやむや（有耶無耶）

有るか無いか、二者択一ならはっきりするが、有るか無いか不明確な状態を「今有って、もう無い」＝「有 já 無 já」（うやむや）と言った。葡語 já ジャ（当時はスペイン語の発音に近くヤ）は「今すでに　もう」の意味で、英語の yet, already にあたる。有無ではなく存否（在りや否や）が曖昧な場合、「在 já 否 já」＝「有 já 不 já」、「あやふや」（→**66**）。

105

ウルサイ（煩い）

「煩《うるさ》い」も当て字。葡語でライオン、牛の雄《お》叫《たけ》びや唸《うな》り声は「ウロ urro」、「出る」が「サイール sair」、だから（雄叫びをあげる）は「ウルサイ urro sair」。また、雄のクマは「ウルソ urso」、雌のクマは「ウルサ ursa」。当時葡語を先に習ったのが男性だったため「雌《めす》クマのようだ」＝「ウルサイ」と騒ぐ女性を揶揄《やゆ》した。いずれの話ももっともらしいが、前者が正しいと思われる。

　夏目漱石は「五月蠅《うるさ》い」と書いた。彼が江戸時代にそう書いていれば、「五月蠅い」が日本語の常識になっていた。

106

うれしい（嬉しい）

「フレー、フレー」という運動会の掛け声は英語の「フレー hurray」で、この葡語が「ウラー urrar」（歓声が轟《とどろ》く、叫ぶ）（→**105**）。これが「うれしい」の語源。

107
ウロウロ

葡語 urro ウロ「(ライオン、牛などの) 唸り声」から「ウロつく」「ウロウロ」と言った。(↓108「うろたえる」)

108
うろたえる（狼狽える）

葡語 urro ウロは「(ライオン、牛などの) 唸り声」。これから「うるさい(↓105)」「うれしい(↓106)」が日本語になった。ところが、委縮してしまうほど(度を超えて)唸り声が大きいと、死んだふりをするのが動物の習性。古人は死ぬことを「絶える」、ウロを聞き慌てふためいて委縮することを「ウロ絶える」と言い、漢学者が漢字「狼狽」を当てた。中国語に「狼狽」はなく「沮喪」(↓509「粗相」)と言う。

109
ウロチョロ

葡語 cio チオは「発情　さかり」だから urro cio ウロチオは「動物の発情期の叫び声」。その時期になるとウロつく(ウロウロする)のはオスの習性なのかも知れないが、人間のストーカーには女性もいる。

110

ウロつく

葡語 urro ウロは「唸《うな》り声」、「つく」は「ついて回る」（↓343「ごろつき」）。本来「うろつく」は「唸りながらついて回る」。

111

○○○

葡語 cocô ココは「排泄物　糞尿」。不定冠詞 um ウン（英語の a「一つの」）を冠した「um cocô ウンココ」は「一個の糞」。これから下半身に拘わる単語の語尾に「○コ」をつけた。（↓141 889）

112

うんと

もうおわかりのように、「うんと」の「うん」は葡語の「ウン」、Um Dois. の Um、つまり数字の「1」。それに「と」をつけ副詞（連用修飾語）にした。日本語では「うん Um と」↓「1と」↓「一番に」↓「一番多く」↓「いっぱい（に）」↓「たくさん」と拡大解釈して用いられた。

これに似た例は、世界中に多い。卑近な例を挙げれば「お酒はぬるめの燗がいい〜肴はあぶったイカでいい」で始まる八代亜紀の「舟唄」のサビ「♪しみじみ飲めばしみじみと~想い出だけが行き過ぎる」をアメリカ人歌手が歌っている。「Shimijimi drinking shimijimily ~」。「しみじみ」が英訳できなかったのはわかるが、そのまま「しみじみ shimijimi」の後に「ly」をつけて副詞（連用修飾語）のように使っている。国際コミュニケーションとはこういうものかと思わされるが、「うんと」も「シミジミリー shimijimily」もその好例。

113

うんどう（運動）

これも布教生活の一コマ。いくら伴天連《ばてれん》（←パードレ = padre）「神父様」でも教会の中で聖書ばかり読んでいたわけではない。身体がなまって運動不足になると神父たちは揃って外に出て、みんなで掛け声をかけながらジョギングした。「いち、に。いち、に。」One Two. One Two. 葡語では「ウンドイス、ウンドイス Um Dois. Um Dois.」。

これを聞いた日本人が「伴天連がウンドイスしてる」と言った。神父たちのように揃っ

てジョギングすることを「ウンドイス」⇓「ウンドウス」⇓「運動する」となり、初めて「運動」なる概念が伝わった。葡語にもエクササイズやムーブメントという言葉は別にある。中国語では「运动」と言い「運動」は「(工作) 活動」の意味。

114

ウンともスンとも

「ウンスンカルタ (のちの花札)」が伝わると、その面白さは全国に広まり幕府が禁止するまでになるが、どういうわけか、熊本の人吉にだけ残っている。「ウンum = ひとつ」、「スン = 合計 suma、英語の sum」、「カルタ carta = カード」で、「ウンスンカルタ」に熱中するあまり無口になるさまを「ウンとも、スンとも」言わない、と形容した。ウンスンカルタにはパウ (木)、エス (剣)、コポ (聖杯)、オウル (金貨)、グル (巴紋《ともえもん》) の絵札があり、それぞれ、葡語では「パウ (pau)」、「エス (espada)」、「コポ (copo)」、「オウロ (ouro)」、「グル (grupo)」。「パウ」は「パウ・ブラジル (ブラジルの木 = 国名になった木)」の「パウ」、「イス」は「エスパーダ (サーベルフィッシュ = 太刀魚)」の「エス」、「コポ」は「コップ」、「オウロ」はパルムドール (金獅子) 賞の「オール」、つまり金。

115
エイヤ!
気合を入れるときポルトガルでも「eia! エイア!」と叫ぶ。これから日本人が葡語で「エイ!」「エイヤ!」と刀を振り下ろし、一同であげる気勢も「エイエイオー!」になった。NHKの番組で南北朝時代《観応の擾乱》の武士も「エイエイオー!」だったが時代考証は難しい。

116
ええ
相手に同調(意見を肯定)し大声で「ええ!」と相槌《あいづち》を打つ。葡語「É! エ!」(イタリア語 É!)から。

117
エグい(蘞い)
「蘞《えぐ》い」は「アクが強い　気が強い　冷酷」の意味で葡語 égua「エグア」(売春婦)から。

118
えげつない
葡語 égua エグアは「売春婦」。「売春婦でもあるまいに」が「えげつない」の原義。

119

えせ（似非）

あるときポルトガル人が手品をしてみせた。右手にあったコインがいつの間にか左手に、という単純な手品で、ポルトガル人は両手を握りしめ「こっちか？　こっちか？」と観衆（日本人）に尋ねた。左右の拳のどちらが正解でどちらが不正解か、と質問した。

葡語 esse エセは「こっち」。ポルトガル人（手品する本人）に「エセ？　エセ？」と訊かれた日本人（観客）はエセは「虚偽」と誤解し「似非」と書いた。「似非」が関西弁なのはポルトガル人の活動範囲（西日本）による。葡語が二音だったため中国語「似而非」（似て非なるもの）から漢字二字を当てた。葡語「エセ」から「似絵《にせえ》」など「ニセ」になった。

120

えたい（得体）

葡語 estai エスタイは「帆船の要《かなめ》となるロープ」。「得体が知れない」は「実体が知れない」意味。

121 エラい（偉い）

葡語でも英語でも era エラは「時代」。「エラい」は「一時代を画す、画期的」。「エラいこっちゃ」は「大変なことだ」、「ドエラい」は強調（↓629「ドケチ」）。落語家の立川志らくは「（コメントが）上から目線で偉そうに」とネットで批判され「だって、偉いんだもん！」と切り返した。

122 エンコする

葡語 encontro エンコントロは「衝突」。当時ぶつかって動かなくなったのは「馬車」だろうか。

123 おい！（呼びかけ）

指名手配ポスターで警察が「おい！　○○」と犯人を名指し呼びかける。通常日本では男性が同僚または目下の男性に「おい！」と言うがポルトガルやブラジルでは男女を問わず親しい人に呼びかけるとき「Oi! オイ」と言う。九州では男性が目下の者（男女）○○を親し気を込め「○○よい！」と呼ぶことがある。若者同士でも、たとえば卓球女子日本代表としてリオ・オリンピックには行ったものの補欠だったため応援ばかりしていた平野美宇選手が当時の心境を聞かれ「(日本代表になった同僚とは）もう付き合わなくてもいいかなと思った」と答え、活躍した伊藤美誠選手は「おいおい」と異を唱えた（「しっかりして！」の意味)。

124

おいしい（美味しい）

フランスもポルトガルと同じカトリック国。フランス様式の大浦天主堂（一八六五年建立）にはフランス人神父が派遣され長崎にフランス船が入港する。生ガキはフランス人の大好物で今でもパリ郊外には入り口にホタテやカキの殻を山盛りに積

んだレストランが多い。一八六三年フランス領になったニューカレドニアからの帰路（インドや東南アジアでは食べられず）長崎に寄れば天主堂があり天然の生ガキが食べられた。上陸するやその店に直行し、店先に着くと案内役のフランス人が「おー、ここだ Oh ici! オーイシィ」と叫び彼らが旨そうに食べる様子を見て「オーイシィ」を「旨い」と思い「美味しい」と書いた。「おいしい」が武士用語でないことは感覚的にわかる。十九世紀フランス語の音から「美味《びみ》」を「美味《おい》しい」と訓読みするが、それまでは葡語で「旨《うま》い」（↓103）と言っていた。

一五九七年の殉教者二十六人を慰霊するため大浦天主堂ができると「マリア様を祈りたい」と言う隠れキリシタン（子孫）が周辺（五島列島のみならず福岡）から相次ぎフランス人神父は「信徒発見」をローマ法王庁に報告する。明治になっても禁教令で切支丹は捕らえられ迫害＊（「牢屋の窄《さこ》」・「五島崩れ」）を受けたが、駐在外国領事の知る処となり明治政府は一八七三年（明治六年）禁教令を廃止し日本政府が外圧に屈する端緒となる（長崎に点在する教会群また福岡太刀洗《たちあらい》の今村天主堂は禁教令廃止後建立された）。二〇一八年ローマ法王は五島列島出身の神父（隠れキリシタンの子孫）を枢機卿に指名している。

＊ 鉄砲で天下統一した信長時代、桃山文化を彩ったキリスト教は「神の前ではみな平等」が「身

分関係や儒教思想の否定」（「神の意志に背くことならば、君父の命にも従ふな」『吉利支丹文学集Ⅰ』など）と言われ徳川幕府の禁教令で残酷な弾圧を受ける

d'ici là ディシィラ（化粧品）はフランス語「ここからあそこへ from here (to) there」の意味で、「現在から未来の姿を夢見る」女性心理をついたネーミングだった。（↓259「キラキラ（星）」）

125

おいらん（花魁）

「花魁」も当て字。葡語「イレアル irreal」は「非現実的な、夢のような」。あまりに綺麗な姿を強調の「アン ão」をつけ「イラン」（非現実的＝この世のものとも思えぬ）、それに定冠詞をつけて「オイラン（o irrão）」と葡語で粋な命名をした。

126

おうちゃく（横着）

「横柄」よりもう少し「下卑《げび》た」態度（人）を言う（相手を見下した表現）。チアは葡語で「（置屋の）おかみ」なので ou tia オウチアは「もしかして（置屋の）おかみ?」だろうか。（↓579「チャンバラ」）

127

おうへい（横柄）

「尊大な　偉そうな」態度（人）を「横柄な」態度（人）と言う。

そんな態度（人）を見たポルトガル人が「もしかして王様?」（ou Rei オウヘイ?）と言い、日本人が漢字「横柄」と書いたことから「従順」（中国語）の反対の意味で「横柄」（日本語）を創作、（「従順」の「従」には糸偏がないのに）「たて（縦）」でない「よこ（横）」から「横道」「横丁」「横槍《よこやり》」「横車」「横恋慕」「横文字」「横綱」「邪《よこしま》」などと言った。どれも中国語にはない。

128

おおぎょう（大業）

「大袈裟なこと」を関西弁で「おおぎょう」と言う。「ぎょうさん」（↓**257**）の強調（大ぎょう）。

129

おかし（お菓子）

「菓子」という中国語はなく、和菓子は「日本式点心」という。中国語の菓子は「糕点《がおでぃえん》 Gãodiǎn」または「零食《れいし》 língshí」。

和菓子の製造販売店を「菓子舗《かしほ》」と言い全国的には伝統ある老舗《しにせ》（↓**395**）を指す

が、九州では小規模な菓子店も菓子舗と呼んでいる。実はこの菓子舗、葡語の「カシホ cacifo」（金庫、ロッカー）で、当時は「（大切なモノをしまう）箱または壺《つぼ》、高級容器」を指した。

ポルトガル伝来の砂糖、その砂糖がこよなく貴重であったため、南蛮菓子は「カシホ」に入れて殿様への献上品として使われた。砂糖がいかに貴重品であったかを物語るが、先祖はその高級品の容器がある店、カシホのある店舗を「カシホ」、その中身を「おカシ」と呼び「菓子舗」「菓子」の字を当てた。それまでは餡《あん》、餅《もち》、煎餅《せんべい》。和菓子の甘味で抹茶の渋みが引き立った。「千利休の茶道」もポルトガル伝来の砂糖あってこそだった。

砂糖の歴史的影響は企業戦略上も無視できない。佃煮の桃屋はどうしても関東でしか売れなかった「江戸むらさき」に砂糖を加えた「ごはんですよ」を西日本でヒットさせ全国展開できた（九州では刺身用のやや甘い「さしみ醤油」がよく売れ、そうめんの汁《だし》も高級品には加糖している）。

130

おかしい（可笑しい）

「可笑《おか》しい」も当て字。葡語「オカ oca」は「さいころを使う遊戯」。その遊びの面白さを「オカのようだ→可笑しい」と言ったもの。

131

おかね（お金）

「かね」は「金《きん》」の訓読み。それまで「金《きん》」は銀や銅に対するゴールドの意味だった。そこにポルトガルが「カネカ caneca」（取手つきの金属製カップ）を持ち込む。この材質を見て、お寺の「鐘」から「カネ」が金属一般を指すようになった。金ではない銀貨や銅貨をも「お金《かね》」と呼ぶのはポルトガル船来航以後のこと。

ポルトガル人に金庫番を任せておけば間違いない、という定評がある。ドイツ、ハンブルク駅近くの為替カウンターで若い女性が札を「一枚、二枚、三枚（ウン、ドイス、トレス）」と数えていた。聞くとポルトガル人だった。

132

オカマ（お釜）

今やLGBTQの時代、人権が尊重されるようになって顕在化した彼らは昔から存在した。とくにGは女装好きな男性として周囲から奇異な目で見られていた。差別され、身内にはいないことにされることもあったろう。近年市民権を得る前、日本では可哀想といったニュアンスで語られることもあったが、男女を強く意識する西洋社会では嘲笑の対象で、ブラジルでも「ビッシャ bisha」と呼ばれ馬鹿にされていた。しかし女装した男性はカーニバルなどのお祭りには欠かせないキャラクター、底抜けに明るく女装した彼らが近寄ってくると互いに「おう、仲間よ！"O camarada!"」（オカマラーダ！）と呼び合い親しく受け入れたので、日本人はそれを聞いて「オカマ」と呼ぶようになった。

ブラジルでは、ポルトガル人（白）がインディオ（黄）やアフリカ奴隷（黒）と混血した（↓374「3・3・7拍子」）。前者（白×黄）をカボークロ、後者（白×黒）をムラート（男）、ムラータ（女）と呼ぶが、後者は身体の線が美しくカーニバルの主役。ムラータの一部は身体から芳香を放ち、握手でもしようものならシナモンの薫りが一週間は消えない。

ブラジル男の憧れの的で、そうでない白人はクラブ（屋内）でカーニバル衣装を着飾っている。通り（屋外）に出たところで容姿

（身体の線）でムラート、ムラータには勝てない（見劣りがする）からである。

男女はお互い理解しあったと錯覚しなければ結婚などできないと言う人もある。婚約は再確認期間でその前の男女交際は日本の有名人なら週刊誌の格好のネタになる。ブラジルでは婚約する（noivar ノイバー）前の恋愛交際（namorar ナモラー）の習慣があり、イタリアにもあるがなぜかスペイン人には理解できない。

「アメリカでは人種差別があるんだってねぇ」と驚いてみせるブラジル人は白人や黒人以外を全部モレーノ（男）、モレーナ（女）と呼ぶ。

宣教師は日本人の通弊、男色・嬰児殺し（↓797「屁こき比丘尼」）・畜妾を痛烈に批判している（『吉利支丹文学集Ⅰ』）。もし男色が日本固有の通俗だったとしたら当時の日本はオカマ先進国だったのかも知れない。

133

おかみさん（お上さん）

宣教師の目には、この国の女性が働く姿、とくに絣《かすり》の着物が印象的で、この絣の着物を大きな着物「カミザン camisão」（camisa=「着物」の強調形）と呼んだ。「カミーザ camisa」は「キャミソール camisole」の語源であり、一般的にシャツ、肌着に近い感覚なのだが、ポルトガル人には絣の着物がそう見えたのだろう。それに丁寧接頭語「オ」をつけて「オカミサン」になった。

134

おかめ（お亀）

「oca オカというポルトガルのゲーム」の形容詞「おかしい」（↓130）から「可・笑・しな顔の女性」を「ひょっとこ（↓767）」（ひょうけた男《おとこ》）に対し「おかめ」（可笑《おか》しい女《め》）と言った。

135

おきゃん（御俠）

「おきゃんな娘」は「活発な若い女性、天真爛漫、天衣無縫な娘」で、漢字「俠」の唐音（きゃん）に接頭辞「お」をつけた、というのが通説。葡語の「キャンディド candido」（純粋無垢、無邪気な）に「男の子のように活発なので」男性名詞の定冠詞「オ o」をつけ「オキャン」と呼んだ。

136

おけら（螻蛄）

「あそこにあるのは何だ？ Que lá! キラ！」から「キラキラ星」になった（↓259）。「あそこにあるモノ」は O quê lá オケラ。Que lá!（感嘆）に対し O quê lá? は（疑問）で、その辺の（どこからか鳴く）茂みの虫をポルトガル人が不思議に思った。「おけら」の語源は O quê lá? オケラ。

137

おこる（起こる・興る）

「起こる」「興る」はともに「発生する」意味の葡語 ocorrer オコヘー（英語 occur）から。

138

おさない（幼い）

子どもは身体《からだ》も思考も柔軟。大人になるにつれ硬くなる。葡語 osso オッソは「骨」。まだ骨が柔らかいことを「骨（オッソ）無い」→「おさない」と言った。

139

おじぎ（お辞儀）

ミサでは日本人にわかりやすく（やさしい言葉で）語らねばならない一方、ミサとして一定のレベル（水準）は保ちたいのが宣教師の本音。この二律背反的な目的を満たすためミサは司祭が語る葡語を（日本語堪能な）神父が通訳する形式になったのは自然の成り行きだった。そうすることで司祭の説教は自由度を増し通訳する神父*の日本語（語学力）は上達した。

司祭の話は聖書の言葉と説諭からなるのだが、全員で祈るとき司祭はかならず Digo oração ジゴオラソン（祈りましょう）と言い、葡語のわからない日本人信者はそれを聞くと一同一礼し通訳の祈りの言葉（日本語）を繰り返した。礼儀正しく一礼することを定冠詞 o オをつけ「おじぎ」と呼び「お辞儀」と書いた。「お辞儀」が（茶道の）作法とされていることもキリスト教（教会）と茶の湯（茶会）との関係（↓エピローグ）がわかる。

＊ 実際には日本人修道士（神学校で養成）、その前段階の同宿者（仏教寺院の慣行）がおり、ヴァリニャーノ神父は『日本巡察記』で「（ラテン語を理解した）彼等がいなければ我等は何事もなし得ない」と書いている

140

おじさん

葡語 hoje são オジサンは「今日元気」。「いつもかわらず朗らかで」ニコニコしている老人（「好好爺《こうこうや》」）を見て「おじさん」と言い、キリシタンの最小単位（コンフラリア「講」↓301）の長（帳方、水方）も「おじさん」「おじ様」「おやじ様」と呼んだ。

são サンは「健全な」（英語 sound）。Sound mind in a sound body.（健全な精神は健全な肉体に宿る）は Mente sã em corpo são.（男性名詞 corpo「身体」につく形容詞 são サンは、女性名詞 mente「精神」では sã となる）。サンフランシスコ São Francisco「聖フランシスコ」など大文字の São サンは「聖人の敬称」。

福岡で「おじさん」を親しみを込めて「おいしゃん」と言うが、葡語の hoje オジはスペイン語で hoy オイ。ポルトガルが教勢を伸ばしたキリスト教をテコにして勢力を拡大したイスパニア（スペイン）の影響だろうか。この「おじさん」「おいしゃん」が東進して「おじちゃん」になる。（↓578「チャンとする」）

141

オシッコ

葡語で「小便、小用を足すこと」を「シーシーする fazer xixi」と言う。「シーシーする」は元々赤ちゃん語だが、ポルトガル人宣教師にダッコされた赤ん坊がお漏らししたのだろう（↓179「ダッコ」）。母親経由で「オシッコ」が広まった。

142

オシマイ（お終い）

変化に富む都会より地方の方が伝統文化を色濃く残している。行事では「お仕舞」＝能、それも「高砂《たかさご》」が舞われることが多い。「♪高砂や、この浦舟《うらふね》に帆を上げて、」と言えば、結婚式などめでたいとき、これからというときに披露される。あ、あれか、と思い出す方もあろう。しかし行事の終わりに「お仕舞」を舞うことはまずない。とすれば、「オシマイ」の語源は「お仕舞」ではない。

お寺で長いお経にしびれを切らしているところに、住職が「あなかしこ」と唱えれば、ようやくお経が終わることがわかって、ホッとする凡愚もあろう。教会のキリスト教信者は椅子に着席するのでしびれを切らしたかどうかわからないが、神父のお説教で「あなかしこ」にあたる言葉は何か？ と言えば、「これで終わり」「もうありません」＝「センマイス Sem mais」。これが訛って「オシマイ」が広まった（「センマイス」と何度か早口で言うと「オシマイ」に聞こえる）。

143

おじや

「粥《かゆ》」と「おじや」の違いは何か。米だけを炊いた「かゆ」、味をつけたら「おじや」。それまで日本では「粥」だった。ポルトガル人が鶏を混ぜて炊いた「カンジャ canjá」を紹介したところ「これはうまい、鶏の代わりに何でも入れればいける」と毎日いろいろ入れた。「日替わり定食」の葡語「プラトドジァ prato do dia」、語尾の「オジャ o dia」が「おじゃ」になった。「じゃは煮える音」と説明した辞書の編纂者はおじやを炊いた経験がないのだろう（「おじや」を炊く時ジャーという音はしない）。

144

おしゃれ（お洒落）

ミサの聖歌隊でソロを任されるのは大変な名誉でカッコよかった。このカッコいい「ソロ」が「シャントレ chantre」、定冠詞「オo」をつけオシャレ、カッコいいさまを「シャレてる」と言った。ソロに選ばれるのは数十人に一人、聖歌隊の（コーラス）メンバーにはカッコよく見えた。

145

おジャン〔パー〕

「ダメ」になったとき「おじゃんになった」「パーになった」と言う。失敗したときにも使う。日本人がやってあげてもダメなとき、失敗したときに、ポルトガル人はあからさまに「ダメ！」とか「失敗！」とか言うことはなく、婉曲に「それでは一旦延期しましょう」「バモスアジャー Vamos adiar.」と言った。これを聞いた日本人「ダメになること」と理解、「アジャーされた」が「オジャンになった」。adiarは「延期する、遅らせる、不合格になる」という葡語の動詞。

また「バモスアジャーパラ……Vamos adiar para outro dia」（別の日に延期しましょう）を聞いた日本人は、「アジャパー」とあきれて言うようになった。さらに「パーになる」（ゼロになる）も「アジャパー」の「パー」。「アタマがパー」などと使われるとはポルトガル人も想定外だったろう。何か目論見が外れ片目を閉じ皺《しわ》を寄せる「アチャー！」も「アジャパー」が語源。「アチャコ」という昭和の上方漫才師のセリフ（↓**499**）は「無茶苦茶（↓**903**）でござりますがな」だった。

146

オス（雄）

葡語も他のヨーロッパ言語同様、名詞に男性女性があり、男性複数名詞の前につく定冠詞は「オス os」。たとえば、「少年たち the boys」は"os meninos"。

147

オセ〈鹿児島〉

鹿児島弁の「オセ」は（あなた）、英語の you。葡語の「ヴォセ você」。「ヴ」の音が日本語になく、「オセ」になった。「オセッタイ」の「オセ」（↓150）も同じ。

148

おせじ（世辞）

動詞「セデール ceder」（譲歩する、屈する、従う）で、最も多く使われるのは三人称の「セジ cede」。

149

おせっかい（お節介）

葡語 o secante オセカンテは「うるさい人」（↓489「せく」）。secar セカー（うるさがらせる）から。夏目漱石は「御切買」と書いている。

150

おせったい（お接待）

「接待」の「接、待」はそれぞれ「遇」という漢字を添えて「接遇」「待遇」となる。神父は教会の入り口に立ち、集まってくる信者を個々に「遇」して「ようこそ、いらっしゃい」＝「ヴォセタアイ！ Você tá aí!」と歓迎の挨拶をした（↓147「オセ」）。直訳は「あなたはそこにいます」だが英語でも「ただいま」は「私は家にいます。I'm home.」と言うように、この「ようこそ、いらっしゃい。ヴォセタアイ」が「セタアイ」↓「接待」と聞こえ、神社仏閣もこれに倣って「ようこそ」と「お接待」するようになった。国宝指定されるほどの仏像に直《じか》に触れられることで知られる福岡県吉富町鈴熊《すずくま》寺（通称）では毎月八日「お接待」と称して参詣者をお茶とお菓子でもてなしている（昔から触れられてきた仏像は文化財に指定された今も善男善女が触れてお守りしている。法律より慣習が優先する一例）。

オセタイ！
（ようこそ）
神父は何と言ってた？
オモテナシだって

151

おそろしい（恐ろしい）

葡語 ossuário オッスアリオは「（古戦場の）納骨堂」）。勝者敗者ともに多数の死者を出した戦国時代、戦（いくさ）が終わると地元の人は死んだ兵士を勝ち組・負け組それぞれの墓地に丁重に弔った。戦国時代の墓地は検証できないが、日本史上最後の内戦「西南の役」の墓地（熊本「田原坂《たばるざか》」）で、薩摩軍の墓は（何百人まとめて）一本の慰霊碑だけなのに政府軍兵士は一人一人の墓があり墓標に藩名・氏名が記してある。政府軍は会津藩など混成部隊だったので出征兵士の家族が服に（出身の）藩名・氏名を書いて縫い付けていた。

宣教師が「オッスアリオ」に十字を切り、それが「（大虐殺は）恐ろしい」に聞こえた。

152

おたおた

葡語 otário オタリオは「愚かな人」。「落ち着きのない」人を「おたおたしている」と言うが、「落ち着きのない」のは「賢くない」証《あかし》と思えた。「おちおち（していられない）」はそのバリエーション。

153 おたっしゃ（お達者）

葡語 taxa タッシャは「税金」（英語 tax タックス）。「お達者で」は「税金が払えるように」。細々と（非課税限度の所得レベル）ではなく、元気にちゃんと（税金を払って景気よく）お暮らしください、という意味。「ご贔屓《ひいき》に（↓746）」が関西の商人言葉から一般化したように「お達者で」は高齢の経営者にかける言葉だった。

154 おたんこなす（お頓小茄子）

「こなす」は「小茄子」で、「こんなに tão タン（↓565「たんと」）、小さな茄《なすび》」は売り物にならない、役立たずの喩《たとえ》。

155 おたんちん（お頓珍）

頓珍漢（↓663）「こんなに珍しく（分からん）奴」の「漢」をとり「珍」を「tão タン」（↓565「たんと」）を強調した。

156 おっくう（億劫）

言葉がわからなければ布教もできまいと、殿様が藩の師範を呼び神父に日本語を教えるよう命じた。しかしキリストに仕える身の神父は聖書と過ごす時間を優先した。

師範が「いつ日本語の講義に伺えばよいか?」と尋ねても神父は常にocupado オ・クパード「忙しい」と言ってなかなか応じない。そこである日こっそり師範が教会を覗くと、何と神父は一人静かに聖書を読んでいるではないか。

「な〜んだ、オックウ、オックウと言いながら、ヒマで無精《ぶしょう》なだけではないか」と師範は思ったが、神父の余りに真剣で神々《こうごう》しい姿から漢学者の師範はお経「伍十六億七阡萬」「五劫」から漢字「億劫」を当てた。

広辞苑に「オッコウの転」とある。そのまま読めばオッコウだが葡語(音)でオックウになった。

157

おっぱい

産業革命は石炭から始まる。女性が炭鉱坑内で四つん這いになって(石《せき》)炭車《たんしゃ》を引く絵がイギリスに残っている。世界遺産になった山本作兵衛の作品にも石炭の運搬役を任され坑内で(赤ん坊を背負った)女坑婦の絵がある。戦争で男が兵隊にとられて少なくなると重労働の先山《さきやま》(ツルハシで岩盤を掘る役目)もした。洋の東西を問わず上半身は裸。(炭鉱主伊藤伝右衛門に嫁いだ)皇女白蓮《びゃくれん》が舞い降りるほどの日本最大のエネルギー（石炭）産業とは言え、坑内の現場は高温多湿。彼らが地上に上がるとすぐに男女混浴の風呂に入るが、そこでも「おっぱい」は労働した女性の象徴だった。

戦前まで海女も上半身は裸。宋氏（壱岐の殿様）の海難を救って全島の漁を許された伝統ある壱岐平《たいら》（村）の海女は高齢でリタイアした今、「おっぱい」姿（自分）の写真を懐かしむ。

古来、日本に男湯・女湯の区別はなく混浴（男は下帯・女は腰巻姿）が普通で、江戸の混浴禁止令（一七九一年）も地方の温泉地には及ばず全国的には依然混浴が主流だった。一八五三年黒船で来航したペリーもこうした光景に驚き「他のアジア民族に比し道徳心が優れているのに、男も女も赤裸々な裸体を何とも思わず入り乱れて混浴する淫蕩な人民」と書いている。この指摘は今でも「成人雑誌がコンビニで買える唯一の国」日本ならではの寛容性なのだろうか（海外での悪評防止のためには国内事情など言っておれぬ。東京五輪対策＝緊急避難は慣習にも優先？）。

新規の浴場は混浴禁止でも昔からの温泉には認められている*のは「慣習は法律に優先する」（法諺《ほうげん》）から（↓プロローグ「フグ調理の免許」）。ポルトガル人、こと姦淫を戒める神父にとって混浴は驚天動地の光景で「あれまあ！」と叫ぶのが精一杯。この「あれまあ！」が葡語 ôpa! オッパ！。その叫びを聞き、叫びの対象を「おっぱい」と言うようになった。

＊ 全国に千二百軒（三十年前）あった混浴温泉は四百軒（二〇一九年現在）に減少

ブラジルの釣師も大魚がかかると「オッパ！」と叫び竿を合わせる。アマゾンの魚を釣った開高健の写真集の名《タイトル》は『オーパ！』だった（開高健が在籍した会社の宣伝部でつくったウイスキーのＣＭで有名だが「こちんこちん」（↓316）は同じ飲料メーカーのＣＭ）。

158

おっぺしゃん

「おっぺしゃん」と聞いて熊本ラーメンを連想する方もあろうが、広く九州一円で言う。関西弁の「ブサイク」と同様、「不美人」。顔の細工が欠点だらけ、という意味だが、現代ではもちろんセクハラ語。

「おっぺしゃん」は「英語の opposite（反対の）とドイツ語の schön（美しい）の造

語」という説まであるが、「ペシャン」（↓800）（顔が潰れている状態）からであることは語感からも明らか。また「バックシャン」の「シャン」は「チャンとする」（↓578）の「シャン」で「後ろ姿がシャンとしている」という意味。「後ろ姿美人」。

159

おてまえ（お点前）

葡語 temer a Deus テメーアデウスは「神前で儀式を行う」。この「テメー」から茶の湯の「（お）点前《てまえ》」が定着した。その後二人称になり武士は相手を丁寧語で「お手前」と呼び、江戸っ子は相手に「テメー」と啖呵（↓561）を切った。

160

おてんば（お転婆）

「男まさりの活発なあの女の子、髭《ひげ》でも生えているんじゃないの？」と揶揄《やゆ》することがある。「髭がある」は tem barba テンバルバ、これに男性名詞の定冠詞 o オをつけて「お転婆」になった。「お婆さんが転ぶ」のではない。「テン tem」は「持つ have」、「バルバ barba」は「あご髭」。（↓692「バーベキュー」）

161

おどす（脅す）

葡語 odre オドレは「デブ」。自分を大きく見せて相手を威嚇《いかく》するのは人間が動物である証。また「おどろく（驚く）」（自動詞）の他動詞「おどす（脅す）」にも聞こえるが別語。

162

おとり（囮）

葡語 o truque オトゥルキ（英語 the trick「罠《わな》、トリック」）が「おとり」に聞こえ、漢字「囮」を訓読みした。広辞苑は「招鳥《ヲキトリ》の略か」としている。

163

おどろおどろしい

「おどろおどろしい」は古来日本語だったが、「おどろく（↓164）」意味が加わった。

164

おどろく（驚く）

「秋来ぬと目にはさやかに見えねども風の音にぞおどろかれぬる」（『古今和歌集』）。古人は様子の変化に（はっと）驚いた。

葡語 odor オドーは「匂い」。ポルトガル人（宣教師）、半世紀後にオランダ人（「八重洲」の語源となったヤン・ヨーステン）、イギリス人（三浦按針）、明治になってラフカディオ・ハーン（小泉八雲）が来日するが第二次大戦中撃墜されたB29からパラシュートで脱出し九州、直方《のうがた》の河川敷に舞い降りたアメリカ人兵士の手記が残っている。

地面が近づくと、とても奇妙な特有の悪臭に気付いた。それは何世紀も不潔に放置されていたような不快な腐敗臭で、これこそが日本の匂いだった。後日それは人間の排泄物を肥料に使用している日本ではごくふつうの匂いであることがわかった。

水洗便所が普及した都市部では滅多に体験できないが、今でも汲み取り式のバキュームカー（液体タンク・トラック）が走る地方（下水道未整備地域：全国の約三割、人口十万人以下の市区町村の約半分）でこの匂いを嗅《か》ぐことができる。こ

の「日本の匂い」はパラシュートで生きのびたアメリカ人兵士より四百年前にポルトガル人が初めて体験し、「臭《にお》い」（odor オドー）に顔をしかめ「オドろいた」。

それから半世紀、経済大国となった日本のバブル時代、私はヨーロッパ最高級車メーカーの副社長（ポルトガル人）をアテンドしデパート香水売り場の買い物に付き合う。さすが一流デパートで世界中の男性用香水を揃えていた。「これじゃなきゃダメなんだ。いいだろう?」と芳香を自慢した。odor オドーには芳香と悪臭双方の意味（匂《にお》い、臭《にお》い）がある。

ポルトガル人は早起き。東京から朝一番の新幹線で名古屋に行く、というので朝6時発のグリーン車を予約した。定刻6時に東京駅から動き出した途端、眼を見開いて周囲を睨み「言っただろ?移動は必ずファーストクラスだって!」出発と同時に日本人が一斉に開く弁当の匂いを悪臭と感じたのだった。その彼に「ヨーロッパでの日本人の日本車のイメージはどうか」と尋ねると「日本人が韓国車をピクルス臭く感じるのと同じ」と答えた。ソウル・オリンピック（一九八八年）を記念して韓国車を百五十台輸入したら忽ち売り切れ在日韓国人の愛国心が感じられた。世紀末はそんな時代だった。

韓国の自動車メーカーは世界を席巻し二〇一八年のワールドカップ（サッカー）のスポンサーとなったが、三十年前はまだまだで自動車販売を学ぶために精鋭二人を日本に派遣した。当時新発売のマキシマを見に日産のショールームに連れて行った。風邪気味というので「キムチでも買ってこようか?」と言うと「日本のキムチなんて（食べられない）!」と失笑気味だった彼らも寿司屋の入り口に盛った飾り塩や男子トイレの下に置いた粒氷にいたく感心していた。

ブラジル語学研修が決まり出発する前の数か月、送り出す会社の親心か、あるブラジル人女性が紹介された。夫（日本人）は「妻はホームシック気味でブラジルに帰りたがってる」と言う。ブラジル人特有の愛国者だった彼女は「I don't want to stay here, I want to go back to Brazil.」（こんなところには居たくない。ブラジルに帰りたい）。口癖のように歌っていた。とにかく天真爛漫。梅雨明けに数人で江の島に海水浴に行くことになった。（ブラジルのように）浜辺まですぐ近くと思ったのか、都心の自宅マンションからビキニ姿で（セパレートの水着など当時の日本にはなく白い肌を大胆に露出して）飛び出し、そのままの姿で混雑する新宿駅をサンバのリズムで踊り歩いた。車中ではカタコトの日本語で「日本人、臭いね、味噌汁臭いね」と大声で叫んだ。外国人が珍しかった時代、昭和の日本人はおとなしくだれもクレームを付けなかった。破天荒な彼女だったが、西洋人として率直な日本人臭だったのだろう。それより、白い水着が海水で濡れ透けて、ヒヤヒヤしながら小田急（電車）で帰った。

165 おぬし（お主）

葡語 ônus オヌスは「責任、職務」。上司が部下に向かって「貴職」というニュアンス。「おぬし」「貴職」ともに二人称。

166 おばけ（お化け）

葡語 o baque オバケは「ドシーンという音、不安」。「ほら、出た」という感じ。

167 オハコ（十八番）

「御箱《おはこ》」また「十八番《おはこ》」と書く。後者は歌舞伎からの当て字。これは葡語「オラゴ orago」（神のお告げ↓最も大切なもの）で、英語の「オラクル oracle」。

168 おばさん

葡語 ovação オバサンは「歓呼、喝采」。立ち上がって喝采する standing ovation スタンディング・オーベーションのオーベーション。

高齢になると元気な男性も好々爺（↓140「おじさん」）で寡黙な孤老になるのに対し、元気な女性は集まって賑やかに喝采して若者を応援した。枯れる男性、枯れない女性が多いのは昔からだったようだ。因みに ovação オバサンには「卵巣」の意味もある。

169

おべべ

葡語 o bebê オベベは「赤ちゃん」。ポルトガル人が赤ん坊を「おべべ」と呼ぶので、母親は「赤ちゃんの着物」と思った。赤ちゃん bebê べべは男性名詞だから、女の赤ちゃんも o bebê オベベ。

170

おべんちゃら

葡語 o bem-chara オベンチャラ、bem は「とても」→「とてもチャラい言葉」「耳障りのよいが空虚な言葉」。chara チャラは、「中国らしいやり方（→574「チャラ」）。

171

おまんま（御飯）

葡語 mama「ママ」は「お乳」、赤ん坊の食べ物。「おまんまが食えない」は「赤ん坊のときからこれまで食べてきたものが食べられない」という意味。

172

おむつ（御襁褓）

葡語 o mutuante オムツアンテは「交換するもの」。「産着」の意味の中国語を葡音で訓読みした。

173

おもしろい（面白い）

「面白《おもしろ》い」も当て字。古文で「おもしろし」は「趣がある、風流だ、興味深い」。たとえば「月のいといみじうおもしろきに（月がたいそう趣があるときに）」「節《せち》会《え》のおもしろく興あるを（数々の節会の楽しく興味のあるようすを）」など。葡語「ウモローゾ humoroso」は、英語の「ヒューモラス humorous」（ユーモアに富む、滑稽な）。この「ウモローゾ」が「おもろい」（関西弁）に聞こえて現在の「面白い」になった。

　それまで「景色・風物が美しい」だった「おもしろし」に「滑稽」の意味が加わったのは、「在り難し」とされていたものが宣教師の「（オ）ブリガード」を聞いて「感謝のアリガトウ」に変化した経緯に似ている。「（オ）ブリガード」↓「アリガト」の変遷理由（↓71「ありがとう」）に「盲亀浮木」だけを挙げたが、単語の語尾に濁音を発音しにくい日本語の特徴も加わって変化した（「ビッグなニュース」→「ビックなニュース」、また「ベッド」→「ベット」など)。

174

おもてなし

仏教は浄土系に限らず、死して極楽浄土に生きると教え、キリスト教でも教会の神父は死して天国に永遠の命を生きると諭す。「死んで生まれること」を葡語で「オモテナシ(メント) O morte nascimento.」と言う。教会の入り口では「ヴォセタアイ! Você 'tá aí! =おせったい(ようこそ)」と迎えられ、ミサを終え教会から出てきた人に「どんなお話だった?」と聞くと、「神父様は『オモテナシ』が肝腎とおっしゃってた」と答えた。「お釈迦様もキリストさんもおっしゃることは同じじゃな」という話になった(↓150「おせったい」挿絵)。

175

オラショ

長崎、天草のキリシタンの祈りの言葉「オラショ」=「オラソン oração = prayer」(祈り)は仏教のお経、「オラトリオ oratório」はキリスト教の祭壇で仏教の仏壇にあたる。「オラぶ」は「心から念じたことを口にする」意味で、「オラソン oração」が「オラショ」となった。

176

おらぶ

九州で「大声で叫ぶ」ことを「オラぶ」という。心から念じたことを声に出せば大声になる、というより大声を出した人に対して、心から念じたことかどうかは知らないが、まるで心から念じたかのように「大声で叫ぶ」から「オラぶ」と言う。

過去形「大声で叫んだ」は「オランだ」だが、オランダの国名とは無関係。

177

おりこう（お利口）

葡語 rico リコには英語の rich「裕福な《リッチ》」のほか「立派な」という意味がある。聡明な子どもを神父が「リコ」と評したことから日本人が男性名詞につける定冠詞oをつけて「お利口」と言うようになった。スペイン人は食べ物が「おいしい」も「rico リコ」と言う。rico リコ「素晴らしい」と子供を褒めた。

178

オルガン

葡語 orgão オルガンは「オルガン」。一五八一年ヨーロッパから遠い日本で初めてパイプオルガンが高槻《たかつき》教会に設置されヴァリニャーノ神父がミサを行った。その二年前から携帯用オルガンを持ち込んでいた宣教師は「これで日本人信者を増やせる」と自信を深めた。当時京都地区修院長だったオルガンチノ神父は「日本人は不思議な旋律を奏でる箱にぞっこん」と報告しており信者以外の者まで西洋音楽を口ずさんだという。このときはシューベルトもモーツァルトも生まれておらず、「アベマリア」も「きよしこの夜」もない時代は「グレゴリオ聖歌」だったと思われる。

179

オンブ、ダッコ

布教活動は九州から山口に達する。キリシタン大名の名前は古文書にも残るが、禁教→隠れキリシタン→役人の目から隠れる信仰生活のためか、民衆の史料は乏しい。しかし、だれであれキリシタンでない人をキリシタンにするのが布教の目的で、ザビエル一行は日本人救霊の使命を帯びてはるばるやってきた。

布教活動はまず昼間の戸別訪問が原則だが、男はあちこちで働くため不在が多かった。だからと言って、女性だけの家（屋内）に入るわけにもいかない。このジレンマに直面した宣教師たちは会議を開いて女性が複数集まる長屋の井戸端会議（屋外）をターゲットに設定した。しかし女性ばかりで楽しく会話している中に赤ら顔の南蛮人がぬっと現れると、いくら手に聖書を持ってはいても女性たちは「キャー」とクモの子を散らすように逃げて家の中に隠れてしまう。そうした失敗を何回か重ねた、ある日のこと、一人の母親が慌てるあまり赤ちゃんを置き忘れてしまった。突然母親の姿が見えなくなり赤ん坊はまさに火がついたように泣き叫んだ。仕方なく宣教師が残された赤子を抱き上げると、何と、それまでは烈火のごとく泣いていた赤ん坊が「キャッキャッ」と機嫌《きげん》よく笑っているではないか。背の高い宣教師に、赤ん坊はいつになく「高い高い」されていた。この様子を家からそっと覗いていた母親は恐る恐る出てきて宣教師に赤ん坊のあやし方を教わるようになった。

胸に抱くことを「ダコウロ dar couro」（肌を与える）、背負うことを「オンブロ ombro」（肩）と宣教師が言ったので、つぎにポルトガル人宣教師が井戸端会議に行くと、母親たちは「うちの子をダッコして」「オンブして」とせがむようになった。

こうして、キリスト教は女性から受け入れられた。これが布教活動の成功例としてイエズス会の記録に残っている、かどうかは定かではないが、「オンブにダッコ」は葡語。

180 カーキ色

葡語 cáqui カーキは「(色の) カーキ」。国防色 (軍服の色) で英語 khaki の語源はヒンディー語やペルシャ語の「土埃《つちぼこり》色」。ドイツ語 khaki、フランス語 kaki、イタリア語 cachi… いずれもインドやオスマン帝国の軍隊 (軍服) の色だった。

181 かかし (案山子)

葡語 cagado カガードは「淡水の池に棲む亀」。田圃《たんぼ》の人形をポルトガル人が「カガード」と呼ぶ声が「かかし」に聞こえ漢字「案山子」を当てた。「かがし」と呼ぶ地域も多い。

182 かがむ (屈む)

葡語 cagar カガーは「排便する」(↓403「しゃがむ」)。

排泄物処理は洋の東西を問わず都市最大の問題。ギリシャ、ローマの古代都市にもトイレは不可欠、ロンドン・パリもテムズ河・セーヌ河にたれ流し、中世の貴族女性のスカートの形状はそのまま用を足せるためで、ハイヒールやブーツはパリ名物 (犬の糞《ふん》) を避けるために考案された。ベルサイユ宮殿には今でもトイレがなく困った経験のある観光客も多く、ノートルダム寺院周辺などパリ市内に真っ赤な（原色の）uritrottoir（男子小便器）が屋外に設置され物議を醸《かも》している。ザビエルの時代はどうだったのだろう。

（畑や草陰で）かがんで用を足している日本人の姿を見たポルトガル人が「カガーしている」と言うので「屈む」を「かがむ」と訓読みした（漢学者が「かがむ」の音に漢字「屈」を当てた）。

それ以来「屈む」は狂言などにも使われた。なお広辞苑は他動詞「屈める」（源氏物語）を挙げているが原文は「この指をかがめて」で「屈めて」ではない。別れのシーンで「指をかがめる」とはどのようなジェスチャーだったのだろうか（「屈む」「屈める」は全身の動作）。「屈む」は天草地方の方言から全国に広まっている。

183

かけら（欠片）

集合名詞 caqueirada（瀬戸物の破片の集まり）の普通名詞「caqueira カケイラ」に漢字「欠片」を当てた。（↓248「切欠《きっかけ》」）

184

カコつける

葡語「カコ caco」は「焼き物などの、かけら、がらくた」。「カコつける」とは、「どうでもいいような、ささいなことを理由にする」こと。

185

ガサ（入れ）

葡語 gaza ガザは「（粗い網目《あみ》の）布」。刑事の「ガサ入れ」は「（ザックリ）網を入れる」。

186

かしましい（姦しい）

女が三人寄れば「姦《かしま》しい」というが、はたしてそうだろうか。宇多田ヒカルは『First Love』のサビで、「♪ You are always gonna be my love…」と歌う。「あなたはいつまでも私の大切な人」とジャケットにある。この always だが、「あなたはいつも私の大切な人になるところ（だったのに…）」ともっと反実仮想を感じたらどうか、つまり実際には、いつも（もう少しのところなのに）my love になってくれない、ということになる。それと同じように「クワジマシウ quase macio」は「もうちょっとで優しい」「ほんとは優しい（温和な）のに」となる。この葡語「クワジマシウ」が「かしましい」になった（微妙に優しい→実はちっとも優しくない！）。漢字「姦《かしま》しい」を当てたのは男の偏見。

187

カス（滓）

「カスカ casca」は「果実の外皮、豆のさや、卵の殻」で、リンゴの皮、グリーンピースを剥《む》いたさや、卵を割った殻など役に立たない「カスカ」が「カス」の語源。そこから「味噌《みそ》っかす」など残滓《ざんし》（残りカス）を指すようになった。

188

かすがい（鎹）

葡語 cascar カスカーは「打つ　叩く」。それまで日本に木釘はあったが打ち付けて二つの木材をつなぎとめる金属「鎹」はなかった。「鎹」は国字（中国にはない）。

189

カステラ

「カステラ」が葡語であることはよく知られているが、なぜ「カステラ」なのか、となると、諸説ある。NHKの番組で紹介された通り、「カステラをつくるのに一番大切なことは卵の白身の泡立ての工程にあり、一旦泡立てた上で、泡立て器から真上に上げて『カステロ castelo（お城）の尖塔《せんとう》』のように（白身が固くなって）高く聳《そび》えるまで泡立てること」とポルトガル人パティシエが日本人に教えた。ドイツ南部の「ノイシュヴァンシュタイン城」、またディズニーランドのお城の尖塔を念頭におき「カステロ（お城）」のようにと言ったことから、日本語で「カステラ」になった。

長崎の「カステラ」や福岡の「鶴乃子《つるのこ》」〈石村萬盛堂〉は卵の白身を泡立ててつくる。残った黄身にたっぷりの砂糖を加えてつくるのが「鶏卵素麵《けいらんそうめん》」。ブラジルにも「鶏卵素麵」（fios de ovos、卵の糸）が伝わっている。黄身に砂糖を混ぜ「鶏卵

素麺」、白身と砂糖で「鶴乃子」をつくった。副産物の「鶴乃子」の方は健在だが、「鶏卵素麺」は過度の甘味が敬遠されたか、鹿児島の〈薩摩蒸氣屋〉に工房を売却した創業家〈松屋〉が復活、福岡空港やJR博多駅などで買える。オーストリア、ザルツブルクの名物料理「ザルツブルガー・ノッケルン Salzburger Nockerln」は大皿一杯に泡立てた白身をオーブンで焼いている。余った黄身はどうするのか、ポルトガル人なら鶏卵素麺をつくるところだが、オーストリア人だからウィーン風カツレツ「ヴィナー・シュニッツェル Wiener Schnitzel」の衣に使うくらいか。

190

カスドース

平戸（長崎）にグラニュー糖を塗《まぶ》して甘さを強めた一口大のカステラがある。黄身鮮やか、高級砂糖を惜しげもなく塗した門外不出の菓子で到底庶民の口には入らず、平戸藩の武士が胸を張ってポルトガル人に試食させたところ「doce ドッシ（甘い）」と言ったので「カステラ＋ドッシ＝カスドース」と命名した。

カスドース
(castelo doce)

191

ガーゼ

葡語 gaze ガーゼは日本初の病院（大分）から広まりそのまま日本語になった。英語 gauze ゴーズ。明治になってドイツ語 gaze ガーゼが入ってくるが、貝原益軒や華岡青洲がポルトガル（南蛮）の南毛（木綿糸）を手術に使用していたことはわかっている。（↓505「ぞうきん」）

192

ガセ

「ガセネタ」などの「ガセ」は「嘘、偽り、にせ」「実体がない」意味。葡語 gás ガス「気体、空虚」から。

偽物とわかり周囲を騒ガセるから、は単なる駄洒落。

193

カセイタ（加勢以多）

「加勢以多」は、江戸時代より熊本細川藩に伝わる銘菓。寛永九（一六三二）年熊本に入った細川忠興がポルトガル伝来の菓子（マルメラーダ）を気に入り、茶事の菓子として江戸幕府や京都の皇室への献上品に用いた。

ポルトガル人は世界各地で「マルメロ marmelo の砂糖煮」「マルメラーダ

↓marmelo の砂糖煮＝マルメラーダ」をつくる。マルメロがなければ身近な柑橘類の実で代用した。それが英語の「マーマレード marmalade」。熊本でもマルメロを探したが見つからず、最もマルメロに近いカリンを使って同じ製法でマルメラーダをつくった。茶菓子になるように、マルメラーダを最中生地の薄板で挟み、表面に細川家の家紋「九曜の紋」を打ち、立派な箱（カシホ）に入れて江戸や京都へ献上した。細川藩自慢の茶菓。

「加勢以多」の語源は葡語「カセタ caceta」（立派な箱）で、本来は Espécie de vaso, empregado em farmácia.（薬局で使用される壺の一種）、カセットテープの「カセット」も同語源。「加勢以多」を復元した菓子舗〈香梅〉では Caixa da Marmelada（カイシャ・ダ・マルメラーダ：マルメロジャムの箱）が訛ったと説明している。

カセイタ
(caceta)

194

かた（潟）

葡語 cata カタは「雨水でできた深い穴」。親鸞聖人が流された越後を新潟と呼んだのは比較的新しい（河口の中洲に新しくできた潟湖の意）。八郎潟も食料増産のため十九世紀になって埋め立てられ「潟」をとって「大潟村」となる。「借金のカタに」も「借金で開けた穴に」から「借金の抵当に」の意味になった。

195

カタギ（堅気）

コーヒー生産世界一のブラジルは世界各国にコーヒーを輸出している。最大の消費地アメリカに提供するのは通常品質（No．4／5）なのに日本とドイツ向けは最高品質（No．2）でなければならない。その品質はコーヒー豆の中の夾雑《きょうざつ》物《ぶつ》（欠点豆、木片など）の量で決まる。「ちょっとくらい欠点豆があっても焙煎すればわからないじゃないか」とアメリカ人は考えるが、日本とドイツでは「少しでも欠点豆があれば半値」になってしまう。このためブラジルでは日本とドイツ向けにcatação カタソン「ベルトコンベヤーに豆を流し人海戦術（手作業）で小石・木片など夾雑物や欠点豆（不良品）を取り除く作業」*をしている。

* 日本の石炭産業で不要なボタ（↓838）を選別した経験がある日本人移民のアイデア

原料豆から不良品を取り除く作業を見たポルトガル人が「catar カター」と言ったので、それを「不良品を取り除いたまともな良品」と思い込んだ日本人が山岳地帯の狩猟人「マタギ」にかけて「カタギ」と言うようになった。また葡語 catão カタン「厳格な人、徳行の人」（↓196「かたぶつ」は強調形）。

ちなみに「なぜコーヒーのＮｏ．２が最高なのか？」というと、Ｎｏ．１を決めるとみんなが「ウチの方がＮｏ．１」と主張し合い収拾がつかなくなるので「Ｎｏ．２が最高品質」と決めた。いかにもブラジルらしい話（カーニバルでもサンパウロではみんなが「わがチームが一番」と思っているので優勝チーム発表者は発表した途端準優勝以下の連中から追い回され逃げ回るのが恒例行事になっている）。

日本とドイツ向けにいくら「カタソン」しても、赤道を通る船上では高温のため虫が湧いて豆に穴を開け半値になる。これを防ぐため燻蒸《くんじょう》（殺虫）する。生海老が冷凍海老より旨いのは当たり前だが天婦羅需要の多い日本向けには揚げても尻尾が黒くならないような成分を加え冷凍している。味より見た目に拘《こだわ》りわざわざ不味くしている。ヨーロッパの海老は旨いと気づく日本人も多いが、世界中どこでも海老は日本より美味しい。

一九八〇年頃土産《みやげ》用の洋酒の免税は何本までと決まっていた。数量が一定なら価格で勝負というわけで香港では一本三〇万円以上のナポレオンを買った日本人が続出した。ブランデーは醸造酒ワインを蒸留した余剰生産物で九年間樫の樽に寝かしたものでなければナポレオンとは呼べない。そこでフランス人は考えた。ナポレオンが大好きな日本人の需要を満たすには九年も待てない。何年も樽に寝かす代わりに樫のエキスをつくり出来立ての一年物ブランデーに混ぜナポレオンのラベルを貼ればよい、と。この樫の木エキスはbonifiantボニフィアン（改良剤）と呼ばれ業界で流通した。（味が分からず）ラベルを信じる消費者が問題なのだが消費者に合わせるのが業界。

さらに、「何本まで免税」は「それを超えれば課税または没収」なのだが大半は没収され東京税関は高級洋酒であふれた。今はない「処分会」、しかし高級ワインをタダで呑んだ先輩官僚の根性が今の行政に見られることもある。

196

かたぶつ（堅物）

葡語catãoカタンは「厳格な人、徳行の人」。

197

かたり（騙り）

葡語catarカターは「不良品を取り除く」→「良品になる」→「良品として振る舞う」→「良品だと語《かた》る」と変化し、あたかも「かたぎ」（→195）のように振る舞って相手を「騙《だま》す」（→554）ことを「騙《かた》り」「騙《かた》る」と言った。葡音から「ダマス」「カタル」の二音を日本語に取り入れたものの、同じ漢字「騙」を二通りに訓読みした。catarカターには「（相手の気を）他にそらせる」という意味もある。

「人の注意を他にそらせその隙《すき》に犯罪行為に及ぶ」のはスリの常套手段。巨大なケレティ駅（ブダペスト中央駅）の雑踏で、一人が前から左肩にぶつかり「左肩に注意が行った瞬間」右ポケットに背後から手の気配。しかし私にはだれかが左肩にぶつかったら即座に右手で右ポケットを押さえる習慣がサンパウロで身についていた。ブダペスト・スリグループの古典的テクニックよりブラジルで鍛《きた》えた反射神経が勝《まさ》った。

198 カタン糸

木綿糸を「堅く撚った糸」を「カタン糸」と言うが、「良品」「堅い糸」として理解された。

199 ガチ

葡語 garantido ガ・ラ・ンチード「間違いない」から。「ガチで」は「間違いない処で」「掛け値なしに」の意味。（↓201）

200 ガチガチ

葡語 gatilho ガチーリョは「銃の引き金」。初めて火縄銃の引き金を引くときの緊張感だろうか。

201

ガチンコ

「ガチ（↓199）」に同じ。「ガチンコ勝負」は「掛け値なし（＝正々堂々）の勝負」。

202

がっかり

葡語 cariar カリアーは「カリエスに罹る」（↓96「うっかり」）。gastar ガスターは「消耗する」。二語を合成した「がっかり」は「すりきれ落胆した様子」。

203

カッコイイ（恰好いい）

葡語 caco カコは Teatr. Gír. Palavra ou frase que o ator, geralmente de improviso, introduz em qualquer de suas falas, para substituir outra do texto original e/ou produzir efeito cômico（劇用語、俗語で役者が台本の台詞を即興で面白可笑しく言い換える用語）。

日本人の役者が舞台でミエを切って観衆が沸いた様子をポルトガル人が「caco カコ」と言ったことから「カッコつけた」「カッコいい」が日本語になり「恰好（格好）」と書いた。勿論中国語にはない。

ザビエルは二年余しか日本に滞在しなかったにもかかわらず続いて来日した宣教師は多く、かなりの日本人が葡語を理解していた時代、「ナンパ（↓677）」から古田織部の「へうげもの（↓795）」まで、葡語はナウくカッコイイ流行語だった。

204

かっこう（恰好）

葡語 caco カコ「おどけ（る素振り）」。「恰好つける」は「おどけてみせる」が原義。

205

がってん（合点）

「合点」と書き、優れた和歌に点を付したのは平安貴族。葡語「猫 gato」には「（猫のように）すばしこい（動作が早い）」意味がある。gato の強調形 gatão「ガトゥン（大きな猫）」から、納得承知して直ちに行動するときに「（猫のような）素早さ」を強調して「gatão ガトゥン→ガッテン」と言った。この時代になると能、狂言で「合点して」と使われるが「ガテン」と読む方が葡語の発音に近い。中国語に「合点」はない。

206

カッパ（合羽）

葡語 capa は「袖なしの外套《マント》」。マント（↓891）も初めてだったが「袖なし雨具」には驚いた。それまでは簑《みの》だった。

207 かっぱする（喝破する）

葡語の動詞 capacitar カパシターは「納得させる、得心させる」。とくに日本語の過去形「喝破した」＝「カパシター」は葡音そのもの。中国語に「喝破」はない。

208 かっぱらう（掻払う）

「盗み取る」と言う場合の「こっそり」感に対し、「かっぱらう」は公然、それも「白昼堂々」感が強い。葡語の動詞 capar カパーは「去勢（切除）する」「根絶やしにする」意味。「掻払う」という当て字は葡語のニュアンスに近く capar の未来形 capará カパラ＝you will ～が直接の語源。

209 かっぷく（恰幅）

葡語 capote カポテ「見せかけ　見映え」を「恰幅」と書いた。中国で漢字「恰」は「まさに」の意味（恰恰相反＝正反対など）。「あたかも」（↓39）と訓読みした漢学者は葡語 caco カコ「おどけ（る素振り）」（↓204「恰好」）「恰幅がよい」など「恰」を多用した。

210

かっぽう（割烹）

料理人のシンボル、帽子は毛髪などの混入を防ぐため。男性は（料理の鉄人のように）甚平に頭巾、女性は（給食のおばさんのように）割烹着に三角巾だった。「割烹」の語源は葡語 capota カポタ「頭巾」。

「肉を割き煮炊きする」（通説）というが、漢学者が葡語「カポタ」の音に漢字「割烹」と書いてそう説明した。そもそも「肉を割き煮炊きする」はどこの家庭でもやることで、プロの料理人に限らない。

ワインを飲めるのが「ビストロ bistro」でビール中心なのが「ブラッセリー brasserie」と説明するフランス人がいたら「庭と座敷の料亭」に「料理中心の割烹」と言ってやろう。「（モノが容器に）カポッと入る」は「頭にすっぽり頭巾が入る」感じで葡語らしい表現。

211

かなきん（金巾）

葡語 canaquin カナキンは「インド産の綿布」。日本では「堅撚《よ》りの細糸で織った薄手の綿布」とされる。産地はどこであれ舶来品は貴重品だった。

212

かなしい（悲しい）

「うれしい」の語源が「ウラー urrar」、「かなしい」の語源は「カノ cano」。熟語 dar cano は cano を dar（与える）、（他人を裏切る）から、「裏切り」= cano を貰う、裏切られる意味になり、日本古来の「かなしい」に「裏切られて悲しい」が加わった。そういえば、「かなしい」は「哀しい」とも「愛しい」とも書く。古《いにしえ》の日本人は他人に裏切られて悲しむようなことなどあまりなかったのかも知れない。

213

かなた（彼方）

「あなた」は二人称 you。「かなた（彼方）= かれ＋なた」は三人称。「ナタ」は「最良部分 the choicest part」（↓53「あなた」）。同義の丁寧語「あちら」より遠く、視界の及ばない隔たりを指す。

214

ガバい〈佐賀〉

「ガバい」は佐賀の方言。島田洋七原作の小説『ガバいばあちゃん』は映画化された。葡語「ガバー gabar」は「自慢する、称賛する、ほめる」意味の動詞（↓240

「がんばる」)。

215

カビ（黴）

葡語 cabina カビナは「船室」（フランス語 cabine 英語 cabin）。「海の英雄」を自認するポルトガル人が船室（カビナ）に生える、と言ったのを、生えるのは「カビ」と聞き違えた。中国語では「霉」または「模」と書く。

日本の「黴」は特別（梅雨の産物）でヨーロッパからバイオリンを持ってくると板が捲《めく》れてしまう。（「バイオリンがわらう」などと言う。）だから欧州の音楽家は来日公演のバイオリン・ケースに乾燥剤を詰める。ところがピアノとなるとそうはいかない。モーツァルト、ショパンが作曲に使ったクラヴィア（Klavier）＝ピアノは明らかに木製とわかる（チェンバロのような）木の色だった。一九〇〇年頃からピアノ製造を始めた日本では最大の難関（梅雨の湿気）を黒漆《うるし》を塗ってクリアした。一九五〇年にはグランド・ピアノができるが現在世界のコンサート・ピアノが黒いのは日本の黒漆が起源という。ドイツ・オーストリアの老舗メーカーも追随したのは威儀を正した（指揮者、楽団員、聴衆の）タキシードの黒と黒いピアノがコンサートによくマッチしたからだろう（戦前のコンサート、たとえばフルトヴェングラーの時代にはカーキ色（↓180）の軍服姿が多く木の色で良かった）。

日本の梅雨はその季節に梅雨前線がやってくるからだが、日本列島が島国で雲が湧きやすいことも湿気の一因。成田を出発する欧州線のパイロットが最後に見る日本の領土（佐渡島）の上空に島と同じカタチの雲が湧く日が多い。

216 カピトン

葡語 capitão カピトンは「船長」。英語 captain「キャプテン」。徳川幕府の「オランダ風説書」は長崎出島でのオランダ船カピトンの口述。

217 かぶき（歌舞伎）

福岡県直方市植木《うえき》に空也堂がある。口から念仏（南無阿弥陀仏の六文字）が出ている空也像（六波羅蜜寺）は日本史の教科書に出ているので、あゝあれか、と思い浮かべる人もあろう。

仏法の世界をわかりやすく広めようと大仏を建立し仏像を彫った。真言・天台の声明《しょうみょう》も、たとえ文字が読めなくても、聴くだけで仏の有り難き世界を（グレゴリオ聖歌のような）響きで伝える。踊って仏の世界を伝える「念仏踊」もあった。空也の時代、この念仏踊を全国に広めたのは植木役者と呼ばれた旅芸人たちで、その踊り（三申踊《みさるおどり》）が直方市植木に伝わっている。ポルトガル人は彼ら一行を cabotino カボチーノ「旅芸人」と呼んだ。
出雲の阿国はポルトガルの時代、この cabotino カボチーノが「歌舞伎」の語源（天正年間に流行した俗語「歌舞く」の連用形《広辞苑》）。

218

がぶる

相撲の決手《きまりて》「寄り切り」の「がぶり寄り」は「がぶって寄ること」で「(周囲を気にせず)一目散に寄り切ること」。葡語 gabar ガバー「自慢する」が日本では「(周囲を気にせず)一途に」の意味に理解された。母親が一生懸命子育てするのは「ガバい婆ちゃん」(→214「ガバい」)に限らない。

219

かまう（構う）

葡語 cama カマは「ベッド」。camareiro カマレイロは「ベッドメイキングをする人」で「身の回りの世話をすること」を「（身の回りを）かまう」（↓**44**「あつかましい」）と言った。

220

かまぼこ（蒲鉾）

cama カマ「ベッド」（↓**219**「かまう」）の形をした鉾《ほこ》。当時（今でも）オーソドックスなベッドには半円状の枕板があり、ポルトガル人が「鉾」を「漁夫が魚を突く銛《もり》」と書いている（日葡辞書）。山口県仙崎の名産を宣教師が見て「鉾で獲った魚がカマ（の形）」＝「カマボコ」と珍しがり、聞いた日本人が古文書の「蒲鉾」を当てた。

蒲鉾の老舗では『類聚雑要抄《るいじゅうぞうようしょう》』（平安末期）にある「蒲鉾」の文字を起源としているが、問題は当時それをどう読んだ（発音した）のか、である。「蒲」は「菖《しょう》蒲《ぶ》」など音は「ブ」、中国の「蒲」は日本語の「ガマ」（淡水の植物）だから地の蒲《がま》郡《ごおり》（愛知県）のように「ガマ」と発音するので「ガマボコ」と読むなら老舗の説が正しいが、今の日本語では「カマボコ」で濁音がない。葡語「カマ」は「ベッド

（寝台）」。（↓44「あつカマしい」）

221
がめつい
葡語 gamar ガマーの形容詞。（↓222）

222
がめる
葡語 gamar ガマーは俗語で「貪《むさぼ》る」（辞書にはない）。一人称の過去形 gamei ガメイから「がめる」、「がめつい」が関西弁になった。本来 gamar ガマーは amar アマー「愛する」からで「溺愛する」（仏教の「貪愛《とんない》」の）意味。

223
から（空）
「色即是空」の「空」を葡語で「そら」と訓読み（↓517）したが、「空《から》ビン」の「から」は葡語 caramunha カラムニャ「から泣き　うそ泣き」から。

224
がら（柄）
「人柄がいい」と言う場合の「柄」。「インド織物のベンガラ模様」が語源（↓821）。中国語に「身柄」「作柄」「役柄」「国柄」などはない。

225

からう

熊本弁の「いなう、かたげる」は、北部九州を中心に「からう」と言うが、いずれも「背負う」意味。葡語の「カロッサ carroça」（荷物の運搬具）から「からう」が広まった。

226

からかう

宣教師の眼に一番奇異に映った日本人の行動は「土下座」。正式な土下座でなくても相手の好意の申し出を断るとき大袈裟に頭を下げた。この「頭を（地面に）つける」の葡語が cara cai カラカイ。真剣に頭を下げて謝まる姿を不思議そうな眼で「カラカイ」と言うので動詞「からかう」が日本語になった。

227

ガラッと

葡語 gala ガラは「（祭の）晴着」。祭になると普段着から晴着《ガラ》に変わる。その一変する様子を「ガラッと（全面的に）」と表現した。gala concert ガラコンサート（祝祭音楽会）は「晴着」で出かける一大行事だった。ヨーロッパ各地の音楽祭の聴衆は（男女とも）正装。ノーベル賞授賞式なども日本人は和服でなければ見劣りがする。

228
カルサン（軽衫）

葡語calçãoカルサンは「大ズボン」。当時のポルトガル人のズボン（南蛮図）は異様に膨らんでいた。今でもGパンほかズボン一般はcalçaカルサ（カウサと発音）。calçãoカルサンはcalçaカルサの拡大形（Aumentativo）。

229
カルタ（歌留多）

「cartaカルタ」と「cartãoカルトン」（拡大形Aumentativo）。手紙、トランプは「cartaカルタ」、小さくても郵便ハガキ（cartão postal）やクリスマスカード（cartão de Natal）などは「cartãoカルトン」。

230
カルデラ

一度だけ大噴火すると富士山の形になるが、噴火したマグマが固まる前に再噴火（同規模）すると液状のマグマが輪になって広がり冷えて固まると阿蘇のように外輪山ができる。外輪山とは噴火口を中心とする輪状の山、阿蘇くらい大規模になると外輪山は直径が十キロ以上もの円形の阿蘇平原をつくる。この噴火口と平原は鍋状で「鍋」の葡語は「caldeira カルデイラ」（スペイン語「カルデラ caldera」）。

噴火が一度だけの山（コニーデ＝成層火山）は日本中、世界中にある。大室山（伊豆）、開聞岳（鹿児島）、岩手山のほかメキシコ、ペルー、チリ、シアトル、カムチャツカ、フィリピン、インドネシア、ニュージーランドの火山は富士山に酷似、日本人が「〇〇富士」と命名している。

231

カルメ焼

葡語 caramela カラメラは「カルメラ」。砂糖に重曹を加え焼いたのが「カルメ焼」で「caramel キャラメル」（英語）の語源。
ポルトガルの砂糖がいかに貴重品であったか今では想像がつかない。九州各地の南蛮菓子（↓193 281 349「カセイタ、ケシアド、金平糖」）のほか「白い粉」はヤミで高値がついた。若い衆（↓947「野師」）に「カルメ焼」の焼き方を教え、神社の参詣路を押さえ一区画ごとの店（↓991「露店」）で「カルメ焼」を売らせ、また「テキヤ」（↓605）に「みかじめ料（↓893）」を徴収させるなど一連の行為を「シノギ」（↓396）と言った。

232

かろうじて（辛うじて）

葡語 caloso カローゾは「皮膚の出来物（たこ、まめ）」。大分の教会（診療所）に顔の出来物が痛く命にかかわる「面疔《めんちょう》」ではないかと心配した患者がやってきた。宣教師が「カローゾだから大丈夫」と言うと「辛うじて助かった」と書いた。

233

かわいい（可愛い）

相手の行為に共感し、葡語で Ai!「アイ！」（イにアクセント）と言う（↓7「あいや」）。Ai!「アイ！」（痛い！↓5「あいたっ！」）はアにアクセントがある。Ai!「アイ！」は肯定で日本語の「そう！」にあたる。英語でも（議会で賛成は）Ay!「アイ！」と言い、（軍隊でも上官に）Ay, Ay, Sir!「アイアイサー！」（↓4「挨拶」）。「こっち！」は葡語で cá「カ」（↓297「喧嘩」）。「こっちだよ、そう、そこだ！」は“Cá, aí!”「カ、アイ！」。

あるとき、神父が這《は》い這《は》いする赤ちゃんに、手をたたいて「こっち、こっち、そう、そう！」“Cá, aí!”「カ、アイ！」と言うと、母親たちには「かわいい」と聞こえ「可愛い！」と書くようになった。

中国語でも「可愛い」は「可爱的」で中国人はほかの漢字同様中国発祥と思っているが、日本で葡音に当てた漢字が長崎経由で中国に渡った可能性が高い。
何を「かわいい」と感じるのかは時代による。現代の「パンダはかわいい!」はテレビでそう言わなければクレームがテレビ局に殺到するからで、食レポの「うまい!」に似ている。人気稼業のタレントはそうした目に見えぬ圧力を常に意識しなければならない。いろんな世論をうまく忖度できない政治家が失言する。
二十五歳のとき高校生にでもなれば若者言葉もわかるだろうとパラナ州立高校に入った。サンパウロ州の西に隣接するパラナ州随一の高校は東京の私立大学ほどの立派な建物で、鼻髭の校長への直談判で入学が許可され「TS1のクラス」に編入された。制服も揃え、早起きして授業に出席すると、何と女子ばかりのクラス（秘書コース）だった。最初の授業が終わって校長室に駆け込み、「TS1は女子クラスでした。何かの間違いでは?」と言うと鼻髭の校長は大きく目を見開き驚いた様子で「O Japonês não gosta de mulher?（日本人の男は女が嫌いか?）」

十五、六歳の「可愛らしい」女子のクラスに入れてやろう、という彼流の好意だったのかも知れないが、入れられた方はたまらない。つぎの化学の授業が始まり数十分経っても「私の名前を漢字で書いて!」と騒ぎは収まらない。（「魔利亜《マリア》」「栗須知奈《クリスチーナ》」などと書いてやると大喜び）。化学の先生もBrasileira é assim.（ブラジル女はこうなんだ）と諦め顔。それより、金髪・青目で可愛いはずの隣の生徒の半袖から出た腕に生えたビガビガ光る産毛《うぶげ》が異様だった。

当時日系人八十万人のブラジルには中国人・韓国人も含め東洋人と西洋人との混血も多く、彼らは西洋人・東洋人の中間の顔つきなのだが、不思議にも、東洋人の顔立ちのまま、青目・金髪という例は見当たらない。当時ブラジルに一人いるというので物珍しさもあって遠くまで学生たちと見に行ったことがあったが、帰国（一九八〇年頃）したら金髪の東洋人がたくさんいた。日本発祥の金髪は韓国・中国でも見慣れた感があるが、そんな今でも「東洋人の顔立ちの青目・金髪」は自然界には存在しない。
自動車業界の有名人（欧州某社副社長）から電話があり東京モーターショーに同道した。会場中央の大型スクリーンに映し出されたオーケストラ指揮者の井上道義を見て「彼は西洋人だ。あんな東洋人はいない」と断言した。井上自身四十五歳のとき父親が西洋人と知ったという。

234

カン（管）

今では当たり前と思われることでも、一昔前まではそうでなかったことは多い。たとえば、水道はあって当たり前のようだが、栓をひねれば蛇口から水が出るのは、この一世紀余りのこと。家康が小石川上水をつくり、溜池から溜池上水が、井の頭池から神田上水が完成するのは家光の時代になってからという。それでも木樋・石樋の水を飲んでいた。

ヨーロッパでは鋳鉄製の水道管を十五世紀から使っている。ポルトガル人が管（の一部）を持ち込み、殿様への献上品の中にあったのではなかろうか。水道管など「管」の葡語が「カノ cano」。

235

かんがえる（考える）

葡語 cangar カンガーは「傾ける」。ロダンの彫刻「考える人」もそうだが「首を傾げる」動作から「考える」と言うようになった。航海（船舶）用語でもある cangar カンガーは O barco cangou antes de afundar.（船は沈没前大きく傾いた。）などと使う。ちょっとした風向きで頻繁に大きく傾く帆船の操縦は今の動力船より大変だった。源氏物語や枕草子に「考へ（え）る」という表現はない。

236

かんがみる（鑑みる）

ある「考え」（↓235「かんがえる」）を横から（第三者の眼で見ることを「考え見る」→「かんがみる」と言い漢字「鑑」を訓読みした。会計責任者の決算を第三者が監査すると言えばわかりやすい。

237

かんぐる（勘繰る）

葡語 canguru カングルはカンガルー（英語 cangaloo）。いくら発音が同じだからと言ってもこれはない。イギリス人がアボリジニ語から cangaloo と命名したのは約二百年前（↓315「ごちそう」）。「考え（↓235）を繰る」から「勘繰る」と言った。

「グル」には「グル（↓273）」や「グレる（↓277）」から犯罪の音感がある。

238

かんちがい（勘違い）

弁慶など僧兵のルーツは九州の英彦山《ひこさん》、求菩提山《くぼてさん》にあり、二〇〇五年になっても直方には笠をかぶった僧衣姿で「南無仏、南無法、南無僧」と商店街を一軒一軒唱えてまわる行者《ぎょうじゃ》がいた。当時神父に「あなたの言うキリストは天照大御神《あまてらすおおみかみ》がこの世に遣わされた」などと主張する日本人もいただろう。これに神父は「あなたのはカンチガです！」と応じた。

葡語 cantiga カンチガは「でたらめ話」。俄《にわか》行者は「はい、私のはカンチガイでした」と謝った。この話（カンチガイ）を「勘違い」と書くところ「間違い」と書いたのでマチガイ（↓878）と読む人も多く、いつしかマチガイはマチガイではなくなった。

「間違い」もみんなが間違えばいつしか正しくなるのが人間の歴史。「正しかるべき正義も盲《めしい》ることがある」（↓909「めしい」）「慣習は法律に優先する」まではわかるが、「母親殺しの僧侶を不起訴処分にして処分理由は非公表とした」小倉地検（法規範を超える上位規範の存在を予感させる《↓エピローグ》）、明確な証拠にたよりがちな裁判員裁判で公判が維持できず不起訴が増加した検察を忖度してか、

「母子を轢き殺してもエリート官僚は（元でも）上級国民だから逮捕（身柄拘束）しない」警察であっては困る。検察・警察は一体、何を忖度するのか（法規範の実行部隊としての機能は変わらないはず）。

友人のクルマで六本木のナイトクラブ「クレージーホース」に行く。店で知り合ったブラジル人女性二人を家まで送ろうと四人で店前の大通りに駐車していたクルマに戻ると若い警官が「こんなとこにとめて！」とカンカン、友人の免許証を並べて反則切符を書き始めるころおもむろにつぶやく。「あのー、ひょっとして、このお嬢さんたちが自宅でお父さんに報告されて大使館経由外務省に、なんてことになったら警視庁のみなさんにご迷惑が…」と言うと警官は「イヤだなぁー、途中まで切符書いちゃったじゃないの。早くどっかに行って！」と放免された。現場の警察官にはいろいろ忖度先がある。

あなたの
cantiga
カンチガです
（でたらめ）
わたしの
カンチガイでした

平成の「森友事件」を一旦不起訴にした大阪地検は検察審査会の申し立てを令和元年八月、再度不起訴とし、組織と忖度は不可分であることを示した（↓309「ござる」）。この最終判断の直後、決裁文書改竄《かいざん》を指揮した財務官僚は駐英公使に転出した。厳正中立であるはずの裁判官も組織である以上は忖度を免れない（諫早問題では地元組織を忖度した福岡高裁と長崎地裁がそれぞれ矛盾した判決を出したため令和元年九月最高裁が差し戻した。さらに「津波による被害は千年に一度」という国民の安易な誤解まで忖度したか、検察審査会で起訴された東京電力の元幹部三名を「津波の予見可能性はなく無罪」とした東京地裁に対し竹田恒泰は「東日本大震災と同等クラスの津波は過去四百年に十一回」と調査している）。

鹿児島地裁と福岡高裁が認めた大崎事件の再審請求を最高裁が棄却した（令和元年六月）。五人の最高裁判事は、①警察・検察の「忖度・上命下達」体質　②「疑わしきは被告人の利益に」という無罪推定　③九州性（↓873「真面目」）④九二歳と高齢な再審請求者（元被告）への配慮・理解に欠けていた。「To err is human, to forgive divine. 過つは人の常、そを許すは神の業」というが法律の限界を敢えて最高裁が示す必要などあったのだろうか。

239

カンテラ

長崎街道が通る筑豊地方は近代資本主義発祥の地で、炭鉱王と言えば貝島・麻生、それに皇女白蓮を迎えた伊藤伝右衛門など成金資本家たちが語られる。一方山本作兵衛は暗黒の坑内で真っ黒になり働いた炭坑労働者で、彼の描いたカンテラの照らす世界が「ユネスコ記憶遺産」になった。

♪朝も早よからよ〜　カンテラ下げてナイ、の「カンテラ canteira」は葡語。「カント canto = corner」（コーナー、隅）を照らす、と日本語の語呂もよく広まった。「カンデラー Kandelaar」（オランダ語）との説もあるが、音からも葡語。

240

がんばる（頑張る）

「ボーイズ・ビー・アンビシャス Boys, be ambitious!」という名言を残したクラーク博士の真意は「大志を抱《いだ》け！」ではなく「覇気《はき》を持て！」であった。明治時代、札幌農学校の生徒たちはだれも自分の意見を言うことなく、外国人に近寄るとただニコニコ、ニヤニヤするばかり。業を煮やした博士、日本を去るとき「おまえたち、そのままじゃだめだ。もっと覇気を持て！」と叱咤《しった》激励した。安土桃山時代の日本人も、温和で自分の意見を人前で主張するようなことはなかった。こうした日本人にポルトガル人は「もっと自信を持って『自己を主張する人』＝『ガバローラgabarola』になりなさい」と激励、日本人は「バる（↓738）」の意味で「ガンバリます」と答えた。

与野党とも党大会で「ガンバロー」と右の拳を上げるが、これも葡語。先日子ども環境サミットがスイスであった。日本からも参加しようと外務省は春日部の小学生を派遣することに決め、日本の環境問題というので、工場から廃水たれ流しの写真を持たせた。「日本ではこんなの、ありますけど」と写真を見せる日本人の子にスイス人の子が質問した。「それで、きみはどうしたの？」「………」。外国人の目に、日本人は概して「トッポく」見えた。

241 キザ（気障）

異教徒（gentio ゼンチョ）＝仏教徒の反発は強く「クルクルパー」（↓271）と揶《や》揄《ゆ》され、神父は Que zangado! キザンガード（気に障《さわ》る！）と言った。その意味を尋ねた日本人が「気障」と書き、のちに「気取り屋の様子」を指すようになった。

242 ギザギザ

ポルトガル人が持ち込んだモノは砂糖と小麦粉だけではない。佐賀の銘菓「ケシアド」はqueijadaケイジャーダ「チーズ（queijo）入りの菓子」（↓281）だが、これを調理するのにチーズを「おろし金」で粉状におろして砂糖と小麦粉に混ぜて生地をつくり成形して焼いた。

葡語guisarギザーは「調理する」。「ケシアド」をつくるのにポルトガル人が「ギザ」と言ってチーズをおろしたことから、日本人は「おろし金」のような形状を「ギザギザ」と言った。

「おろし金」の最も古い記録は江戸時代とされるが、その前にポルトガル人が持ち込んでいた。

243

きたえる（鍛える）

神父たちがジョギング（↓113「運動」）した後、一人の白鬚《しろひげ》の神父が残って腕立てしていた。「なんであなただけ？」と聞くとquitar de velhiceキターー…（ボケ防止だよ）と答え、これから「鍛錬の鍛」を「きたえる」と訓読みした。

244

きたな（汚）い

釈迦の時代から寺の周りを掃く説話が伝わる仏教では檀家や門徒が清掃するものと決まっていたが、キリスト教にはそのような習慣はなかった。信者たちが清掃していると新任の神父がQuitar de fazer limpeza. キタ……（掃除はしないでいいですよ）と制されたことから、清掃しないと「きたない」と言った。

245

きたん（忌憚）

お寺なら門徒がきれいに掃くのに、信者が少ないだろうと日本人が好意で教会の周囲を清掃していると、キリスト教にそんな習慣はない神父はQuita de... キタ…「…しないで」とキッパリ言い切った。「キタ…」と聞いた日本人が「Quitão キタン」と強調し「忌憚」（中国音ジーダン）を「きたん」と読んだ。

246

キチン（とする）

「キチンとしなさい」も親が子に言う言葉。「キチンと」とは「整理された、片付いた」の意味。宣教師は、いろいろ作業をしている複数の日本人に向かって、「みなさん、作業を止めてください。"Quitem, por favor!"（キッテンお願いします）」と言った。

　これが「キチン」に聞こえ「いまの作業を止めて整列すること」、「キチンとすること」と理解した。「キッテン quitem」は葡語の動詞 quitar（止める、決済する、精算する）の複数命令形。

　つぎの可能性もある。借金した者が返済に困って神父のもとに飛び込んできた。話を聞くと、十文借りて七文は返したが残る三文がどうしても返せない、と言う。神父が「Quite キッテ（弁済した）七文？」と指で確かめると「はい、キチンと払いました。」と頷《うなず》いた。

247

きつい

「きつい」は肉体的かつ精神的に「苦しい」ときの表現。他人に酷評されたようなときポルトガル人は「ケトゥンダ！　Que tunda!」（何たる酷《ひど》さ！）と言うが、これが「キツい」に聞こえた。何とか音に漢字を当てようとしたが適当なのが見当たらず、ひらがなやカタカナで表記した。

248

きっかけ（切欠）

何の変哲もない土器の「欠片《かけら》」（→183）が予想だにしない世紀の古墳大発見と

なって、ポルトガル人のビックリした叫び Que caqueira! キカケラ（何たる欠片！）が「キッカケ」に聞こえ漢字で「切欠」と書いた。

249

きっちり

quito「きっと（↓250）」は動詞 quitar キター「免除する、棄てる、～するには及ばない」の一人称現在形だが、規則動詞なのに過去分詞は quite キッテ（quitado ではない）。quite は形容詞「弁済した、離婚した、落ち着いた」の意味（↓246「キチンとする」）。

「きっちり」と副詞に使えば馴染み（音調）もよかった。「きっちり」の語源は quite キッテ。

250

きっと

大甘党の神父は、信者が那の津（今の博多）へ行くと聞き、最近売り出し中の鶏卵素麺 fios de ovos（↓189「カステラ」）を買ってくるように頼んだ。信者は探しても見つからず戻ってきた。すると神父は Quito você de procurar os fios de ovos. キット……「君はもう鶏卵素麺を探さなくても結構」と言った。これを聞いて「それが存在すると確信している」場合「きっと」と言うようになった。

251

きっぱり

葡語 quite キッテは動詞 quitar キター「やめる　おわる」の過去分詞「弁済（決済）した　離婚した」。葡語では形容詞的用法だが日本語では副詞的に「きっぱり」と使った。

252

ギヤマン

葡語 diamante ディアマンテ、英語 diamond ダイアモンド。江戸時代の「ギヤマン」はガラス細工。

253
キャラコ
葡語 calico キャリコは「平織・広幅白木綿《もめん》の総称」。

254
キャラメル
葡語 caramelo カラメロ、英語 caramel カラメル。砂糖を煮詰めたもの。（→231「カルメ焼」）

255
きゃんきゃん
「きゃんきゃん」は子犬の鳴き声。葡語「犬」cão カォンは「ケン」（→16 631「秋田犬《ケン》、土佐犬《ケン》」）、子犬の鳴き声が「キャンキャン」と聞こえた。

256
きゅうす（急須）
「急須」も当て字。葡語 quiosque キオスクは西洋の公園や広場で新聞、たばこ、飲み物を提供する店、いわゆる「茶屋、茶店」に当たる。屋内の茶席で「湯沸かし」を見たポルトガル人が「(これでお茶が飲めるなんて）まるで quiosque キオスクのようだ」と言うので「キオスク」に漢字「急須」を当てた。現在でもポルトガルのキオスクではビールやコーヒーで一服できる。電車のホームにある日本のkiosk キオスク、原語はトルコ語（タンザニアなどアフリカ諸国にもＫＩＯＳＫはある）。

257

ぎょうさん（仰山）

関西弁「ぎょうさん」は「たくさん」だが「（驚くほど）大量」と大袈裟な表現。豚の代用で猪《いのしし》の骨からスープのつくり方を伝授したところ（→**19**「アク」）、（それまでは鰹節《かつおぶし》や昆布のダシ、初の動物性）豚骨スープの旨さを知った日本人が原料として猪数頭分の骨を持ってきた。ポルトガル人は驚いて「何と大量の骨！」Que ossão! ケオサン！　と叫び、「ケオサン」が「ぎょうさん」に聞こえた。「豚骨」は九州の味覚（ラーメン）になっている。

258

ぎょうらしい（仰らしい）

関西弁「ぎょうらしい」は「大袈裟なこと」。「ぎょうさん」から。

259

キラキラ（星）

星はキリストの誕生（クリスマス）とかかわり深く、ポルトガル人は夜間航海中に名付けた南十字星（南方に輝く四つ星）が見えない日本（北半球）の夜空を見上げていた。ある夜、異様に輝く星（約十五年周期で大接近する火星）を見つけ、

「あそこにあるのは何だ！　Que lá! キラ！」と叫んだ。それを聞いた日本人「光る様子」を「キラ」「キラキラ」と形容し漢字も「煌《きら》めく」と訓読みした（↓124「おいしい」内の「ディシィラ d'ici lá」の「ラ（あそこ）」はフランス語葡語共通）。

モーツァルトの「キラキラ星」はバイオリンの開放弦（ド、ソ）中心に弾ける初心者の練習曲で、「♪白地に赤く（日の丸）」の主旋律（ドドソソララソ）でもあるが、原曲はフランス民謡。「トルコ行進曲」（モーツァルト）、「ハンガリー舞曲」「パガニーニ変奏曲」（ブラームス）など作曲家はモティーフ（曲想）を異国に求めた。「スペイン狂詩曲」（リストのピアノ曲）にいたってはイタリア、コレッリ作曲「ラ・フォリア（la foglia）」を主題にしている。「ショパンの幻想曲へ短調」を弾いたことのあるピアニストなら「雪の降るまちを」はこれか、と気づくはず。エルビス・プレスリーの『Can't Help Falling In Love』もシャンソンの『Plaisir d'amour』（マルティーニ作曲『愛の喜びを』）そのもの。

ネット時代、(ストリーミングを含め)パクリ(↓697)はダメ(↓556)になり、著作権(隣接権)もかまびすしいが、当時(ごく最近まで)人も社会もおおらかだった。簡単にコピーされてはこれまでの生活が成り立たず著作権を主張せざるを得ないのは音楽家だけではない。

260 キリシタン(切支丹)

葡語 cristão, cristã クリスタンは「キリスト教徒」。葡語では形容詞にもなる。

261 きれい(綺麗)

葡語 Que lei! キレイ! は感嘆文で「何たる純度(含有率)!」。ザビエルが上陸した鹿児島には菱刈《ひしかり》金山がある。江戸時代に鉱脈が発見されたが、七百年前の「東方見聞録」(マルコポーロ)に「黄金郷ジパング」と紹介されたのはこの地方ではなかろうか(金山という地名さえある)。画期的な精錬術(灰吹き法)が伝わったのも十六世紀(↓972「喜ぶ」)。大判・小判で金の需要が増大する以前にも小さな金鉱脈はあった。そこに案内され、金を見たポルトガル人の第一声がQue lei! キレイ! (何たる純度!)だった。中国語では「漂亮《ピャオラン》」で「綺麗」「奇麗」は日本語。

丸ビルが聳《そび》え東京駅が改築工事のころ丸の内側（南口から中央口）車道脇の植え込みの山梔子《くちなし》の芳香は自転車で通らなければ気づかない。通勤する何十万人の誰にも気づかれずひっそりと薫っていた。ビルを見上げるとオフィスの花と言われた綺麗なＯＬたちを思い出し、『Where have all the flowers gone?』（ボブ・ディランの『花はどこへ行った？』）の一節が走馬灯（ＢＧＭ）のように流れる。輝かしい学歴の才媛だった彼女たちはどうしているだろう。工事現場に咲く山梔子は経済成長のアダ花か。『くちなしの花』（♪今では指輪も回るほど…）は昭和の歌。高層ビル地下にできた料理《クッキングスクール》学校に現代の娘たちのエプロン姿があった。

262

ぐいぐい

葡語 guincho グィンショは「起重機」。力強く引っ張る様子「ぐいぐい」の語源。釣り竿は竿先の作用点で魚の微妙なアタリを感知して力点の手で「グィ！」と強く引き上げる。

263

くぎ（釘）

葡語 quilhar キリャ「（船の竜骨を留める）釘」。ポルトガル帆船の構造を日本人の船大工に説明するとき casuga a quilha「カスガキリャ」（釘を打つ）とジェスチャーし、国字「鎹《カスガイ》」を創り「釘《キリャ》」を「くぎ」と訓読みした。（↓188「かすがい」）それまでは金属の「釘・鎹」はなかった。なお万葉集に用例ありという辞書もあるが、漢字「釘」は使われていない。

264

…くさ

長崎街道沿い、博多を中心に「…くさ」をよく使う。「…ばい」が強い断定、「…たい」は弱い断定なら、「…くさ」は断定ではない肯定で、順接の接続詞のように前言を説明する。

駅にくさ、あの歌手がおってくさ、といった具合。この「…くさ」とは何か、「順接の接続詞」は and だが and は並列で説明的ではない。敢えて言えば、and, that is,（で、ってことは）だろうか。

動詞「クルサー cursar」は「ある流れを経過する decorrer de uma determinada

maneira」の意味。ポルトガル人が前言を敷衍《ふえん》して「クルサ cursa」と言い、これは便利と「…くさ」が九州北部に広まった。

265

くさい（臭い）

cu クは「肛門」。sair サイールは「出る」。動物一般の話。

266

くだらん（下らん）

ポルトガルでもブラジルでも cu ク「ケツの穴」はタブー。たとえば日本語で「九時半」と言うと彼らは顔を赤らめる。cu de rã クジハン「ガマのケツ穴」に聞こえるからだ。日本の「久保田」も cu bota クボタ「ケツ穴に突っ込む」語感がある。さらに言えば「鹿児島」も cago acima カゴアシマ「私は…の上で排便する」意味になり、出身地を聞かれて「カゴシマ」とは言いにくい。（↓182「かがむ」）この感覚で「クダラン」cu dará クダラは「ケツの穴でもくれてやる（どうでもよい）」意味。

267

くちゃくちゃ

動詞「クチール curtir」は「水に浸して洗う」。「クチャ curtia」はその活用形（不完全過去）。

「不完全過去」は「～していた」や「～したものだった」という意味。「クチャクチャ」は、お札などを水に浸して洗ったシワクチャな状態（↓911「めちゃくちゃ」）。

268
くどい（諄い）
cu クは「肛門」で doi ドイは「痛かった」（動詞 doer の一人称過去）。状況については想像にお任せする。

269
くどくど
「くどい（↓268）」ことを執拗に繰り返す様子。

270
くらくら
葡語 cura クラは「呪《まじな》い」、「呪術師」は curador クラドール。「くらくら」は呪いをかけられた状態。

271
くるくるぱー
「南無阿弥陀仏」と念仏を唱え極楽に往生できると信じる仏教徒にとって、十字を切り「最後の審判を経て天国に行く」キリスト教は受け入れがたく、キリシタンを「お前たち、十字架十字架と祈って天国だって？」と揶揄《やゆ》*した。これが「くるくるぱー」の語源。葡語で言えば cruz cruz paraíso クルスクルスパライゾ「十字架十字架天国？」。「邪宗門」の「邪宗」は豊臣秀吉の言葉で「キリスト教」を指す。

＊「或いは好奇心にかられ、或いは嘲弄しに来る者もあった」「悪罵・嘲笑」（『吉利支丹文学集Ⅰ・Ⅱ』）

272 クルス

葡語 cruz クルスは「十字架」。（英語 cross）

273 グルッと回る

一回転することを「グルッと回る」と言うが、ウンスンカルタのグル（巴紋《ともえもん》）に由来する。この巴紋の絵札は勾玉《まがたま》が三つ、円の中を回っている。巴紋と聞いても目に浮かばない方は、忠臣蔵で討ち入りの太鼓の図柄、または大韓航空のマークを

思い出していただきたい。

忠臣蔵の太鼓は黒の二つ巴、大韓航空機のマークは赤と青の二つ巴なのだが、ともに円の中を回っている。その原型がポルトガルのウンスンカルタのグル（巴紋）。起源は古代ヨーロッパのケルト人遺跡の文様にまで遡《さかのぼ》る。それはともかく、日本語「グルッと回る」はウンスンカルタの「グルポ grupo（巴紋）」が語源で、英語の「グループ group」。それらが同心円の中を回ってつながっていることから「（彼らは）グルになっている」という。もうお気づきの通り「グルッと回るのグル」は「グループのグル」。

274

くるり

「グルッと（↓273）」の通り「（ウンスンカルタの）グル」↓「ぐるり（一回転）」から「くるり」が生まれた。「ぐるぐる巻き」など「ぐるぐる」は何回も回る様子。

275

くるわ（曲輪　郭　廓）

安土桃山時代、安土城、桃山城の「曲輪」が語源。一五六九年信長は築城前に『信長公記』の著者ルイス・フロイスと面会している。既存の仏教界のあり方に辟《へき》易《えき》していた信長はフロイス（日本滞在六年目）の話から西洋の城の複数の「聳《そび》える塔」を模し「天主閣」（↓617）の防御策として敵軍勢の進路を変える（曲げる）場所に「塔」を数本建て（二の丸、三の丸と呼び）見張り番を常駐させた。
葡語 curva クルバは「曲がり」、英語の curve カーブ。その「塔」を「曲輪《くるわ》」と呼び、城郭、遊郭も（人の居る場所を葡音で）「郭《くるわ》」と訓読みした（中国の漢字「郭」に遊郭の意味はない）。

276

くれぐれも（呉々も）

ミサは司祭が葡語で行い日本語の上手な神父が通訳した（↓139「お辞儀」）。その結果、日本人信者は常套句（葡語）が何となくわかるようになってきていた。あるミサでの司祭の言葉「Crer em Deus é crer que Ele existe e crer que Sua Palavra é verdadeira. クレ…クレ…クレ…（神を信じることは神の存在を信じ神の言葉が真実であると信じること）」から「クレ」が「信じる」意味だとわかった。そこで（信じる↓真心を込めて）「クレグレも」と言うようになり（「お辞儀」のように）キリシタンから広まった（「クレ」は「クレジットのクレ」）。

277

グレる

動詞「グレタ gretar」は「わき道にそれる」意味。とくに過去形「グレとうgretou」（わき道にそれている）は九州弁でピッタリ。「グレた連中が隊列を組む」ことが多いことから「グレ＋連＋隊」＝「愚連隊《ぐれんたい》」になった。

278

クロウト（玄人）

医師は患者の病状を「急性期」か「慢性期」かに分類する（「急性期」は急な症状で「慢性期」は長期的症状）。この「慢性期」にあたる葡語が crônico クロニコ「長年に亘る」。「クロウト」の「クロ」は「クロニコ」の「クロ」。葡語の意味に近い漢字「玄」（奥深い）を葡音で訓読みした。中国語にはない。

279

…け

「落語が面白いけ、客が多い」や「温暖化やけ、北極の氷が溶ける」の「け」は「じゃけ（↓404）」の「け」で因果関係を表す。

280

けが（怪我）

教会は病院の役目も果たした。（↓**69**「あらま」）何度も駆け込んだのは喧嘩（↓**297**）で血を流した少年で、神父の「またあの乱暴者か、何たる少年！ Que garôto! ケガロット！」に漢字「怪我」を当てた。広辞苑は「汚《けが》る」説を紹介しているが語源は葡語。

281

ケシアド

葡語で「チーズ」は「ケイジョ queijo」。佐賀〈鶴屋〉に「ケシアド」という南蛮菓子がある。その語源になった葡語「ケイジァーダ queijada」は「チーズがいっぱい」、即ち「チーズケーキ」。チーズ、砂糖、小麦粉は葡伝来の貴重品で、カステラに砂糖を塗《まぶ》した「カスドース」（カステラ＋doce＝甘いカステラ）〈平戸の蔦屋〉など九州各藩の御用達菓子が揃う。

ケシアド
(queijada)

282

けしからん

当時九州には強盗団がいて村人に落花狼藉《らっかろうぜき》の限りを尽くしていた。その惨状を見たポルトガル人神父が Que sicarão! ケシカラン（何たる極悪人！）と叫び、「けしからん」が日本語になった。

283

けしき（景色）

「苦しゅうない」の意味で「あぐら、あぐら」と言いながら胡坐をかいてみせた殿様（↓24）は接見の間にあった美術品を天守閣にも飾った。案内されたポルトガル人宣教師は調度品を見て Que chique! ケシッキ（何と見事な！）と感嘆し、殿様は「天守閣からの眺望」を言ったものと思い「景色《けしき》」と書いた（葡語 chique はフランス語のシック chic。中国語に「景色」はない）。

284

ゲス（下衆）

宣教師たちの話す葡語「ゲッソ gêsso」（石工）を聞いた日本人は「職人一般」を指す言葉と思って「下衆《げす》」という漢字を当てた。

285

げた（下駄）

ポルトガル人が日本で驚いたことはいくつもあるが、その一つが履物。南蛮図に残っているポルトガル人の靴はオランダの木靴のような縦長の靴で湿気の多い日本には不適だった。日本人の履物は通気性がよく親指と人差し指の間を支点に方向転換が靴よりすばやく出来る、どの方向でも行けるハンドルのような機能性が魅力だった。

葡語でハンドルは guidão ギダン、これがゲタに聞こえ、「下駄」と書いた。

（→902「無駄」）

286

けたたましい

教会の「ばうちずも」（batismo バチズモ「洗礼式」）には赤ん坊を抱いた母親・親族・関係者がやってくる。関係者とは宗教上の父母（padrinho パドリーニョ・

madrinha マドリーニャ）と生みの両親であり、四人の親で子供の将来を見守るのがカトリックの知恵（子育てに親は多い方が望ましい）。神父が大人たちと会話を交わした後に赤ちゃんの額《ひたい》に聖水をかけて洗礼式が終わるのだが、ある日巨大な赤ちゃんを見た神父が「Que tamanho! ケタマンニョ（何と大きい！）」と驚くと赤ちゃんは大声で泣きだし、その様子を「けたたましい」と言った。

287

ケチ

日本人とポルトガル人が支払いでもめた。そんなときポルトガル人は「なんだ、おまえ（何て奴だ）！」「ケチ！ Que ti!」と言った。

288

けちょんけちょん

好意も時としてまた受ける人によってはお節介になる。風俗習慣の異なる外国人となるともっと難しい。

あるとき宣教師が困っているだろうと、日本人が炊事道具を持ち込み、米の炊き方で水の分量を教えると、米も炊き鰯も焼くポルトガル人は迷惑そうに「Que chão! ケション！（何てわかりきったことを！）」と言い、日本人は村人に「ケチョンケチョンに言われた」と話した（「ケション」が「ケチョン」になったのは

「チャンと（↓578）」と同じ）。

「chão ション」は「床　大地」↓「基礎　基本」。「イロハのイ」を丁寧に（もったいぶって）説明されてイライラ（↓88）したのだろう。

289

けっこう（結構）

「♪朝寝、朝酒、朝湯が大好きで」（民謡『会津磐梯山』）は戦時中「朝寝、朝酒、朝湯が大嫌いで」に変えられた。「けしからん」と思われたのだろう。しかし小原庄助的ライフスタイルの人間は昔からどこにもいて葡語で「coçador コッサドール」と言う。働かない旦那に業を煮やしたおかみさんに連れられ神父が家に行くと、亭主はまさに小原庄助状態、神父は「Que coçador! ケッコッサドール！（何たる小原庄助！）」と叫び、これに漢字「結構」を当てた。「あんな風に生きられていいな！」と羨む「結構」もあれば「私は結構」と断ることもある。中国語には日本語の意味はない。

290

ゲッソリ

gêsso には英語の bust（「胸のバスト」のほか「破産、しくじり、降格」）の意味もある。「ゲッソリ」とは破産者や降格された人のうなだれた失意の様子を言ったもの。

291

けったい

九州から山口までの布教は、殿様に珍品を献上し布教の許しを得さえすればミサは概《おおむ》ねスムーズだった。信長など要人にも謁見はしたが、仏教勢力の反発も根強く、ミサも僧兵もどきの荒法師たちに道場破りをされた。

神父が聖書の話をしようとすると「何言うてるかわからへん。」と罵声《ばせい》が飛ぶ。業を煮やした神父は「みなさん、お静かに！」と叫ぶが「そんな言葉、わからへんで！」と言い返す。そのときの神父の叫びが「ケッタイ Quietai!」（お静かに！）。英語で「お静かに！」は Quiet!　葡語では「ケッタイ Quietai!」「あの神父、ケッタイと言うてるで！」が「あの神父、ケッタイなこと言うてるで！」になった。「ケッタイ！」は宣教師の葡語。

文法的に言えば動詞「静かにする quietar」の二人称複数の命令形（↓914「めでたい」）。

292

ゲラ

「ゲラ刷り」は「校正刷り」「（本番の印刷に回す前の）試し刷り」、葡語の「ガレ galé」で、一五八二年天正遣欧少年使節が持ち帰ったグーテンベルクの活版印刷機での試し刷り。これから嵯峨本（『徒然草』『方丈記』『伊勢物語』など）が残っているが、活版は組み換えるのに壊れやすいため江戸時代になると木版印刷が主流になった。二十数文字のアルファベットなら活字が壊れても大量生産しておけば交換も簡単なのでもっと多くの古典文学が残ったことだろう。

293

けらい（家来）

神父は「Como vós quereis que os homens vos façam コモ　ヴォス　ケレイス…（汝ら自ら欲するところを人々に為せ）《ルカによる福音書》」、とくに「Quereis oferece-vos a Deus? ケレイス　オフェレッセヴォス　ア　デウス（汝ら自らを神に捧ぐを欲すや?）」を繰り返した。葡語「ケレイス」を「自らを捧ぐ者」と解釈して「家来」が広まった。中国語では「家臣」で「家来」とは言わない。

294

ケラケラ〔笑う〕

「(あそこの)あれ」を「あれあれ」と指差し笑いが止まらないことがある。葡語 Que lá! ケラ「何だありゃ!」。

295

ケリ〔をつける〕

葡語 querela ケレラ(英語 query ケリー)は「訴訟」。「ケリ(をつける)」は「決着(をつける)」↓「(訴訟で)黒白(をつける)」。「能の終わり」説もあるが「失せにケリ」は詠嘆の助動詞(状態の説明)で「(決着を)つける」意味ではない。

296

ケロッと

生活に必要な会話は、まず「(相手の好意に)感謝すること」つぎに「(相手に)自分のしたいことを伝えること」。母親も赤ちゃんに「有り難う」と「~したい」を伝え、外国語講座(異国での生活を想定)でも必須。英語の「サンキュー、アイウォナ~」、フランス語の「メルシー、ジュブドレ~」、ドイツ語の「ダンケ、イッヒミュヒテ~」は海外を飛び回る人には必須の「コミュニケーション」。

葡語では「obrigado オブリガード、quero ～ケロ～」。「憚る」観念が強い日本では、大人になってもまだ子供のように「あれが欲しい、これが欲しい」（自己中心で周囲を憚らず）「quero ～ケロ～」としたさまを「ケロッとしている」と言った。

297

けんか（喧嘩）

九州男児が「何《なん》か？↗」と目玉をむくのは喧嘩の序奏（難癖《なんくせ》をつけられたとの意思表示）。「どこの誰だ（誰何《すいか》される）」のも「おまえなんか知らねえよ」の意味になり「この俺様を知らねえのか」と激高し確実に喧嘩が始まる。

「ここにいるのは誰だ？」を直訳するとQuem cá? ケンカ「喧嘩」。（↓233「かわいい」）

298

ケン・ケン・パ

「ケン・パ、ケン・ケン・パ」と女の子が片足で飛び跳ね遊んだことから、今でも「ケン・ケンする」と言えばわかる。この「ケン・ケン・パ」は葡語で「だれ、だれ、パパ！　Quem, quem, Pa!」。ようやく目の開いた赤ちゃんに大人が呼びかける。「こんにちは、赤ちゃん！」「いない、いない、バー！」の意味。ポルトガルで一般的な（いない、いない！）は「エスコンデ、エスコンデ Esconde, esconde!」。英語では「ピーカブー！ Peekaboo!」。先日東京で若い母親が乳母車の赤ちゃんに向かって、しきりに「ピーカブー！　ピーカブー！」と連呼しながら車を押していた。彼女は英文科卒なのだろう。語学堪能な大人になってほしい、との親心からだろうが、赤ちゃんも大変だ。

299

げんこつ（拳骨）

葡語「コト coto」は「指の関節」、これに「厳《げん》」をつけた。

300

こい（恋）

「愛」は抽象名詞（↓1）だが「恋」はより具体的。「キリストの愛」を伝える宣教師も人間である以上動物的側面は否めない。葡語でcoitoコイトは「（動物の）交尾、性交」。これなら「こひ」「いとし」の意味がはっきりする。♪いのち短し恋

301

せよ乙女（『ゴンドラの唄』）も「愛せよ乙女」ではリアリティに欠ける。「いとし」が感覚的に「恋」に近いことから漢学者が旧字「戀」を訓読みして「イト（糸）しイトしという心」と言うのも頷ける。浄瑠璃や狂言に「いとし」は多く使われる。中国語に「恋愛」「恋慕」はあるが「恋文」「恋女房」「恋風」「恋路」「恋敵《こいがたき》」などはない。

こう（講）

「講」は元々「信者の集まり」で「頼母子講《たのもしこう》」「無尽講《むじんこう》」「報恩講」から「無礼講《ぶれいこう》」「ねずみ講」まである。どこでいつから始まったのだろう。

難解なお経を暗誦する、滝行・千日行・護摩行など修行する、住職が法話するなど日常の仏教活動では「檀家・門徒だけ（坊さん抜き）の仏事」はない。しかしキリスト教では平易な言葉で書かれた聖書からもっと信仰を深めようと「信者だけ（宣教師抜きの）」勉強会《セミナリオ》があった。中国仏教にもない日本独特の「講」は葡語confraria コンフラリア（「講」）に由来する。

この時代のキリスト教は言葉の問題もあり逐一正確に神父に確かめる必要があり

信者は「講」で話し合い神父《パードレ》への質問事項などをまとめていただろう。仏教徒の「講」も檀家・門徒だけだと話題が現実（金銭の）問題に集中しお互い融通し合う「頼母子講」「無尽講」になったのも頷《うなず》ける（聖書の「自ら欲するところを人々に為せ」に始まる「講」は「己《おのれ》の欲せざる所、人に施《ほどこ》すこと勿《なか》れ。」《論語》を学んだ日本人には新鮮だった）。

一八六四年長崎に大浦天主堂ができた翌年「潜伏キリシタン」が現れた。フランス人神父の「信徒発見」はバチカン法王庁に報告された。それは、その三百年前のポルトガル人宣教師の努力の賜物だった。禁教令廃止（一八七三年）まで「五島崩れ」「牢屋の窄《さこ》」など弾圧は続いた。その殉教者慰霊のため建立された大浦天主堂をメインに世界資産になった。

「ゑげれじゃ igreja イグレジャ（教会）」「colégio コレジオ（神学校）」での宣教師の話だけで、日本人は十分に理解し得ただろうか。現在の大学でも学生の理解度を高めるのに、二通り（①大筋（概念的内容）を講義する。②個々の環境で個々人の理解を深める。）の方法、つまり、①大講堂方式（学生数百人に講師が語る）、②ゼミ方式（教室で学生十人以下に語り合わせる）がある。

個人の理解を深める有効な方法は宣教師の時代から現代の大学教育まで変わらない。小規模な「ゼミ」（ドイツ語 Seminar ゼミナール、英語 seminar セミナー、葡語 seminário セミナリオ）であるほど効果が上がる。キリスト教の少人数の集まり confraria コンフラリアが「講」になり、お寺も檀家・門徒の講をつくった。親鸞聖人の命日「報恩講」の起源は日本独自の「お仏壇」（家庭内祭壇）を奨めた蓮如上人（浄土真宗中興の祖）の時代と言われ「講」もその時期前後と推測されている。中国語の「講」に「信者の集まり」という意味はない。

302

こうべ（首・頭）

葡語 couve コウベは「キャベツ」。「キャベツ」の原種はイベリアからケルトに伝わり十二、三世紀伊で品種改良された、ポルトガル人にも馴染み深い野菜。ケルトの教会（遺跡*）で見慣れていたせいか「髑髏《どくろ》」（↓627）を見せても年代を尋ねるほど余裕があり「コウベ」と呼んだ。「シャレコウベ」は「曝《さ》（晒）れ頭《こうべ》」（野晒《のざらし》にされた髑髏《こうべ》）。

* アルプスの美しいハルシュタット Hallstatt 湖畔にある教会には多数の髑髏が納骨されている

303

こく

動詞 cocar コカーは「見張る→責任を持つ」意味。「屁こき比丘尼（→797）は前を歩くお嬢様を見張りその屁も自分の責任としつつ後をついて歩いた。また「コキ下《おろ》す」は（相手の責任を）厳しく追及すること。啖呵《たんか》（→561）を切る文句「何こきやがる」は「何をどう責任を取ろうと言うんだ」の意味。

304

コク〔がある〕

「酷」は残酷のほか酒の強い味の意味があり「コク」の語源とされる。しかし現代中国語では「クール、格好いい」で「クール・ジャパン」は「酷日本」と言う。日本では酷暑、酷寒など「酷《ひど》い」と訓読みしている。

一方、フランス語の「コク」は oef à la coque「殻つき卵」の「殻」、葡語 coque「コク」には「コークス（製鉄原料）」「マゲ（ヘアースタイル）」のほかに「料理人」（英語のコック cook）の意味があり、招待されたポルトガル人が「coque コク＝（プロの）味」と絶賛し「コク」は「深い美味」の意味になった。

「灰汁《あく》、出汁《だし》」「コク」いずれも九州の猪《いのしし》の骨からスープをとる過程で生まれた。（→19）

305

こげ

九州北部の「こげ」は「このように」の意味で、熊本弁の「こぎゃん」が変化したもの。葡語 guião ギォンは「先頭旗、船舵、強い主張・意見・気持ち」。

これから「げ」が「様子　気持ち」を表すようになり「さみしげ」「うれしげ」また「何げなく」「みあげ（私の気持ち＝土産）」などになった。

306

コケ〔にする〕

「虚仮《こけ》にする」の「虚仮」は仏教用語。「ひとへに賢善精進の相をほかにしめして、うちには虚仮をいただけるものか」は「外面は真実を求めながら、内面は不実でいられようか」という意味。「コケ（にする）」と日本語の「虚仮」が同音だった。葡語「コケット coquete」（男にこびをうる、あだっぽい）から。英語の「コケティッシュ coquettish」。

307

ここ

葡語で「カイアッコラ cá e acolá」は「ここかしこに」の意味だが、この「カ cá」が自分の居場所を示す「ここ」になった。「ここへ」「こっちへ」は「プラカ pra cá」。

308

ござ（茣蓙）

「茣蓙」は「藺草《いぐさ》の茎で織った筵《むしろ》（に縁《へり》をつけたもの）」。葡語gozarゴザーは「楽しく過ごす」意味の動詞。桜の下でゴザを敷く、楽しいことは昔から変わらない。ポルトガル人が花見の宴を「ゴザ（楽しそうだね）」と言うので「敷物」と思った漢学者が漢字「茣」（敷物）を探し、国字（和製漢字）「蓙」を創った。中国語に「茣蓙」はない。

309

葡音で「ゴザ」と聞いて「御座」と書くと「天皇、高貴な人の座」の意味になる。（「御所《ごしょ》」「御陵《ごりょう》」「御幸《みゆき》」「御物《ぎょぶつ》」のほか源氏物語の出だしも「いづれの御時《おおんとき》にか」）。ポルトガル人の言う「ゴザ」には庶民も座っていた。よって「茣」を探し「蓙」を創作した。

ござる（御座る）

ポルトガル人の言う「ゴザ」を「茣蓙」と書いたことで、一般人の行動（居る、行く、来る）も「御座る」と尊敬語になり町人も「御座んす」と言った。城下町姫路には「御座候」という回転焼（丸い鯛焼）もある。

原発事故で電力会社社員が「～しました」と言うべき処、「～して御座います」と言う。責任を曖昧にできると思ったか官僚も国会答弁で「～して御座います」を多用するようになった。「自分じゃないよ、組織なんだよ」と言いたいのだろう。

「組織」＝上命下達＝忖度。社会・価値観が多様化しクレームされがちな裁判所、雨が降ってクレームされる気象庁などの組織を守ったのが裁判員制度、気象予報士制度で、判決では解決できない問題、予報困難な天候から「組織」のリスクが軽減する制度を発案・推進した職員は昇進する。（↓238「かんちがい」）

310

こしぎんちゃく（腰巾着）

「腰に付けた巾着（財布）」で「巾」の語源は葡語 canaquin カナキン（↓211）「インド産の綿布」。

311

こする（擦る）

「強く圧力を加えて前後（左右）に動かす」行為を葡語で coçar コサー「擦《こす》る」と言う。

312

こぜわしい

「世話」（↓500）。「こ」は「何となく」の接頭辞（「こうるさい」など）。

313

こそく（姑息）

神父の言葉「Deus chega com Socorro……コンソッコホ（神は救い給う）」から信者は「救い」は「コソッコ」と思った。阿弥陀仏の慈悲を信じる仏教徒にとって「神の救い」など受け入れられず「コソッコ」に漢字「姑息」を当て「そんなの一時凌ぎ」と批判するのに「そんなの姑息だ」と言った。中国語の「姑息」は「(姑が息子を) 甘やかすこと」で「一時凌ぎ」の意味はない。「嫁・姑《よめしゅうとめ》」なら葡語 (nora e sogra) のほか各国語にあるが「姑息」という程息子を甘やかすのは儒教の影響か（どちらも嫁は甘やかされなかった?）。

314

こだわる（拘る）

葡語 quota コタは「割当、分け前」。「コダわる」は「自分の分け前を主張すること」。男女共同参画のクォータ制など英語とスペルは同じ quota。ただし四分の一（十五分）は quarter でスペルも発音も異なる（quota はクオウタ、quarter はクォータ）。

315

ごちそう（御馳走）

ある日の午後、テレビのクイズで、「ご馳走《ちそう》は読んで字のごとく馳《は》せ走って用意するほどおいしいもの」が正解、と某大学教授が堂々と解説していた。言語学の権威とはそんなものなのか、また日本文学に造詣の深い先生は「ご馳走」の「ご」は（馳走についた接頭語）と説明される。「先生方」の想像や文法解釈が定説になる傾向があるが、実はこれも葡語。

大航海時代、ポルトガル船（ガレオン船＝帆船）は「海の英雄、高貴な民」（国歌）を乗せゴア、マラッカ、マカオを経由して、長崎港に初めて寄港した。処女地への入港を祝し、地元の名士を招待して「船上パーティー」を開く慣例が今日でもある。

このときも長崎奉行はじめ長崎のお歴々が船上に招かれ、ポルトワインとポルトガル料理がふるまわれた。長崎奉行一行がナイフ、フォークを駆使して必死に苦闘する様子を興味深く観察していたポルトガル人船長に向かって長崎奉行は大声で叫んだ。

「うまか料理でござるな。この料理は何という料理でござるか？」（「以心伝心」「意自《おの》ずから通ず」と精一杯大げさにジェスチャーした）。言葉が通じないポルトガル人には「○□△×÷○□△」としか聞こえなかったが、料理に満足していることは長崎奉行の表情でわかったので、「お気に召しましたか？（Did you like it?）」葡語で「Gostou?（ゴストウ？）」と尋ねた。

下船した長崎奉行、「本日我、異国の船に乗りてゴチソウなる、うまかもんを食せり」と自慢げに語り、ゴチソウが日本中に広まって、それらしい漢字を苦労して当てはめた。

これと似た話がオーストラリアにもある。初めて大陸に着いたイギリス人が原住民アボリジニに尋ねた。「あのピョンピョン跳ねてる動物は何か」。英語がわからないアボリジニの酋長は「カンガルー＝知らない（I don't know.）」と答えた。本国に帰国したイギリス人は得意げにカンガルーを紹介した。また珍鳥を献上された日本の殿様が「鳥の名」を尋ねると役職（または名前）を聞かれたと思った中国人が「九官です」と答えて「九官鳥」になったという（知人の話）。難破して朝鮮の殿様に出身地を訊かれ「洛南です」と答えた中国人が「南」の姓を許され現在の朝鮮にその子孫が二十万人以上。だが中国に「南」という姓はない、という（NHK「女優南果歩のファミリー・ヒストリー」）。「カンガルー」「九官鳥」「南」姓と同様に、「ゴストウ」は「ゴチソウ」になった。

316

こちんこちん

葡語の慣用句に「チンチンポルチンチン（tintim por tintim）」（くまなく）がある。ポルトガル人の依頼で何かを探した日本人が「見つかりません」と言うと「くまなく隅から隅まで探しましたか？」「チンチンポルチンチン探しましたか？」と確認口調で言った。これを聞いた日本人、「隅から隅まで」を「あっちもこっちも」と思い「あっちでもこっちでも」機能することから男性定冠詞ｏオをつけて「オチンチン」と呼ぶようになった。

ある晴れた日リオの通りを小脇に巻き莫蓙《ござ》を抱えた若い女性が派手な水着姿で浜辺（コパカバーナやイパネマ）に向かう。まさにイパネマの娘のような姿が目の前を通り過ぎると男子学生がからかって（耳元で）「とっても固くなっちゃった」（「固い teso」を強調して）「tesão テゾン」と声をかける。そうした男達には目もくれず女性はクールに通り過ぎる。ボサノバの名曲『イパネマの娘』の歌詞、She (just) doesn't see…（振り向いてもくれない）はそうした情景。

フランス製清涼飲料水のテレビＣＭで、フランス娘が日本人男性三人に「コチンコチン？」と聞く。「こよなく固まった状態」を表すこの言葉はラテン一流のジョークなのだが、日本人には不向きだったのか、すぐ別のＣＭに変更された。

317

こっくり

電車の座席で居眠りし頭を揺らす様子を「こっくり、こっくり」と形容する。葡語 cocuruto コクルト「頭のてっぺん（を見せる）」から。

318

こっけい（滑稽）

「面白可笑しい」は葡語（↓130 173）。ゲーム的笑いよりセンスのあるユーモラスな笑い、それを葡語 coquete コケテ「気まぐれ、ふざけたわむれる」を「滑稽」と書き庶民の間に「東海道中膝栗毛など滑稽本」が流行った。関西弁「コケる」、また漢文の「滑稽《かっけい》」を「滑稽《こっけい》」と読むのは葡音の影響。

319

ごっちん

お米を炊く火加減は「始めチョロチョロ、中パッパ」。それでも炊き方が悪いと、のどにつまる。「のど」は葡語 goto、強調して gotão ゴットォン（大きなのど）、これが「ごっちん」に聞こえた。葡語 dar no goto は「のどにつまる」。

320

ごっつぁん

勝ち名乗りを受けた力士が懸賞金を受け取るとき「ごっつぁんです」と手刀《てがたな》を切る。葡語 gôzo ゴゾは「享受、満足」。その拡大形（Aumentativo）gozão ゴッツァンは「大満足」。

321

コップ

葡語 copo コポは「コップ」。ギヤマン（↓252）、ビードロ（↓747）などガラス製品は珍重された。

322

こてんこてん

「割当制」は英語で「クォータ制」。（↓314「こだわる」）一人分（の割り当て）は葡語で cota = quota コタ、その拡大形が cotão コテン。それを「コテンコテン」と繰り返して強調、これが一人分だと他人に徹底的に強く主張する（強烈に批判する）さまが原義。

323

こてんぱん

「こてんこてん（↓322）」と同じ用法。cotão pão「コテンパン」は（パン嫌いの男が）一人分（の割り当て）以上無理やりに食べさせられたことから他人に強要するさまを言った。日光輪王寺ほかの護摩（↓330）行で山盛りのご飯を食べるよう山伏が強いる強飯式《ごうはんしき》のイメージだろうか。

324

コトコト

葡語 côto コトは「ロウソクの残り火」。これから「弱火」で煮る様子を「コトコト」と言うようになった。

325

コトン

「コトンと逝く」は「ロウソクの残り火が最後に消える瞬間」を「コトン」と言ったもの。（↓324「コトコト」）

326

こなた（此方）

相撲（↓480）で力士が東西に別れるころ行司が「かたやー〇〇、こなた□□」と紹介する。（↓7「あいや」）「こなた」は「これ＋なた」、「なた」は三人称（this）を指す尊敬語。（↓53「あなた」）

327

ごはっと（御法度）

葡語 rato ハット（英語 rat）は「ねずみ　こそどろ」。

南蛮寺にもネズミが出た。いつもは聖職者らしく落ち着いていた神父たちが一斉に目の色を変え「ハット　ハット」と大騒ぎする姿を見て日本人は「ハット」を「いけないもの　禁止すべきもの」と思い、江戸時代、幕府の禁令を「御法《はっ》度《と》」と言った。一五四九年ザビエルに始まる葡語だが、一六〇〇年ウィリアム・アダムズ（三浦按針）が徳川家康に謁見した折も宣教師が葡語で通訳しており、一六一五年以降の武家諸法度につながる。

328

こび（媚）

葡語 cobiça コビッサは「欲望」。聖書の"Não cobiçarás"ノンコビッサラス「欲に溺るる勿れ」が神父の口癖だった。日本人は「コビる勿れ」＝「コビを売る」（欲望を売り物にする）など言語道断、と漢字「媚」を葡音で訓読みした。

Não cobiçarás!
（コビはダメ！）
コビは売りません

329

こま（独楽）

なぜ「独楽《こま》」と書くのだろうか。ポルトガルでは「ピオン pião」、アメリカでも「スピニングトップ spinning top」なのに。世界中にある「こま」だが、日本では「ぶちゴマ」「ベーゴマ」として勝ち負けを競っていた。その「指揮する、見下ろす」様子をポルトガル人が「コマンダ comandar「指揮する」」と言ったので「独楽」の字を当てた。

330

ゴマ（護摩）

中華料理「チーマージャン」の「チーマー」とは「胡麻」のこと。インド原産の胡麻は中国を経て日本に伝わる。縄文土器からも発見されたというから稲作より古い。だとすれば、弥生時代より前から大陸との交流はあった。中国では「芝麻＝チーマー Zhīma」と呼ぶのに、日本で「胡麻」と書き「ゴマ」と発音するのはなぜか。

インド発祥の仏教も中国経由で日本に伝わった。平安時代、最澄・空海が伝えた天台・真言の密教では護摩を焚く。「護摩焚き」は最澄・空海が中国から持ち帰った儀式なのだろうか。中国では焚かない。お大師様ご自身が護摩を焚かれたのだろうか。この二つの疑問は葡語でなら説明がつく。「ゴマ goma」は英語の「ガム、ゴム gum」で俗語「嘘」。修験道では虚実を焼き払う意味から護摩を焚いていたのだが、「六根清浄」（煩悩を焼き払うイメージ）にピッタリだったので密教の儀式に取り入れられ、「嘘＝滅却すべき虚仮《こけ》 goma」に「護摩」の字を当てた。「護摩」の語源は、「焚く」「焼く」を意味するサンスクリット語「ホーマ homa」、中国語でも「护摩 hùmó」と同じ音、なのに日本では「護摩 goma」になった。「中国は浄土系の禅が盛んで密教系は伝わらなかった」「護摩焚きはペルシャやインドのゾロアスター教（拝火教）が中国を迂回し直接日本に伝わった」とされるが、そうだとしたら、中国語に「护摩 hùmó」の単語はないはずだし、拝火教が伝わったのなら遺跡などの痕跡が日本のどこかにあるはずで、教義なく儀式だけが伝播《でんぱ》したとは考えにくい。（五三八年百済経由〈通説〉より前の）五三一年九州の英彦山《ひこさん》に北魏から仏教が伝えられ、日本の山岳信仰（修験道）のもとになった。「護摩焚き」「火渡り」の端緒は英彦山にある。「護摩焚き」など実践の修行は経典（座学）よりわかりやすい仏教儀式として平安貴族に受け入れられ、葡語「ゴマ goma」の音に「護摩」を当て「護摩木・護摩札を虚仮・煩悩に見立てて焼却する儀式」＝「護摩焚き」が定着した。

ブオオ〜
おん ころころ せんだり まとうぎ そわか

331

ごまがし（胡麻菓子）

江戸時代の「胡麻菓子」は「ゴマ化す」にかけたものだが、「胡麻」も「菓子」も葡語（↓129）。

332

ゴマかす（誤魔化す）

お寺とは無縁の日本人も、食べる「胡麻」はスリコギで擂《す》るとすり鉢の周囲にくっつくことから粘着性のあるゴムのようだとそのまま葡語で「ゴマ」と呼んだ。葡語（俗語「嘘」）ならば「誤魔化す」という漢字もよくわかる。

333

こます

日本語にない再帰代名詞はラテン系言語の特徴。たとえばcomerコメー「食べる」（↓338）の三人称単数comaコマにseセ（再帰代名詞）をつけたcoma-seコマセは「自分自身を食べる」。自分の足を食うタコではないが、これを人に当て嵌《は》めれば「その日暮らし」↓「困窮する」「苦しむ」という意味になる。ここまで言えばお気づきかも知れないが「こま（ら）す」の語源は葡語coma-seコマセ。ヤクザ言葉「すけこまし」は、「すけ（↓452）」を「こます」、つまり女性を苦しめて（食い物にして）成り立った商売。

334
ゴマすり

「ゴマすり」も「ゴム」とするなら鉢にへばりつくゴマの粘着性から感覚的にわかりやすい。

335
ゴマの蝿

「ゴマの蝿《はえ》」も葡語の意味で理解できる。広辞苑は「護摩の灰」と「胡麻の蝿」を併記、「高野聖の扮装《ふんそう》で弘法大師の護摩の灰と称して売り歩き財物を窃取した泥棒」「胡麻の上の蝿は見分けがつきにくいことから」と説明しているが、いずれも「こうではなかろうか」という話。凡愚には「蝿がゴマ＝虚仮の世界から飛んできたかのように」見えた。

336
こまる（困る）

前述（↓333）の通り「coma-se コマセ」↓「こま（ら）す」↓「困らせる」（他動詞）↓「困る」（自動詞）。

337

ごみ（塵）

葡語goma「ゴマ」（「胡麻」「護摩」は中国語にはない）の意味「虚実」＝「虚仮」から日本固有の「護摩焚き（→330）」（虚仮を焼き払う儀式）になった。「虚仮」は日本の仏教用語で「世間虚仮、唯仏是真（世間は虚仮にして唯だ仏のみ是れ真なり）」（聖徳太子）が起源。そこに葡語gomaゴマ「嘘《うそ》」が入ってきた。同様に「微塵《みじん》」（中国語では「斑点」）も日本独自の用語で「虚仮の微塵」（護摩＋微塵＝護微）、また「虚仮なる肉体」から「護摩なるわが身＝護身」（行く川を流れる泡沫《うたかた》のように虚仮の身）」から「塵《ごみ》」となった。

338

コメ（米）

稲作は弥生時代、北部九州に伝わる。「イネ」を栽培し「ヨネ（米）」をつくった。米山、米田などの姓にその名残がある。では「米」を「コメ」と訓読みしたのはいつからだろうか、葡語・スペイン語で「食べる」という動詞は「コメー comer」。「宣教師のみなさんに『ご飯ですよ。』って、どう言ったらいいの?」と聞くと「ヴァモス・コメー Vamos comer.（＝Let's eat.）」と答えた。Vamos は Let's だから「ご飯」は「コメ」と理解して「米」を「コメ」と訓読みした。

339

こら！

葡語 colar コラーは「カンニングする」。桃山時代の試験は想像できないが江戸時代の昌平黌《しょうへいこう》（湯島の昌平坂学問所）では儒学・蘭学の試験がありカンニングする者を見つけた教官が「カンニング！＝こら！」と言ったのが最初かも知れない。

340

コリコリ

「ヒラス（ヒラマサ）の刺身はヤズ（イナダ）よりコリコリしている」と言うときの「コリコリ」。身が硬いと言えば済むじゃないか、と言う人には分からない食通用語。葡語 cólica コリカ「痛み→凝り」から。（→341「凝る」）

341

こる（凝る）

「コリコリ」は食感、歯触り。葡語の「コリカ cólica」は「疝痛《せんつう》」、本来胃腸の症状だが、肩など身体の痛い箇所を示して「凝る」＝「硬くなった」と言い、食感の「コリコリ」も硬さを感じた。

日本初の病院（西洋医学）はポルトガル人ルイス・アルメイダの misercórdia「聖なる家」（大分市）と伝わるが、「いのち」を考える点で宗教と医学は密接な関係にある。仏教の祇園精舎（ビハーラ）は西洋医学のホスピス。「悩める者来たれ！（Vinde a mim, todos os que estais cansados e oprimidos）」というキリスト教宣教師のもとには救いを求め人が駆け込んだ。心の悩みのほか急病人もいた。

アルメイダは医者だったが、普通の宣教師はとりあえず「痛みはどこか？」と聞いた。葡語で「痛み」は cólica コリカ。「痛い？（コリカ？）」と尋ねられた病人は「コリ」と答え「凝る」と書いた。

342

ゴロ

葡語 gorar ゴラーは「失敗する」（「しくじる」「しそんじる」意味）、その一人称 goro ゴロ「（私は）失敗する（しそんじる）」。「何をやってもダメ」な者は「ゴロゴロ」するしかなかった。「政治ゴロ」「会社ゴロ」は「ごろつき（↓343）」から。

343

ごろつき（破落戸）

葡語「ゴロ goro（↓342）」（しくじる）が転じてその周囲に群がる連中を「ゴロ付き」と呼び、（悪い意味で）「政治ゴロ」「会社ゴロ」などと言うようになった。「ゴロゴロする」もこれ。

344
コロッケ

葡語croquete クロケッテ（フランス語croquette）は天婦羅（↓620）と同時期と考えられる。

345
ころぶ（転ぶ）

「（コロコロと）転ぶ」の語源は「コロの原理」の「コロ」。エジプトなど世界で（日本でも）大規模工事で重量物を運搬するとき丸太を並べた。「コロの原理」（英語The principle of the roller）は葡語でO princípio do Koro。ポルトガル人（また明治のころフランス人）が「コロ」と言って漢学者が「転」を「ころがる」と訓読みした（それまで源氏物語などは「転《まろ》ぶ」で「転《ころ》ぶ」になったのは十六世紀以降）。

葡語やフランス語（Le principe de Koro）ではKは使わない（↓949「ヤジロー」）ので Koro は外来語（ドイツ語でもDas Prinzip von Koro）。つまり「転ぶ」の語源「Koro コロ」は国際共通語で、アラビア語（発音はkuru クル）を各国語にした（英語以外）。ピラミッドの不思議は宣教師の葡語（またフランス語）を経て日本に伝わった。

346

ゴワサン（ご破算）

「よ～い、スタート！」映画撮影現場でメガホン片手に黒眼鏡の監督が叫ぶ。「よ～い、アクション！」葡語では「ローゴ、アソン！“Logo, ação!”」、これが「ゴワサン」に聞こえた。「ご破算で願いましては」というソロバンの先生の「ご破算」と映画監督の「よ～い、スタート！」「(アーユー) レディ、アクション！」とは同じで「これまでの練習、リハーサルはクリア(無し＝ゼロ)にして、本番(初めから)行きますよ」の意味。

347

こんがらがる

「話がこんがらがる」は「会話の内容が(思ったより)複雑になる」。葡語 com calamidade「コンカラミダーデ」は「大変な事になる」から。

348

コンパス

辞書にはオランダ語 Kompas とあるが、ポルトガル船の「羅針盤」compasso コンパソの方が古い。

349

コンペイトー（金平糖）

ポルトガルに「コンペイトー（金米糖、金平糖）の実物（confeito）」がある。状況証拠の多い本書だが「ケシアド」と「コンペイトー」はポルトガルに行けば物証がありだれでも確かめられる。この「コンペイトー」も貴重品で都の天皇にも献上され、今でも皇室の慶事の引き出物に使われている。京都の〈緑寿庵清水〉では一子相伝《いっしそうでん》でその製法を守っている。

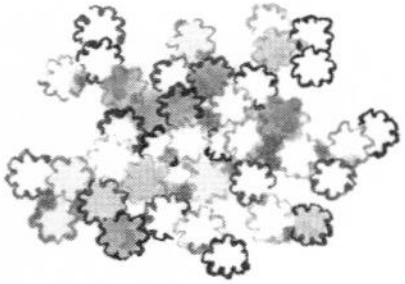

コンペイトー
(Confeito)

350

コンヘソーロ

葡語 confessor コンフェッソールは「信者の告白を聞く聖職者」（英語も同じスペル）。この言葉がキリシタンに伝わっており当時信者の告白を聞く（日本語に堪能な）宣教師、ミサの葡語を日本語に通訳した宣教師が存在したことがわかる。「信者の告白」とはカトリック信者になる重要な儀式「告解」で「葡語 confessão コンフェソン「告解」」を当時「こんひさん」と呼んだのは「和讃」などの影響（偶然の一致）だろう（「こちりさん」「てんたさん」など、それぞれ cotrição *コントゥリソン「悔罪」、tentação テンタソン「誘惑」）。また「告解」する前には「ぎやどぺかどる」（Guia do Pecador「罪人《つみびと》の導き」→796「ペケ」）を読んで予習した。

＊当時 tri は日本語で発音できず、trinidade トリニダーデ「三位一体」を「ちりんだあで」、patriarca パトリアルカ「太祖　大司教」を「ぱちりあるか」と言った（「こてんつすむん地」「ドチリーナ切支丹 Doutrina Cristã」）

351

…さ（場所）〈福岡・熊本〉

「♪あんたがたどこさ　肥後さ　肥後どこさ　熊本さ　熊本どこさ　船場《せんば》さ」

有名な手まり歌で、女の子が歌いながらゴム製のボールを地面を突いて遊ぶのは懐かしい光景。この「さ」は助詞で名詞に付いて、いずれも「場所」を示す。歌はつづいて……

「♪船場山には狸がおってさ　それを猟師が鉄砲で撃ってさ　煮てさ　焼いてさ食ってさ」

この「さ」も助詞だが動詞について、その動作を「説明」している。最後に「♪それを木の葉でちょいと隠《かぶ》せ」の「隠せ」でボールを両足の真ん中についてスカートの後ろに入れる遊び。

「場所」を示したり「動作」を説明したりする「さ」は何か、と考えれば、フランス人が「コムサ comme ça」と「動作を説明」するのに酷似。comme ça は like this（このように）と様子を示すのに対し、日本語の「…さ」は名詞や動詞につき場所や動作を説明する。

長崎の大浦天主堂はフランス式でカトリック。港に停泊したフランス船の乗組員も祈りを捧げた。宣教師が話すフランス語を聞いた日本人が多用したと思えるほど北部九州は今も「博多にわか」の世界を残す。散歩するおじさんに馴染みのおかみさんが声をかける。「あんた、どこさ行きようと?」。いつもの挨拶に「見りゃ、わかろうもん。前さ行きよったい」（二人が行き過ぎてしばらくして小声でつぶやく）「たまには横さ行かんね」念のため、わかりやすく言えば、「あなた、どこへ行くの?」「見ればわかるでしょ。前へ行ってるんだよ」「たまには横へ行ったらどうなの」だが、標準語では面白さは伝わらない。これが方言の持つ味なのだろうか。

352

サイコロ（賽子）

「賽子《さいころ》」また「骰子《さいころ》」を振って（投げて）、出た目（結果）を真剣になって見つめるあまり首を長くして覗き込む様子を葡語で「サイコロ sai colo」（首が出る）と言ったことから「サイコロ」と呼ぶようになった。

353

サギ（詐欺）

「自分を鶴と語る鳥のサギ」から「因幡《いなば》の白ウサギ」まで諸説ある。葡語「サキ saque」は「為替手形、略奪、侵略、作り話」、その動詞 sacar は「引き抜く、奪う」sacanagem は「心の汚い侮蔑的行為」。漢字の「詐欺」は中国語にはなく、葡語の音に漢字を当てたもので日本でのみ通用する。中国語では骗局 piànjú。

354

さくさく

パソコンが「さくさく」（抵抗なく）動く、と言う。葡語 sacudir サクディール「開放される」から。

355

ざくざく

小判が「ざくざく」と言う。葡語 saco サコは「袋」（独語 Sack ザック）。小判入りの袋が何袋もあるさま。

356

サクラ

イベントなどの盛況を装《よそお》うために主催者が客に見せかけ派遣する取り巻きを「サクラ」と言う。

カトリックのサクラメント sacramento「秘蹟」に信者は「聖餐」＝「最後の晩餐」の場面（キリストの周囲を取り巻く弟子達）を「サクラ」と思った。「pietà ピエタ」と聞けば聖母マリアに抱かれた死せるキリストを思い浮かべる信者は「サクラ」と聞いてキリスト本人を取り巻く十二人の使徒をイメージした。

357

ざこ（雑魚）

大きい魚は一匹いくらと値がつくが、小魚は何匹かまとめて売られる。袋に詰めて一袋いくらだった。買う方もアジであれメバルであれ、その袋から鍋に直接入れて味噌汁のダシ（↓532）を取った。

「袋」はドイツ語 Sack ザック（ナップザックの「ザック」）。葡語の saco サコ（↓355「ざくざく」）で、「袋」の中の雑多な魚も「雑魚《ざこ》」と呼んだ。

358

さすが（流石）

ポルトガル人がスープを伝えた（↓19 532「アク、ダシ」）。熱い（冷めない）うちに食すのは当時の日本人は（猫舌でなくても）苦手だった。そこでポルトガル人は熱いスープを掬《すく》いスプーンを鼻の上まで持ち上げ、一旦冷ましてから「このようにしてから吸うんだよ」と口へ運んだ。このとき「吸う」という日本語がわからずに「このように sugar スガ（吸う）するんだよ」と言った。

なるほど、と感心した日本人は「そのようにスガする」「さようにスガする」「サスガ」と、自分ができないことをできた他人の行為の褒め言葉になった。

「流石」の語源については、中国の故事（本来「石を枕に、流れで口を漱《すす》ぐ」と言うべきところを「石で口を漱ぎ、流れを枕に」と言い間違ったものの「石で口を漱ぐのは歯を磨くため、流れを枕にするのは耳を洗うため」と言い張った屁理屈）に由来する、夏目漱石の漱石たる所以、とされる。それは故事の説明でなぜ「流石」を「サスガ」と読むのか？「音の問題」は葡音で説明できる。

日本語独特の表現で、英語で言えばYeah, of course you did. だろうか。

359

さっぱり

床屋で髪を切って「あぁさっぱりした」と言う。葡語se aparar サパラーは「(頭髪を) 刈りそろえる」。「鬱陶《うっとう》しい（↓97）」の対立語。味が「さっぱり」の反対は「こってり」か。

360

サテン

葡語cetim セティンは「(生地の) サテン」。

361

さび（寂）

「鉄の錆《さび》」ではなく「わび・さび」の「さび」。「わび」は万葉集の「和備」、その後「侘寂《わびさび》」、「和美寂美」など諸説あるが、芭蕉の句風の精神性を探る過程で「侘《わび》茶《ちゃ》」の「わび」から「さび」に行きついた江戸中期以降「わび・さび」が日本固有の精神文化とされる。

銅の「緑青」から鉄（火縄銃）の経時変化をも「錆」と書いた（「錆《ショウ》」に「（金属が）錆《さ》びる」意味はなく中国語では「锈」）。日本で蕉風の閑寂・枯淡の原点を追究するあまり（江戸時代中期から約）二百年前（「茶の湯」*）にまで遡り「寂々《じゃくじゃく》し」（枕草子＝空々寂々《くうくうじゃくじゃく》（仏語《ぶつご》））の「寂」に「さびし」（源氏物語ほか＝ものたりない、心細い）を当て訓読みした。

＊ 宗匠（↓挿絵）が催す句会と茶会はどちらもほぼ同じ顔ぶれ（文化人メンバー）で「わび・さび」に行きつくのは自然の成り行きだった

「心《こころ》は形《かたち》を求め形《かたち》は心《こころ》を求める」《東京メトロ銀座線ホームにある広告（浅草の仏壇店）》は仏壇（家庭祭壇）が広まった室町時代以降の日本人には浄土に還った先祖を偲ぶ「形《かたち》（＝仏壇）」と「（祈る）心《こころ》」だとわかる。「生病老死を経て臨終すれば阿弥陀如来が菩薩を連れて来迎《らいごう》する」と信じられた平安時代、僧侶二十数人は「浄土は本当にあるのだろうか？　だれかが見てきたらお互いに教え合おう」と盟約したものの誰の報告もなく全員逝ってしまった。「念仏（南無阿弥陀仏）を称《とな》えれば浄土に往生できる」とする浄土信仰は親鸞以降「臨終せずとも念仏を称え

さび
具象…かたち
戦争
技術
知恵
錆
アヴィ
アヴィ
平和
いのり
わび
抽象…こころ

れば現世で浄土に往生する身に定まる（現世で往生できる＝平生往生《へいぜいおうじょう》）」《平生業成《へいぜいごうじょう》》と解釈されたが、戦国時代の混沌（＝血や死の鮮烈な記憶）はパラダイム・シフトを起こし（実際の具象から抽象の世界の気運が醸成）、信長がポルトガル伝来の鉄砲で天下統一すると「形《かたち》と心《こころ》」は「戦争と平和」、すなわち「葡語 sabe サビ→智恵、知識、技術、武器＝さび」、「葡語 Ave アヴィ→平和の祈り＝わび」と当時の日本人は感じた（→997「わび」）。

「ホモ・サピエンス（Homo sapiens）」（ラテン語「賢者」）の sapiens は葡語 sábio サビオ「知恵」。「…を知ってる?」(Do you know…?）は Sabe…?「サビ…?」。「知ってるかい?」との軽い質問「サビ…?」にも日本人は真面目に考え「知識→智慧→鉄砲→（科学）技術」まで想像を膨らませた。讃美歌（→376）を聴いた日本人は「（聖歌の）アヴィ＝わび」に「いのり」を感じその対立概念を「（科学）技術」＝「さび」と考えた。確かに蕉風の「さび」には時の経過が感じられ「技術」も時の流れとともに進化する。ポルトガルが伝えた「鉄砲とキリスト教」は「流行（日進月歩の技術）と不易」「不条理と倫理」「戦争と平和」で、宣教師は日本人に戦国時代の血生臭さを忘れさせるため（「平和」とは何かを示すため）「茶の湯」を奨励し教会に茶室を設けるべしとの通達を出している（→エピローグ）。

室町時代より権力者に伝わる名椀（中国の天目茶碗など）を披露する「茶会」が

人心を掴《つか》む恰好のイベント（平和のメッセージ）になり得たのは「さび」（技術）と、それに脅かされる「いのち」の存在が戦国の世に顕在化したからで、合戦より「平和」を希求する社会的コンセンサスを背景に千利休は茶室の「にじり口」（↓**679**）で刀剣類をシャットアウトし、ミサで祈るAveアヴィ＝「わび」の世界を体現した。

産業革命後イギリスでティータイムが習慣化するが、その一世紀前の日本では戦乱が終わり「茶の湯ブーム」が起きた。茶室（非日常的世界）に入ると失われた一つ一つの「いのち」（山川草木悉有仏性《さんせんそうもくしつうぶっしょう》）を感じることができた。葡語sabeサビから「さび」を「知恵の世界」とするなら「わび」は「いのち↓祈りの世界」、「この世には（技術が進んで）できること（＝さび）が多くなっても、してよいこととしてはならぬこと*がある、などと瞑想するのに和菓子と抹茶はよくマッチした。甘味で引き立つ渋味は「戦国の世（＝鉄砲）」の苦い記憶で、茶人は「げに治まれる四方《よも》の国」（能『岩船』）を実感した。

＊　現代で言えば核技術など

＊＊　「戦国乱世の間、新興勢力が勃発し旧来の伝統は権威を失った。精神的にも民衆は在来の諸宗派に信頼を失ひ、新しい心の拠りどころを求めてゐた。今までの日本に欠けてゐたものを求めてキリスト教に魅力を覚えたのは当然なことと言へよう」（『吉利支丹文学集Ⅰ』）

***「ドチリーナ切支丹（↓635）」の「あにま」(anima「霊魂」)・「まてりあ」(materia「被造物」)は「トマス・アクィナス以降のキリスト教」（同書）の「かてきずも」(catequismo「教理問答集・入門書」）に取り入れられていることから「わび・さび」が概念化されたものと見られる

****「人としてみだりに物をのぞめば、かならず心さはがしくなる也」「なんぢのちゑといづれの人のさいかくにもたのみをかくる事なかれ」（こんてむつすむん地

362

ザブザブ

葡語 zabumbar ザブンバー「（水で）耳がツ～ンとする」から「水で洗う様子」。

363

ザブン

葡語 zabumbar ザブンバーから「水をかぶった様子」。

364

ザボン

葡語 zamboa ザンボア「夏みかん」が「ザボン」に聞こえた。

365

さゆ（白湯）

白湯を沸かさなければ茶の湯はできない。「さゆ」の音に漢字「白湯」と書くのはなぜか？

白湯が沸くと茶釜から湯気が出る。まだかまだか、いつ出るかと湯気を待つポルトガル人が「Saiu! サイウ！」（やっと出た！）と言ったので「さゆ」が日本語になり白い湯気から「白湯」と書いた。

366

サラ

動詞「サラー sarar」は「水で清める」。「晒《さら》す」または「曝《さら》す」。「サラの」は「清められた」という形容詞。「♪包丁一本、サラシに巻いて」「サラシ」には清潔感があり、「さらさら」は清い水が流れるさまを連想する。

367

ザラ

濁音にして「ざらざら」には抵抗ある表面を想起させる。「サラっと」と「ザラっと」どちらも葡語「サラー sarar」から。

368 さらう（復習う　浚う）

葡語 sarar サラー「治す、矯正する」から「おさらい」になり、また O doente sarou.「病人が治った」や治水工事でも「浚《さら》う」（浚渫《しゅんせつ》する）と言う。

369 さらさ（更紗）

葡語 saraça サラサは fine cotton fabric「高級綿生地」（葡英辞典）。日本では「模様を押し染めた金巾《かなきん》（↓211）（目の細かい薄地の綿布）または絹」とされる。

370 さらさら

葡語 sarar サラーには「水で清める」（↓366「サラ」）。「♪春の小川はさらさら行くよ」（↓368「浚《さら》う」）や「お茶漬けさらさら」など。「さらり」は「抵抗なく」、また「新しく追加して」の意味で「さらに」と続ける。

371 さらば

「然《しか》れば」（そうであれば）という意味の「さらば、かの人の御子になりておはしませよ」（源氏物語）や「さらば、いかにめでたからむ」（枕草子）などはあったが、別れの挨拶に使ったのはポルトガル船の影響。
日本への航路の途中寄港したアフリカ諸国（アンゴラ、モザンビーク）の挨拶「いよっ！」（Saravá サラバ！）が日本に到着したポルトガル人の間で流行っていた。彼らは出会った時・別れる時双方に使っていたが日本では「さよなら」の意味になった。

Saravá について辞書では以下のように説明されている。Saravá é uma interjeição utilizada como forma de saudação e, de acordo com o dicionario, constituiu-se a partir da fala dos participantes de cultos, como a umbanda e o candomblé. A expressão saravá pode ser entendida como um sinônimo e "salve" ou "bem-vindo", usada quando algum participante chega ao culto afro-brasileiro, por exemplo.（ウンバンダ、カンドンブレなどアフリカの呪術宗教の参加者が発する挨拶の間投詞とあり葡語〝ようこそ〟の同義語に近くたとえば信者が儀式に到着した際などに使われた）。現在もブラジルの呪術宗教カンドンブレの儀式（小屋）に信者が集まる時、別れる際、「Saravá サラバ！」と挨拶している。

372

ざれごと（戯言）

葡語 zarelho ザレリョ「いたずら者　騒がしい人」から。

373

サロン

「サラ sala」は（居間、広間）、大きな部屋はãoで強調して「サロン salão」（大広間）。高級乗用車の「スーパーサルーン」、「サルーン saloon」は「サロン salão」の英語。

374

3・3・7拍子

ブラジルでデモがあった。先頭にルーラがいた。のちの大統領だが当時は共産党党首だった。

群衆が「3・3・7拍子」で叫ぶ、「(ウン、ドイス、トレス)（クァトロ、シンコ、セイス）（エウ、ノン、ケーロ、マイス…!」「(一、二、三)（四、五、六）…なんか、もういやだ!」。

それから二十年後、日本で見たTVニュース、チリ鉱山での事故、地中深く残った仲間を救助しようと、地上の仲間同士が士気を鼓舞していた。このときの叫びがブラジルのリズムと全く同じ「3・3・7拍子」。そうか、あれはラテンのリズム。ならば日本伝統の「3・3・7拍子」もポルトガル伝来なのではないか。スペイン人がインカ、アステカ帝国を皆殺しにして征服したのに対し、温和なポルトガル人はアマゾンに入植して混血した（↓132）。また闘牛でもスペインの牛は殺されるが、ポルトガルでは殺さないという。そういう差はあるものの、ラテン共通の「3・3・7拍子」はいつしか日本人の習慣になった。

かつて日本人はデモなど得意ではなかったが、団体で応援するときに、扇子を広げて「チャ、チャ、チャ。（3）チャ、チャ、チャ。（3）チャ、チャ、チャ、チャ、チャ、チャ、チャ。（7）」と「3・3・7拍子」で一座を鼓舞・高揚した。これも同じ。「おっぺけぺ、おっぺけぺ、おっぺけぺっぽ、ぺっぽっぽ！」。

375 サントメ

サントメ（São Tomé ＝サントメ・プリンシペ民主共和国：西アフリカ）産の綿布。

376 さんびか（讃美歌）

漢字「讃」は中国の歴史書に「倭の五王」として登場する。葡語 São サン「（聖人の敬称）聖」から「讃」*を当て、葡語 hino ヒノ（英語 hymn「聖歌」）を中国で「讃《サン》美《ビ》歌」と言ったものと思われる。

＊「こんひさん」「こんちりさん」（↓350）など仏教の「讃」と同じく信者が発することば

377

じあい（慈愛）

「キリスト教の理念」Amor (Love) は「御大切」と造語した。（↓1「愛」）仏教の「（弥陀の）慈悲」も「慈愛」と言えばわかりやすいが仏典に「慈愛」は見当たらない（日本書紀にはある）。キリスト教の「他者救済＝チャリティ」を「慈善」（ジェ・ズスの善）とし（↓387）、（ジェズスの愛）を「慈愛」と言ったのはキリシタンの可能性が高い（弟子アーナンダへのブッダの言葉「慈愛ある…」は中村元氏の現代語訳）。

378

しあわせ（幸　仕合せ）

Vinde a mim todos os que estais sofreis e opimidos e Eu vos aliviarei.（悩めし者、虐《しいた》げられし者、みな我の許《もと》へ来たれ。我汝らを癒《いや》さん）。この聖書の一節はブラジル、サントスの病院の入り口正面に掲げられている。それまでの日本で「悩める者、虐げられた者」とくに女性*はお寺に駆け込むしかなかった。駆け込み寺や縁切り地蔵などが全国に残る。キリスト教はそれより敷居を低くしなければ教勢は拡大できない。

＊「神の前にみな平等」のキリスト教では「虐げられた者」とくに女性が多く救われた。キリスト教国韓国にもその理念は受け入れられている

神父は、まず悩みを聞き、その悩みが軽減するよう聖書の一節を語り、最後には「悩める者」が自ら人生を前向きに歩みだすよう説諭した。「自ら前に歩み出しなさい」は葡語「se avance シアヴァンセ」。やさしく肩を抱かれ神父のお言葉「シアヴァンセ」を聞くと、「悩めし者」は「しあわせ」を感じた。

「幸」の文字「天皇幸吉野宮」（日本書紀）は「行幸」の意味、また仏典「幸仏信明」（仏説無量寿経）は「願わくは、師の仏よ」の意、いずれも現在のような意味はない。古事記「海幸彦、山幸彦」の「幸《さち》」を神父の言葉「シアヴァンセ」から「しあわせ」と訓読みした。「お手ての皺《シワ》と皺をアワセてシアワセ（皺合《しわあわ》せ）」（CM）は故高田好胤薬師寺管長の法話。

379

シーシー

葡語 xixi シーシーは「おしっこ」(↓141)。母親が子供に「シーシー」と排尿を促す。排便(↓111)も葡語。

380

…しか

これも西日本に多いが、「これぽっち」また「ごく少量」を表すのに「…しか」と言う。葡語で(少量、不十分、不足気味)であることを「エスカッソ escasso」と言うが、この「(エ)スカッソ」が「…しか」になった。〈例〉今年の桜は少ししか咲かなかった。

381

シカトする

「シカト」は若者言葉、と思いきや、葡語 cicatriz シカトリス「悪印象」「心の傷」から。よくもこういう言葉があったもので、潜伏菌のように日本のどこかに隠れていて突如出現した。生き物と言われる言葉の不思議。辞書には花札の後ろを向く鹿の姿が語源とある、では「ト」は何か? 安易な想像。

382

しがない

「しがない」は「とるにたりない、つまらない、貧しい、乏しい」の意味だが、葡語「シカナ chicana」は「むだなことをする人、つまらない人」。

383

しごく（扱く）

キリスト教に入信することを Sigo a Cristo シゴ…（キリストについていく）と言う。どの宗教でもあることだが、信仰が深まると、いつの日か信仰心が試される（ヘイリーの歌うアベマリア〈カッチーニ〉の間奏は「これでもか」「これでもか」と何度も信仰心を問いかける）。

槍、手扱きなど長い物の一方を握りもう一方を力強く引っ張ることを「扱く」と言うことから、体育会系の運動部で入部はたやすいが、規律違反などに「これでもか」「これでもか」と厳しくすることも「扱く」と言った。

384

ジゴロ

葡語 gigolô は「ジゴロ」。フランスほか各国に同様の人種がいたため拡散し日本語にもなった。フランス人がやってきたのは明治の初め、桃山時代のポルトガル人を含め聖職者が使った言葉とは思えない。

385

ししばば（尿糞）

「糞尿」の反対「尿糞」と書いて「ししばば」と読む（俗語）。「シーシー」は「おしっこ」（↓141 379）、「ばば」は「音を出す」（↓738「バる」）。幼児のころ「汚い」意味で「ババちい」と言っていた。（↓726）元寇（文永・弘安の役）では神風もさることながら、蒙古軍の火薬弾に対し日本軍が「糞尿弾」で応戦したことも蒙古襲来絵詞からわかる（ＮＨＫ「歴史秘話ヒストリア」）。

386

ジショ（辞書）

食べ物のつぎに布教活動に必要なものは言葉。言葉がなければキリストも何もわからない。全く言葉が通じなかった安土桃山時代の日本人に、一体どのようにしてキリストの愛を伝えたのだろうか。宣教師たちは試行錯誤、模索し話し合ったことだろう。最初にわかったことは、キリストのことを「ダイニチ」と言えば「ははぁ～ん、あのことか」と頷《うなず》いてくれることで、日本人は大日如来を思い浮かべたのだった。

布教に必要な言葉を集めてつくった日本語ノートが「日葡辞書《にっぽじしょ》」で、それまで外国語（中国語）は表意文字の漢字で済んだため辞書の必要はなく、このポルトガル

387

人宣教師手作りの「日葡辞書」が日本初の辞書となった。辞書（ジショ）の発音自体から葡語「ジショナリオ dicionário」由来であることがわかる。この「日葡辞書」からスペイン語のちにフランス語と、日西辞書、日仏辞書ができる。日葡辞書は能（謡《うたい》）本とともに当時の日本語（先人の声）そのままを伝える第一級の史料。広辞苑には、ほぼ毎ページに〈日葡〉とあり日葡辞書の用例が紹介されている。日葡辞書にある日本語はポルトガル人が理解するために辞書にしたのだから、見出し（日本語）にあれば、葡語ではない（↓923）。

じぜん（慈善）

「善」という言葉はあった。（「善人なおもて往生す、いわんや悪人をや」《歎異抄》）「煩悩からの解脱」を願う仏教徒にはキリスト教の「caridade カリダアデ*（英語 charity チャリティ）：他者救済」は斬新な教義（↓1「愛」）で、「カリダアデ」を「喜捨」から「寄進」に思いいたる時、古来の「慈愛」に合わせ「ジェズスの善」「慈善（事業）」とした可能性が高い。（↓377）

＊「慈善（事業）」（かりだあで）の原点はビザンツ帝国で「ソフィア聖堂」を寄進したユスティニアヌスの時代に遡り、二〇〇〇年ビル・ゲイツが設立した財団にもこのキリスト教精神が窺える

388

じだんだ（地団駄）

今でもそうだが西洋人が「手の甲を相手に向け中指を上に立てる」のは最大の軽蔑ポーズ。ポルトガル人は日本人の何をそんなに軽蔑したのか？　しかも聖職者とあろう者が。

考えられるのは「踏み絵」を踏んだ日本人信者の信仰心にがっかりした神父が中指を上に立てた。葡語で指は dedo デド、「中指を上に立てる」ことを隠語で dedada デダーダという。信者は、神父の「デダーダ」（地団駄）する姿を目に浮かべ涙を流して踏み絵（聖母マリア）を踏んだ。

余程悔しかったのだろう。その思いは「地団駄を踏む」という言葉になり伝わった。天正少年遣欧使節は、キリシタン大名（大友宗麟、大村純忠、有馬晴信）の名代として四人の日本人少年がヴァリニャーノ神父とともに渡欧しローマ法王にも拝謁した。

一五八二年に出発しバテレン追放令

（一五八七年）後の一五九〇年に帰国した四名の末路は不遇で、大友宗麟、大村純忠はすでに亡く、マカオに追放されたり長崎で殉教したりだった。千々石《ちぢわ》ミゲルは棄教したとされてきたが二〇一七年ミゲルの墓所からロザリオが発見され通説（棄教説）が見直されている。

ミゲルは生きるために踏み絵を踏んだのかも知れない。涙ながらに「地団駄を踏んだ」に違いない。

389

しっかり（確り）

葡語 cicatrizar シカトリザーは「（傷が）完治する、直る　なおす」。「しかと承る」は「正しく承る」。「然《しか》るべく」は「本来あるべき（正しい）姿で」。英語 cicatrice は「傷痕」（医療用語）。（↓381「シカトする」）

390

しつけ（躾）

ミサで司祭は si tu queres シッケィレス「汝の望む姿＝自分自身のあるべき姿」を戒めたことから「シツケ」から国字（日本独自の漢字）「躾」を考えついた。

391

しっぺ

これまで「しっぺ」は、禅宗の仏具（竹）に漆を塗った竹篦《しっぺい》に由来するとされてきたが、禅宗の座禅の道具が世間に広まったのだろうか。ポルトガル船来航以降、庶民の習慣となったとすれば軽い罰を与えるという語感から「シーシー」xixi＋「ペ」peida（「小便」＋「屁」）。

392

…しとう

九州の方言で「……している」ことを「……しとう」と言う。文法的には「（する）の語幹（し）＋とう」。英語の現在進行形は「be動詞＋ …ing」、「I am …ing」の葡語が「Estou …ndo」、会話では「Tou …ndo」（トウ… ndo）となる。これは便利と「…ている」状態を表すのに「…しとう」、「……出とう」などが定着した。「する」「出る」「取る」「寝る」など日常的な動詞がついて「しとう」「出とう」「取っとう」「寝とう」となる。九州のCMで「とっとうと」というが、「取っとうと」↓「（店が大切に）取っている商品なのよ」という意味（↓623）であり、関西弁で犬のチャウチャウで「チャウチャウちゃうんちゃう？（犬のチャウチャウとは違うんじゃないの？）」の感覚。

二〇一六年流行語大賞の「神ってる」は、広島カープのリーグ優勝が神がかりだったことからだが、地元広島では「神っとう」と言う。

393

しどろもどろ

刑事の尋問に容疑者が「しどろもどろ」の応答をする。そのまま葡語で書くとse dolo modôrra シドロモドラ、se シは「かどうか（英語の if）」、dolo ドロは「詐欺」、modôrra モドーラは医学用語で「嗜眠《しみん》状態」、つまり「詐欺かどうかわからないと眠ったふりをする」意味。

最近の刑事裁判では弁護士が心神喪失状態による無罪を主張し被告本人が「しどろもどろ」を装うケースが多い。

394

シナ〔をつける〕

葡語 sinal シナゥ「合図　身振り」から。（英語 signal）「科《しな》」とも書き「恰好つける」と同義。

395

しにせ（老舗）

商店にとって店の伝統（暖簾《のれん》）こそが命、信用の証だったことは今では想像がつかない。あるとき同業の店AとBが「うちの方が古い」と言い張り互いに反目した。泥沼の論争に決着をつけるのに「どうすればよいか」とポルトガル人に相談したところ、「シネス chinês」（中国の）と言えば日本のどこよりも古いと主張できると答えたので、「うちはシニセ」「うちはシニセ」と言い、漢字「老舗」を当てた。

396

シノギ

葡語 sino シノは「鐘」。日本では夕刻に一回鳴らす寺が多いがヨーロッパでは毎日定時（朝夕正午）に教会の鐘 campainha カンパィニャが鳴って生活のリズムを刻み「時の経過」がわかる。「シノ鐘＝時間を告げるもの」と宣教師が言うので「シノギ」「シノグ」に「時を経過＝生活する」意味が加わった（苦境をシノギ、時間を過ごす）。

「マタギ」（鉄砲で熊を撃ち生活する人）は matar マタ「殺す」から。

397

シバく

よく大阪漫才で聞く台詞《せりふ》「シバいたろか?」。動詞「シバター chibatar」（鞭《むち》で打つ）から。

398

じみ（地味）

「地味《じみ》」は「派手でないこと、質素なこと」を言う（広辞苑）。「地味」は葡語「ディミヌート diminuto」（僅かな、ちっぽけな）の「ディミ」が転用され、日本人が発音しやすい「ジミ」になった。

399

…じゃ

男性が強く（理由を言わずに）「じゃ」と言い切って断定した。男性の断定表現「じゃ」は明治になってモダンな断定「……だ」調となる一方、「…じゃ、…じゃけん」は男性的で「…（や）き、…（や）けん」は女性的だが、瀬戸内沿岸では日常的に「じゃ」を使う。（↓404）

400

シャーシャー

葡語 relaxar ヘラシャー「リラックスする」。日本人に比べ外国人がゆったり構えて見えるのは昔から。良く言えば何事にも余裕がある、普通に言えば「鷹揚《おうよう》」、悪く言えば「シャーシャーとしている」。

401

ジャージャー

「ジャージャー」は「勢いよく流れる水の音」。雨なら大雨、水道なら栓をフルに開けたときの水の音。葡語 mijar ミジャーは「小便する」。この音から「ジャージャー」と言うようになった。（↓316「こちんこちん」379「シーシー」）

402

しゃかのお（目尾）

福岡県に「目尾」と書いて「しゃかのお」と読む地域があり、地元のだれもがみな首を傾げている。葡語の動詞「セアカニョウ se acanhou」は「畏《かしこ》まる」。「日生《ひなせ》」もそうだが、唐突にこうした地名が見られるのは、ポルトガル人の言葉を聞いた日本人（博識の武士）がその土地の名前を決めるのにしゃれた葡語を思いつき、ポルトガル人の「武士はいつも謙遜して畏まっているね（セアカニョウ）」から「しゃかのお」と命名した。

『武士の尾』という時代小説があるが、武士道は「尾」に（忠節を尽す）意味をもたせた。その「畏まった態度」とは、「目」を伏せ（相手の目を見ないで相手に従う意味で相手の「後尾」に視線を置き）伏目《ふしめ》がちに恭順の意を示す武士独特の姿勢。これから地名を「目尾」とした。

403

しゃがむ

葡語 cagar カガーは「排便する」（↓182「かがむ」）。人は別の理由でかがむこともある。葡語 chaga シャガ「傷　苦しみ　災難」。「怪我（↓280）・ストレス・地震で、しゃがみ込む」が「しゃがむ」の原義。

404

…じゃけ（ん）

葡語の「……じゃけ já que」は理由を表す接続詞、英語の because にあたる。「…（結果）だから…（原因・事実）」は因果関係を表すのに便利なので多用した。本来は「理由を表す接続詞」なのだが、日本語では「譲歩の接続詞」(al) though の意味にも使われた。「彼は学校の先生じゃけ字が上手い」また「彼は学校の先生じゃけ（んど）字が下手だ」といった具合。「……じゃけ」は葡語の já que。

405
じゃじゃ馬

強調・断定の「じゃ」（→399）。「じゃじゃ馬」は「言うことを聞かない馬」から「言うことを聞かない（自己主張の多い）女性」を「じゃじゃ馬」と呼んだ。主張せず、従順であることが美徳とされた時代の名残（半世紀前「君は自分の意見を言う人なんだね。」と上司に睨まれた記憶がある）。

406
しゃっぽ

いたく感心・脱帽して「しゃっぽを脱ぐ」と言う。葡語 chapéu シャペウ（フランス語 chapeau シャポ）は「帽子」。

407
しゃてい（舎弟）

葡語 chatear シャテアーは「（目下の者が）煩《わずら》わせる　面倒をかける」。

408
じゃばら（蛇腹）

今のデジカメはスイッチを押すとレンズが伸びるが、昔のカメラは「蛇腹《じゃばら》」（折畳式）を伸ばして（手動で）ピントを合わせた。葡語 já bala ジャバラ「もともと紙袋」の音に漢字「蛇腹」を当てた。蛇の腹は伸縮しない。

409

シャブ

覚醒剤の隠語。使用すると「骨の髄までしゃぶられる（↓410）」からだが、葡語soar ソアー「音をだす」↓「ソアぶる」↓「（魚の骨をチューチュー）すわぶる」↓「しゃぶる」から。

410

しゃぶる

九州は魚が旨い。鮮度がいいからだが、それだけ人の舌が肥えている。数年前、クロマグロの資源保護のためマグロが食べられなくなる、と日本中が大騒ぎしたとき床屋のマスターは言った。「何《なん》騒ぎようとやろか。俺たちゃいっちょん困りゃせん。マグロよっか旨い魚ナンボでも知っちょるき」（何を騒いでいるんだろう。俺達は全然困らない。マグロより旨い魚ならいくらでも知ってるからね）。関西、とくに九州で魚は身近で、刺身、塩焼、煮付でよく食べる。そこにポルトガル人が小麦粉を持ち込み、天婦羅という第四の調理法を伝えた。ここでは第三の煮付の話。

食通は「骨までしゃぶる」。骨についた肉が旨いことは「マグロの中落」（スプーンで削ぎ落とした骨付き肉）でも「Tボーンステーキ」（T字の骨にテンダーロインとサーロインが付いた肉）でもわかる。九州の一部で骨までしゃぶることを「すわぶる」と言う（↓**485**）。

葡語 som ソンは「音」（英語 sound サウンド）。ソニー SONY は音のメーカー、英語 sonar ソナーは超音波で魚群を探知する装置で葡語 soar ソアーは「音を立てる」（↓**519**「ソワソワ」）。これから「すわぶる」「しゃぶる」へ進化した。いずれも「音」が聞こえる。

日本人のテーブルマナーについて、卵かけご飯（↓**751**「ビスケット」）のように習慣の違いなら、生肉に生卵の黄身を乗せたユッケやタルタルステーキを韓国人、ドイツ人も食べるじゃないか、と抗弁できるが、うどん・そばのようにスパゲティをズーズー（日本人にはツルツルと聞こえる）すすり、スープをフーフーして、ズルズルと音を立てるのは、いくら習慣が違うと言っても弁解できない。

では熱いスープはどうしたらいいか、あるドイツの家庭では「スプーンを一旦、鼻の上まで持ち上げてさましなさい」と子どもに躾《しつ》けている。音を立てて食事しないのが西洋のマナー。美味しかった、と客の満足感が、厨房の料理人にも伝わるようにガシャンと床に皿を落とし割るギリシャの習慣もあるが、それも食後のマナーで、ギリシャ料理のレストランではデザートとともに、割るための皿を給仕が何枚も持ってくる。

411

しゃべる（喋る）

「喋る」は「話す」より「ぺちゃくちゃ」感が強く「音が大きく聞こえる」。九州の方言「（魚の骨をチューチュー）すわぶる（↓485）」が「しゃぶる」になり「しゃべる」になった。夏目漱石は「饒舌《しゃべ》る」と書いている。

412

しゃぼん

「シャボン＝石鹸」の語源について葡語 sabão サボン説とスペイン語ハボン jabón 説がある。「サ音」であることと歴史的観点から「葡語 sabão サボン」。ただ四百五十年前の石鹸の質は今より悪かった。現在「（化粧）石鹸」は sabonete サボネッテが一般的で今 sabão サボンと言えば「（洗濯）石鹸」。

413

じゃま（邪魔）

「日本人の特質を一つだけ挙げるとしたら何でしょうか？」と、身近に日本人を見てきたブラジル日系二世に聞いたら「他人への思いやり」pensamento para outros と答えた。昔から日本人の特長で、テニス、卓球、バドミントンの個人戦（シングルス）で負けても団体戦（ダブルス）では優勝することがよくあるし、「バッハの二つのバイオリン協奏曲」も日本人が第二バイオリンを弾くことが多い。日本人は相手に合わせる（シンクロする）ことができる。この才能に着目した各国のオリンピック委員会が水泳シンクロのコーチに日本人を起用している。陸上男子四百米リレーでは一人では百米を十秒切れないのに団体（四人）だと三十七・六秒で走る。どう考えても計算が合わない。

「他人への思いやり」が日本人の特質で、日本には（憚《はばか》る、人様のジャマになってはいけない）という暗黙の規範がある。

安土桃山時代の日本もそうであったろう。

　そこにポルトガル人がやってきて、いろんなことを言った。その中に感謝の「オブリガード（有り難う）」もあれば禁止の「それはしないで！」Don't do it！もあった。「決してしないで。」は葡語「ジャマイス…Jamais fazer isso.」この「ジャマ」が「してはいけないこと＝邪魔」となった。

414

しゃみせん（三味線）

哀愁を帯びた「三味線」の音《ね》を初めて聴いたポルトガル人がファド（船乗りの夫を愛おしむ哀歌）を想い「哀愁を覚える⇓私に情感を呼び起こさせる＝シャマミセンティメント chama me sentimento」と評したのが、「シャミセン」に聞こえた。

415

シャモ（軍鶏）

「軍鶏《しゃも》」はその性格の激しく怒れる様子が「シャマ chama」（炎）のようだったので「シャモ」と呼ぶようになった。

416

しゃれ（洒落）

「おしゃれ」は讃美歌を歌う聖歌隊のソロ o chantle オシャ（ント）レが語源（↓144「おしゃれ」）。それから日常生活で洒脱な言動（カッコイイこと）を「しゃれ」「洒落」（洒落本など）、「くだらん（↓266）洒落」を「駄洒落」と言った。九州（福岡）のテレビで「しゃれとんしゃーl」（カッコよくていらっしゃる）という番組もある。

417
じゃれる（戯れる）
葡語 zarelhar ザレリャー「イタズラする　騒ぐ」から。

418
ジャンケンポン
「ケン Quem」は「だれ」。「ジャンケンポン」は「ジャンってだれ？　ポンだよ」。葡語 João, Quem? Pão は「ジョンはだれって？　ありふれたパンのようなもの」という意味で、「太郎ってだれ？　どこにでもいるよ」といった感じ。João-ninguem という言葉がある。「やくざ者」の意味だが、英訳は nobody「だれでもない（だれだれと特定されない）」。

419
しゃんしゃん
「高齢者が丈夫で元気な様子」を「しゃんしゃん」している、と言う（↓578「チャンとする」）。葡語 chão シャンは「地面　大地」。ヨボヨボしてないで「大地をしっかり踏み堂々と歩くこと」を繰り返すことで強調した。

420 しゅす（繻子）

葡語 sustentável ススステンタヴェル「丈夫な」から。「繻子織」は桃山時代に導入された。サテンの別称。

421 じゅばん（襦袢）

葡語 gibão ジバン「（昔の）胴衣」から「襦袢」は和装用肌着。

422 じゅらくだい（聚楽第）

「聚楽亭」「聚楽邸」「聚楽館」とも記される「聚楽第」は豊臣秀吉の命名。「第」は「邸（宅）」の意味として「聚楽」とは何か？

天皇の行幸を願い出る関白政庁の名称を関白秀吉に諮問されたであろう学者や役人の立場で考えれば、公卿向けの説明「長生不老の楽《うたまい》を聚《あつむ》るものなり」（『聚楽行幸記』）のほかに武士・商人を納得させ得る解説も必要で、「聚」は日本語ではシュウと発音され中国音でジュと読む例は他にないこと、また家康の頃まで宣教師が通訳として活躍していたことを考えると学者・役人が葡語を使った可能性がある。

葡語jurarジュラーは「宣言する」。秀吉は信長以来（↓975「らく」）の「楽市楽座」を推進し、全国各地に広まったことから「楽市楽座の中心を宣言する」意味を込め「楽」（楽市楽座）を「聚」（宣言）した。今で言えば（政府の構想で全国に特区ができ）内閣府につくった特区センター。

423

…しよう

「……しとう」は主語の動作を主観的に表すのに対し、「……しよる」はより客観的に表現する。「……し居る」の九州弁（口語体）が「……しよる」「……しよう」になった。第三者が主語になることが多いが自分が主語の場合は自分の行為を第三者的に表現する、「（あなたは）何しようと?」「オレが…しようときに」など。前項の「……しとう」（↓392）同様、葡語に由来する。

424

じょうご（漏斗）

「漏斗《じょうご》」も当て字。「ジョゴ jôgo」は葡語で「食器など一式」。漏斗も入れて一揃い。「漏斗《ろうと》を含めた一式」も「漏斗《じょうご》」と書いた。（↓987「漏斗《ろうと》」）

425

じょうだん（冗談）

葡語jógoジョゴ「ゲーム　遊び」を「冗語」と書き「冗語を談じること」を「冗談」と言った。英語のjokeジョークを「冗句」と書いたのは近年。中国語は「玩笑」で「冗語」「冗句」は日本語。

426

じょうるり（浄瑠璃）

「浄瑠璃」の語源は法華経（序品）にあり（広辞苑）、戦国時代、大病をした信長に侍女（小野阿通）が平曲（平家物語など）を琵琶の代わりに三味線で聞かせたのが始まりとされる（通説）。

信長が初の西洋文化に興味津々だったことを考えると「葡語jóiaジョイア＝宝石」から「瑠璃は宝石（ラピスラズリー）」で「浄瑠璃」＝「浄《きよ》らかな宝石の瑠璃」。瑠璃光寺は有名な山口のほか東京、大分にもある。

427

じょうろ（如雨露）

葡語jôrroジョロ「噴出　ほとばしり」から「植木にやる水の容器」になった。それまでの鑓水《やりみず》は木桶に柄杓《ひしゃく》。

428

シラ（白）を切る

葡語 chilra シルラ「無意味」から被疑者が「（そんなの）意味ねえよ」と言って無関係を主張すること。

429

じらす（焦らす）

太陽は「ソル sol」、その太陽に向かって動き回るので、ヒマワリを「ジラソル girassol」と言うが、葡語、スペイン語の動詞「ジラ girar」は「回る、回転する、相手をぐるぐる回す」の意味。「（相手をヒマワリのように）ぐるぐる回す」ことから「ジラす」が広まった。「焦《じ》らす」は当て字。

430

しらふ（素面）

葡語 serafim セラフィンは「最高位の天使」。天使にもいろいろ位があり、angel エンジェルは天使界の第9位。至高の天使が酔払うはずはない。ポルトガル人が酔払ってないことを強調して「セラフィン」と言ったのが「しらふ」と聞こえ「素面」「白面」と書いた。

431

じれったい（焦れったい）

焦らされた相手は「焦れったい」。

432

じれる（焦れる）

焦らされる（↓429）相手を主語にすれば「焦れる」（自動詞）になる。

433

シロウト（素人）

葡語 sirocco シロッコは「（アフリカからヨーロッパに吹く）南風」。中国のＰＭ２・５とともにやってくる「黄砂」はゴビ砂漠などから西風に乗って日本海を越え日本にまで届くが、シロッコはサハラ砂漠から地中海を越えてポルトガルには南東方向から、イタリアには南からの砂塵嵐となり時速百キロにも達する。３月と11月に吹くシロッコは地中海の湿気とサハラ砂漠の砂塵で人々の健康を害し「赤い雨」となって自動車の塗装を傷つける。

不意にやってくることから「一見《いちげん》の（客）」の意味でポルトガル人の「シロッコのようだ」がシロウトに聞こえ「素人」と書いた。

434
シロしい
九州北部特有の方言に「シロしい」がある。山口弁では「うるさい」という意味になるが、九州では「うっとうしい」または「雨上がりのように湿った状態」を感覚的に表現した言葉。葡語の「シルロ chilro」（味気ない、無意味の）が語源。

435
ジロジロ〔見る〕
太陽 sol に向かって回る「ヒマワリ」を girasol ジラソルと言うように動詞 girar ジラーは「回る」。giro ジロ（首を支点にして顔が回る）はその一人称現在。太陽は世界中の「ヒマワリ」に「ジロジロ」見られている。

436
じわじわ
葡語 gear ジァーは「（霜が降って）凍りつく」。水が次第に凍っていく様子を「じわじわ」と言った。
ブラジルに霜害（geada ジアーダ）があればコーヒー相場は高騰する。水がだんだん表面から凍って氷（gélo ジェロ）になる。冷蔵庫は geladeira ジェラデイラ。gelato ジェラートはイタリア語で氷菓子。

437

しんどい

ポルトガル人が病気になり医者（日本人）にかかった。医者は患者の腹部を押さえ「痛いか?」と聞くとポルトガル人患者は苦しそうに「はい、痛いです。Sim doi. シンドイ」と答えた。doi は動詞 doer の一人称過去（痛かった）。関西弁「あー、しんど!」は痛い本人の言葉（一人称）。

438

シンパ

「Aは親B派」の意味で「AはBのシンパ」と言い、辞書には「シンパサイザーの略」とある。英語 sympacizer シンパサイザーは「同調者、支持者」。問題は、いつから「シンパ」が使われたか、である。英語とすれば明治以降、戦後アメリカのキリスト教牧師が伝えた。「○○藩はわが親藩」、さらに「わが藩に敵の親派あり」があれば葡語 simpatia シンパチア「共感、同感」が語源。

439

すう（吸う）

葡語 suco スコ「ジュース」から suco de …。「スコデ…」は「…のジュース」。動詞 sucar スカー「吸う」、「吸うこと」は sucção スソン（吸入管は tubo de sucção）

と言う。それまで万葉集、竹取物語、源氏物語、枕草子に用例「吸《す》う」はなく、記紀には「吸門《きゅうもん》」がある。「吸い物《す》」も中国にはない和製語で、茶の湯発祥の地堺《さかい》（当時の経済の中心地）には「指吸《ゆびすい》」という苗字もできた。書面の署名（サイン）が滲《にじ》まないように吸取紙（mata-borrão）を使うが、これも新しい習慣であることを考えると十六世紀ポルトガルからの伝来品と思われる（花押《かおう》は古くから使われ本文と一緒に自然乾燥させれば吸取紙の必要はなかったが、十五世紀のグーテンベルクの活版印刷にする署名（サイン）のインクを吸い取った）。

440

スカ

昭和三十年頃、筑豊地方には紙芝居があった。洗いざらしの丸帽に日焼けした顔のおじさんが子どもを集めて怪人二十面相など人気の出し物をやっていた。拍子木の音を聞きつけて集まった子どもに駄菓子を売りクジを引かせ最後に紙芝居を興行して終わる。クジはポストイットのように束ねた薄い紙を一枚ずつ舌でなめるとアタリかハズレの文字が浮き出る仕組み。「アタリ」は一つだけ、大抵はハズレで「スカ」の二文字が出る、それでも紙芝居が面白ければ子どもたちは満足した。

二十五歳の時、ブラジル、サンタカタリーナ連邦大学で製鉄学を聴講中、教授は黒板に溶鉱炉を図示、ここから原料を入れ、ここから夾雑物《きょうざつぶつ》を捨てる、という話で、捨てる夾雑物を「スカタ sucata」と言った。これひょっとして、あの「スカ」ではないか？　と直感。調べると「スカタ sucata ＝スクラップ（scrap）」と辞書にあった。

「スカ」は中身のないこと、からっぽである状態に使われるようになった。スカスカ、お腹《なか》がスいた、電車がスいている、などで、「スく」という動詞に「空く」という漢字を当てた。

441

すかす（透かす）

「透かし彫り」「透かし織り」などは動詞 sucar スカー「吸う」から。「吸うこと」で「隙間」が生まれ、そこに美を見いだし（カッコいい意味で）「透かす」と言った。「すかした奴」とは「気取った奴」で「髪を梳《す》く」の「梳」は漢学者が当てたが「おなかが空《す》く」も当て字で本来は「隙間」の「ス」。「透かさず」は「隙間（間断）なく」。

442

スカスカ

「スカ（↓440）」「空《そら》（↓517）」を「空々《そらぞら》しい」のように二度繰り返して強調した。

443
スカタン

「スカ」はハズレくじ＝利用価値のないもの、役に立たないもの、だから葡語でこの強調形（Aumentativo）「スカタン sucatão」は「大ハズレ、全くの役立たず」。サトウサンペイの漫画が思い出される。

444
スカッと

葡語 sucata スカタは「はずれ」の「スカ」（↓440 443「スカ、スカタン」）。「スカッと」は「モヤモヤが一掃された」感触。「すっかり」は「一〇〇％空《から》」、「すっかり見違えたなど多様な副詞」になった。

445
スカブラ

「スカブラ」という言葉がある（↓440）。「筑豊人の川筋気質《かわすじかたぎ》で、フーテンの寅さん風の人物を肯定的に表現する呼称」。この語源は「ノルウェー語のスカブラ（skavier：強風によってつくられた氷雪原の凹凸）」との説もあるが、なぜ唐突にノルウェー語なのか説明がつかない。上野英信氏の「筑豊炭坑の川筋気質《かわすじかたぎ》」説が正しい。

それによると「仕事がスカ（好か）んで、いつもブラブラしちょるけんたい（してるからだよ）」「スカッとしてブラブラしちょる（してる）」人で「坑内に下っても全然面白うなか（面白くない）。スカブラのおらん（いない）炭坑なんち（て）、全く意味なかよ（ないよ）」と炭坑労働者にも人望がある、一座のムードメーカー的存在の人物を指した言葉。詳しくは同氏の書籍をごらんいただきたい（現在は直方市所蔵）。

446

すがる（縋る）

動詞 sugar スガー「吸う」から。「謦咳《けいがい》に接する」は「有力者の咳払いに接する＝吸う」ことで「先達の身近にいて教えを受ける」意味で用いた。中国語「縋」は「縄を投げる」意味で日本で「(縄に) すがる」と訓読みした。

447

すき（数寄）

「好き」の意味の借字（辞書）とするが、「数寄」は茶の湯や和歌など風流の道に熱心なこと。「数寄屋（→449）」から。

448

すき（隙）

剣道や柔道の「相手の隙を突く」も動詞 sugar スガー「吸う」から。日本の武道では常に「相手の呼吸」を意識した。「一瞬の隙」とは「相手が息を吸う瞬間」。この一瞬を狙い「一本！」を取る。

449

すきや（数寄屋）

「数寄屋造」は安土桃山時代。茶室には帯刀を許さぬ狭い「にじり口」（↓679）から入るのだが、茶の湯には「来る者拒まず、但し武具は持ち込まない」不文律があった。現代の「核なき平和の世界」だろうか。（↓361「さび」）

葡語 soqueira ソケイラは「rice plant after cutting（収穫後の稲）」＝「藁《わら》」。茶庵を見たポルトガル人が藁屋根の材質を「ソケイラ」と言ったことから、日本人は「茶庵」を「数寄屋」その傍の橋を「数寄屋橋」と命名、茶人は「数寄屋袋」を携行した。「数寄屋橋」は徳島城にもある。

「数寄」は「好き」にも通じ世間に流布。本職以外の芸事に打ち込む様子を「すき（好き）」「すきもの」「すきずき」「ものずき」などと言った。

葡語「ソケイラ」（普通名詞）が「数寄屋」になり、家康からオランダ人「ヤ・

ン・ヨーステン」に与えられた土地が「八重洲」、近くの水路にかかる橋の傍《そば》に藁葺《わらぶ》きの庵があり、その橋が「数寄屋橋」（固有名詞）になった。（今の日比谷交差点から銀座四丁目の晴海通りが水路であったことは江戸の古地図で確認できる。）数寄屋橋付近（現在）は人形時計広場で時報（メロディ）を待つ有楽町のトレンディスポット（デートなどの待ち合わせ場所）になっている。「数寄屋」の語源は葡語「soqueira ソケイラ」。

450

すく（漉く）

日本語「漉《す》き」は「紙を漉くこと」。中国語の「漉」は「酒を漉《こ》す」意味で「紙をつくる」意味はない。動詞 sugar スガー「吸う」からで、木の枝（楮《こうぞ》・三椏《みつまた》）を煮詰めた液体を木枠で掬《すく》い和紙をつくるのに「息をかけない」＝「息を吸って」＝「すく」の音で漢学者が「漉」を訓読みした。

451

すくむ（竦む）

葡語 sucumbir スクムビール「気力が失せる」から。O leão sucumbiu ao som do tiro.（ライオンは銃声におびえた。）など、これから「首をすくめる」などになった。辞書には蜻蛉日記、源氏物語の用例が紹介されているが、原文にはどこにも漢字「竦」はなく古語「すくむ」は「紙や布が固くこわばる」意味だった。

452

すけ

女はうるさい存在と男は言うが、ヤクザ言葉「すけ」は só quer ソケー「ただ…して欲しいだけ」（↓455「スケベ」）。「典侍」（上級女官）も「すけ」と読むが、ヤクザの「すけ」は「女性一般」を指し「すけこまし」は「女性を困らせる」意味で使った（↓333「こます」336「こまる」）。

博多にブラジルのシュラスコ店（肉料理レストラン）がオープン。来日して三か月のブラジル人男性（二十歳代）が「どこか日本語を教えてくれるところはないか?」と聞いてきた。「日本人女性と仲良くなるのが一番」と答えたら、「女は só quer（欲しがる）ばかりだから面倒」といかにもブラジルの片田舎から出てきたばかりと言わんばかりの返事で話はそこで終わった。「ブラジルではそうかも知れないけど日本人は違うよ」「世界の女性（三十五億人）と会話しないつもりなの？」と突っ込むべきだった。

453
すけすけ

他動詞「透かす（↓441）」から「スカスカ（↓442）」、自動詞「透ける」から「すけすけ」。

454
ずけずけ

「すかすか」に対し濁音で「ずかずか」と言うとオノマトペ効果で「遠慮ない」状態が伝わり、「すけすけ」も「ずけずけ」と「（遠慮なく）もの申す」感が強まる。「ずばずば」となると濁音ばかりで全く遠慮がない。

455
スケベ

布教はまず日本人に接触した。ある日本人の男が宣教師に春画を見せた。その男がいろいろ持ってくるので宣教師は Você sò quer ver.「…ソケベ」（自分が見たいだけなんだろ）と言った。自分のような人間を「スケベ」と言うものと思い「助平」と書いた。布教はまず日本人の生活のすべてを具《つぶさ》に知らねばならず、宣教師たちはいろいろな日本人に接触した。

456

すごい（凄い）

日本語の「ものすごし」は「不気味でぞっとするほど恐ろしい」意味*だったが、ポルトガル人来航後「すごし」に「甚だ程度を超えている」意味が加わった。それは日本人を真似て自ら恐る恐るウドンをすすってみて、なるほど旨いと実感した神父が発した言葉ではないだろうか。動詞 sugar スガーの一人称現在「私はすする」は sugo スゴ。「食事中は音を立てない」のが西洋人のマナー、しかも聖職者が「音を立ててすする」のは（清水の舞台から飛び降りるほどの）勇気を要した。神父のチャレンジした様子を自分で sugo スゴと言ったことから「スゴイ」が程度を表すようになった。中世騎士の宣戦布告 Sugo-te a vida e levo a espada ao meu mestre. スゴ……（汝の命で主君への手柄とせん）英語 I will suck the life out of you and take the sword to my master. も考えられるが日本人がそんな口上を聞いただろうか。

＊「なまめかしくすごうおもしろく」（源氏物語）は英語 awful（恐ろしくすごい）の意味

457

すごむ（凄む）

動詞 sugar スガー「吸う」は「（金銭を）おどし取る（吸引する）」意味もある。「吸血鬼」のイメージ。

458

ずさん（杜撰）

中国語で「杜撰」は「でっち上げ」のことで、日本語の用法とは異なっている。完璧と思われた人がだらしないことが判明して葡語で「スサン sus, são!」（どうした、しっかりして、完璧・完全な人）と言った。これが「ずさん」と聞こえた。「杜」＝中国の詩人、「撰」＝詩で、彼の詩が韻を踏まないから、とする定説は漢学者の説明。

459

すっからかん

「何も無いこと」を「あっけらかん（↓46）」に呼応して「すっからかん」と言った。「す」は接頭辞（素裸の「素」）の意味を込めるが葡語 scata スカタの「スカ」（↓440）から「空《から》の状態」を強調した。

460

すっきり

「はっきり」は明確な状態、「すっきり」はより感覚的で「スカッと」に近い表現。葡語 scata から。

461

スッパ抜く

相手を出し抜く、それを強調して「スッパ抜く」と言う。この「スッパ」は葡語、というより万国共通の「スーパー super」、スーパーマンの「スーパー」で、「他をしのぐ」意味。

462

すっぴん（素っぴん）

接頭辞「すっ」に「ぴん」をつければ「すっぴん」になる。「ぴん」は、葡語の「ピント pinto」（ひよこ、子ども）。これに接頭語「すっ」で強調した「すっぴん」は「子どものまま、生まれたまま」で、「化粧を落とした」意味になった。

463

すてき（素敵）

「そのもの自体の美」に感銘して「美しい」と言い、「そのものの存在」を「素敵」と誉める。葡語 suster equilíbrio スステエキ……の「バランス・均衡がとれた（調和している）」を「素敵」と書いた。

464

ステテコ

「はばきまで雪のいと白うかかりたるこそ、をかしけれ」（枕草子）の「はばき＝脛巾（ステテコの原形）」の漢字は葡語「金巾《かなきん》」（↓211）からで、「脛《はぎ》」が冷えて履く股引《ももひき》（猿股《さるまた》）の夏着がステテコ。冷えから「守り支える」sustentar ススティンターが訛ったもの。明治になり上方落語（三遊亭円遊）の「ステテコ踊り」で全国に広まった。

465

ズバッと

葡語 zumba ズンバは擬音「ぴしゃり、ぱたん」で「（物事の）核心をつく」意味になった。

466

すばやく（素早く）

「すばやく」の「す」は何か。一見接頭辞だが、「早く」を強調してはおらず、しかも時間的に「早く」ではなく、動作を「速く」である。これはポルトガル人の依頼に日本人の動作がのろいとき「スビト！　súbito!」（急いで！）と叫んだことから「す」がついて「す早く」になった。

467
すばらしい（素晴らしい）

「素晴らしい」も当て字。「素晴らしく美しいもの」は葡語で「ベレーザ　ソベラーナ beleza soberana」。この「ベレーザ」は「美」、「ソベラーナ」は「この上なく」。この「ソベラーナ」が「素晴らしい」に聞こえた。

468
ズブ

葡語 sub スブ「下位の、下々の」から全く門外漢の意味で「ズブの素人《しろうと》」と言う。

469
ずぶずぶ

葡語 sub スブ「下の」から「ズブズブの関係」は「地下で繋《つな》がっている関係」。

470
ずぶぬれ（ずぶ濡れ）

葡語 submerso スブメルソ「浸水した　沈没した　冠水した」から。

471
ずべこう（ずべ公）

「だらしのない女　不良少女」をヤクザが「ずべ公」と呼ぶ。辞書には「ずぼら

（↓475）な女」とある。

472

すべて（全て）

葡語 sub êste スブエステ「これを包含して」「ことごとく」から。

473

ずぼし（図星）

葡語 sub-osso スブオッソ「骨の髄《ずい》まで（言い当てる）」意味。勿論中国語にはない。

474

すぼむ（窄む）

葡語 subnutrir スブヌトリール「栄養不足になる」から。

475

ずぼら

「ずぼら」は「スブオラ sub hora」、つまり（いつも遅刻するなど時間にルーズなこと。）「だらしない様子またはその人」で学者も当てる漢字がなかった。

476

ズボン（襦袢）

葡語 gibão ジバン「（昔の）胴衣（襦袢↓421）」から。フランス語 jupon「ペチコート」の葡語。

477

すまん（済まん）

常識的には「済みません（↓478）」からだが、ここでは敢えて葡語で考える。葡語 suma スマ（英語 sum サム）は「合計＝和」、その拡大辞 sumão スマン「総計＝大和」。古来「以和爲貴＝和を以って尊しと爲せ」（聖徳太子）が頭から離れず、みんなが「スマン＝大和」と言えば平和になる、とお互い「済まん」と言い合うことが流行した。現在でも「大和」と言う名の会社は多い。

478

すみません（済みません）

人間に喜怒哀楽あり、宣教師とて人の子、怒ることもある。怒りが頂点に達して相手に発する言葉は万国共通、「失せろ！」。葡語では「スマセ！ Suma-se!」。怒れるポルトガル人に「スマセ！」と言われた日本人は「スイマセン」と、ひたすら謝るばかり。「済みません」はうまい当て字。

479

すみやか（速やか）

「Suma-se スマセ」（失せろ！）が「すみません」の語源（↓478）だが、この動詞の原形sumirスミールは「(さっと素早く)消える」。「すみやか」は「さっと素早く(消え去る)」が原義。

480

すもう(相撲)

「相撲《すもう》」「角力《すもう》」も当て字。屋根付きの土俵場が全国の小学校(運動場)のシンボルだったのは昔なつかしい風景。もっと昔から村のお祭りイベント(神事)で村人の楽しみだった。最近でも裾野の広い国民的スポーツで県大会を勝ち抜いた県代表が日本一の頂点を目指す。ポルトガル船来航時は今よりも組織化されてはおらず、各地で行われた腕自慢大会はさまざまな呼び名があった。葡語で「頂点、最高」を「スモ sumo」と言う。ポルトガル人に謁見した信長が天下統一したついでに地域的だった相撲(角力)をスモウと命名、土俵も規格化され大相撲興行の気運も醸成された。

相撲が武術として鍛練が奨励されたのは戦国時代以降。信長は一五七〇年から本能寺の変までの十二年間毎年多数の力士を安土城に集め上覧相撲を開いた(『信長公記』)。このとき勝敗を宣言する行司が登場した。「相撲の語源はヘブライ語」と元横綱貴乃花は言うが、聖書と同じくヘブライ語↓ギリシャ語↓ラテン語(葡語)を経てポルトガルから日本に伝わった。

この十五年住む福岡県直方は元大関魁皇（現友綱親方）の出身地、今もＪＲに特急「魁皇」が走り駅前には銅像が建つ。現役時代勝つと河川敷から花火が上がった。軽四トラックの荷台を改造し（垂直に大砲の筒を立て）ラジオ（本場所実況）を聴くのだが、不思議にも頭にヘルメット。「なぜ？」と聞くと「花火が上空で爆発するのはいいが爆発したら花火の芯（鋼球）が落下してくる。当たると死ぬよ」。それ以来大相撲の花火の音は家で聞いている。

481

ずらかる

葡語 surrar スラーは「(殴ってその場から）逃げる」（↓83「いたずら」660「トンズラ」)。

482

すらご（と）

九州で言う「すらご（と)」は「嘘、偽り」。これは「すらご（と）＝空ごと」、絵空事《えそらごと》のこと。空を「そら」と読んだ（↓517)。

483

ずるい（狡い）

葡語 surrar スラーは「(殴ってその場から）逃げる」。逃ぐるは狡《ずる》し。

484
すれる（擦れる）
「すれる」は動詞「スラー surrar」「使い古す、使い古される」から。

485
〔骨を〕すわぶる
葡語 soar ソアー「音を立てる」から（↓519「ソワソワ」）。骨についた身が旨いのは牛肉のTボーンステーキ、マグロの中落ちから新鮮な魚の煮付まで変わらない。煮魚を骨まで「しゃぶる」（きれいに骨だけにする）ことを九州から北陸（富山）まで（とくに漁村で）「すわぶる」と言う。「チューチュー」音を立てるとポルトガル人の「ソアー」から「しゃぶる」「しゃべる」「お喋《しゃべ》り」に発展した。（↓410 411）「しゃぶ」は「骨まで（しゃぶられる）」薬物、「しゃぶしゃぶ」は「サッサッと湯通し」するときの音で、いずれも葡語 soar ソアー「音を立てる」が語源。

486
ぜいたく（贅沢）
「バテレン追放令」（一五八七年秀吉）や「キリスト教禁止令」（一六一四年家康）のため宣教師による布教が困難になり（ポルトガル人神父は目立つため）日本人信者だけで隠れて集まらざるを得なくなった（↓301「講」）。神父を失った信者は日本人の中から最も熱心な者が指導者になり洗礼係など役割分担を決めたものの、突如住職抜きの檀家集団のようになって、祈りの言葉（オラショ）を思い出しその断片だけでもとひたすら唱えた。

　そのときカトリックの「七つの大罪」（→491「世知辛い」）を逐一（「傲慢（orgulho-pride）」「貪欲（cobiça-greed）」「嫉妬（inveja-envy）」「怒り（raiva-wrath）」「肉欲（luxúria-lust）」「貪食（gula-gluttony）」「怠惰（preguiça-sloth）」と）覚えていた信者も居らず、仏教の「煩悩」（総称）のように「戒めるべき行為」（jeito acusado ゼイトアクザード）を一言で「ゼイタク」とまとめ漢字「贅沢」を当てて「潤沢」「沢山」など和製語が生まれた。中国語の「贅」は「無駄な　余計な」の意味（「贅肉」など）で「贅沢」は「奢侈《しゃし》」と言う。

487

せかせか

葡語 secar セカー（うるさがらせる）から。

488

せからしい

面倒な話になると「せからしか！」と周囲を一喝したのは昔の九州男児。形容詞「せからしい」は secar セカー（うるさがらせる）から。

489

せく（急く）

「急《せ》いては事を仕損じる」の「急く」。当て字なら葡語では、と疑ってみる。すると動詞「セカール secar」（うるさがらせる）がある。「せかせか」はその様子、また熊本弁の「気のせく」も（気が焦《あせ》る）意味で、九州の方言「せからしい」さらに「おせっかい」も「セカール secar」に由来。

490

セコい

ニューヨーク・タイムズは舛添前東京都知事の辞任理由を「セコい cheap or petty」（安っぽい、細かい）と報じ、二十数年前に離婚した女性国会議員は「昔からセコかった」と証言。彼女も大臣になりセコさを追及された。「〇〇人の通った後は草も生えない」などと名古屋、佐賀の人について言うことがあるが、ドイツ、シュヴァーベン地方の人についても同様な表現がある。セコさは自動車産業の重要な立地条件で欧州最大の自動車メーカーの拠点シュトゥットガルトはこの地方にある。この「セコい」とは何か？　単なる「ケチ」を通り越した「ドケチ」、それも常人なら見逃すようなことまでコマゴマと「ケチ」る。

葡語「セコ seco」は（ドライ）。カラカラに乾燥した土地に草が生えるわけがない。広辞苑には明治時代の芸人言葉で「へたである。みみっちい。けちくさい」とある。要は金銭的にうるさいこと。葡語、スペイン語、イタリア語で「セコ seco, secco」は「ドライ dry」（無味乾燥、非情）、シェリーワイン、スーパードライは「辛口」で、日本語の「セコい」にぴったり。とても偶然とは思えず、ポルトガル時代の「セコ seco」が長い間日本のどこか、地方、家庭、業界などに伝えられて、明治時代になって顕在化した、あたかも潜伏菌が四百年ぶりに発症した、とさえ思える。なお「セコハン」は英語の中古（セカンド・ハンド second hand）の略。

491

せちがらい（世知辛い）

葡語 sete carapêtas セチカラペタス「七つの大罪」。仏教の「煩悩」、六根清浄の

「六根」*は「視覚」「聴覚」「嗅覚」「味覚」「触覚」「意識」、キリスト教とくにカトリックでは「暴食」「色欲」「強欲」「憤怒」「怠惰」「傲慢」「嫉妬」を「七つの大罪」としている。「とかくこの世は煩悩まみれ」と仏教徒、「とかくこの世はセチガラ（世知辛）い」はキリスト教信者から広まった言葉。

＊キリシタン入門書にも「六こん」とあるのはその方が日本人にわかりやすかったのだろう（↓あとがき1002）

492

せっかい（節介）

葡語 secai セカイは動詞 secar「うるさがらせる」の二人称複数の命令形。せかせか（↓487）、せっかち（↓494）も同語源。

493

せっかく（折角）

ポルトガルから持ち込んだサンティーニョ（聖母子像のペンダントヘッド）では足りず日本でもつくったが、一つ一つ神父が確認して不良品 inqualificado イカリフィカード「劣悪・劣等品」を刎《は》ねた。本来破棄するはずの「不良品」を捨てずに自宅に持ち帰り「イカサマ」と呼び大切にして祈った（↓75）。

神父はたとえ不良品であっても心をこめて作ったのだからと「イカサマ」を祈る日本人の姿に感動し「se caco （(even) if invarid）セッカコ（たとえ不良品でも）」と語った。これを聞いた信者（日本人）は「せっかく（作ったのだから）」と漢字「折角」を当てた。

494

せっかち

「せっかち」は葡語「セカンチ secante」（うるさく落ち着きのない人）そのもの。

495

せっけん（席巻）

葡語 sequência セクエンシア（英語 sequence）「一続き」を「一挙に」と誤解し漢字「席巻」と書いた。sequência de cinco cartas「五枚のカードが一続き」はポーカーの「ストレートフラッシュ」。中国語に「席巻」はなく「征服」と訳している。

496
せった（雪駄）

ポルトガル人から見て履物の鼻緒のY字が（葡語seta セッタ「矢」）に見えた。
（↓721「はなお」）

497
せめて

葡語semente セメ（ン）テは「種」。
役人による税の取り立ての苛酷さは万葉集（山上憶良・貧窮問答歌）にもある。この時代百姓は年貢米は差し出しても来年撒く「種籾《たねもみ》」まで税に取られないよう教会に預けていた。神父がこれを「セメ（ン）テ」と言い「セメテこれだけはご勘弁くだされ」と嘆願した。「せめて」は源氏物語、枕草子にあり「しいて　はなはだ」の意味だったが「これだけは」の用法が加わった。

498
セリ（競り）

漁船が魚市場の岸壁に直付《じかづけ》すると競り場までの最短距離に関係者が一列に並ぶ。漁師・乗組員がカツオを二本ずつ両手で逆さに（尾のくびれた部分を）持ちバケツリレーで競り場まで運ぶのは重労働で男の仕事。おかみさん（↓133）たちは競り場で大小、種類などを仕分けして並べる。葡語 seriar セリアーは「仕分けする、並べる」。それから男たちが「競り」を始める。

セリが終わると、カツオの尾を持ち、片手にさげて家路につくおかみさんの姿は朝の風物詩。勝浦（千葉、和歌山）だけでなく全国の漁師町で同様の光景がある。

499 せりふ（台詞）

「台詞」は明治以降の用語で、江戸時代は「世利布」とか「世流布」と書いた。葡語「セーリファン ser rifão」は「決められた言葉」という意味。

500 せわ（世話）

葡語 ceva セヴァは「（家畜の）肥育」。本来の意味「家畜の世話をする」を日本人は「人の世話」にも使った。

「世間話」（通説）またサンスクリット語説もあるが、葡語「（家畜の）面倒をみる」を拡大解釈した。（奉公人、遊女の周旋などの）「肝煎《きもいり》」が身分関係を前提にしたのに対し「世話」は広く一般に使われた。

501

ぜんざい（善哉）

葡語 cem saída センサイーダは「百の販売」、つまり「たくさん売れる」。ポルトガルからの砂糖で小豆《あずき》を煮て、餅を入れてつくったところ、飛ぶように売れ繁盛した。その様子をポルトガル人が「センサイーダ」（よく売れる）と語り、日本人は「よきかな」と漢字「善哉」を当てた。「夫婦善哉《めおとぜんざい》」は元々大阪法善寺にあった店名で善哉一人前を二つの椀で出したことで有名。小説からテレビ番組（司会：ミヤコ蝶々・南都雄二）にもなり「夫婦よきかな」の語感があった。昭和版「新婚さん、いらっしゃい」。甘味処の定番「善哉」はポルトガル来航以降広まった。

502

せんす（扇子）

葡語 sem sour センスオーは「汗なし」の意。中国語「扇子《シァンヅゥ》」shànzi を葡音で「せんす」と訓読みした。

503

ぜんぜん（全然）

葡語 genial ジェニアル「生まれつき」から「もともと」「まったく」の意味。九州弁の発音は「じぇんじぇん」に近い（「先生」も「しぇんしぇい」）。

504

せんべい（煎餅）

葡語 sem peida センペイダは「屁が出ない」。貴重な砂糖は殿様へ、庶民はサツマイモで我慢した（↓78「いきなり（団子）」）。イモばかり食べると「屁」が出る。これならいくら食べても「屁が出ない」をキャッチフレーズにして庶民に広まった。博多名物「二〇加《にわか》せんぺい」は商品（箱）にも「NIWAKA SENPEI」と表記されている。

505

ぞうきん（雑巾）

ブラジル、パラナ州立大学の教授（日系二世）がたどたどしい日本語で訊いてきた。「沖縄出身のばっちゃん（ばあちゃん）がナンバンって言いよったけど、ナンバンはピメンタ（コショー）のこと?」。沖縄の一部ではコショーをナンバンと呼んでいたのだろう。雑巾《ぞうきん》、頭巾《ずきん》、布巾《ふきん》、三角巾《さんかくきん》、金巾《かなきん》、茶巾《ちゃきん》、巾着《きんちゃく》などはその名残。同様に当時は木綿も「南京木綿」（ポルトガル人の持参品）でナンキンnanquim と呼んでいた。

506

ぞうり（草履）

葡語 sorri ソーリは「（彼女が）微笑《ほほえ》む」。振袖姿の女性はみな微笑んでいた。（↓746「ひいき」挿絵）

507

そげ

九州北部の「そげ」は「そのように」の意味で、熊本弁の「そぎゃん」が変化したもの。葡語 guião ギアォンは「先頭旗、船舵、強い主張・意見・気持ち」。これから「げ」が「様子　気持ち」を表すようになり「さみしげ」「うれしげ」また「何げなく」などと言った。

508

そこつ（粗忽）

葡語「ソコ soco」は「そそっかしい喜劇役者」。

509

そそう（粗相）

「四相」（＝生老病死）は「貪《とん》・瞋《じん》・痴《ち》」*同様、古くからの仏教語。大航海時代、葡語 soçôbro ソソブロ「難破」は飛行機なら墜落を意味する致命的言葉。「海の英雄」（国歌）を自負するポルトガル人が「ソソブロ」を忌み嫌ってタブーとしたことから日本人は「（どんなことでも）ソソウしてはいけない」と言うようになり、人の（四相に）あるまじき姿（相）の意味で「粗相（麁相《そそう》）」と書いた。中国語にはない。

＊貪・瞋・痴…むさぼり求める貪欲、怒る瞋恚《しんい》、惑う愚痴、三毒とも言う

510

そそっかしい

「粗相」は「粗末なこと、そそっかしいこと、しそこない、ぶしつけ」。葡語の動詞「ソソブラー soçobrar」（危険に陥らせる、沈没する、混乱させる、しくじる、まぜかえす）から。「そそっかしい」は「そそうしやすい」こと。夏目漱石は「疎《そそ》忽《つか》しい」と書いている。

511

そち

「チ ti」は「あなた、おまえ」だから「ソチ só ti」は「あなただけ」（↓**513**「そっと」）。「チ ti」は二人称 you、それも親しい間柄で使う。時代劇でサムライの「そちに任せる」は you をアカの他人とは思ってないとのメッセージ。悪代官は越後屋に「そちもワルよのう」と言った（↓**936**「○○屋」）。

512 ぞっこん

葡語 ôco オッコは「(頭が) カラッポ」。「ぞっこん」は「(頭が) カラッポ (になるほど)」。

513 そっと

「そっと」は「ひっそり」感があるが、葡語「ソ só」は「それぽっち、さびしく」。ボサノバの名曲「One Note Samba ワン・ノート・サンバ」。原題は Samba de uma Nota Só「音符ひとつだけのサンバ」で、ひとつの音符ばかりをボサノバのリズムで刻んでいる。

514 そなた

「あなた」は you。「そなた」＝そち (↓511) ＋なた (丁寧語↓53)。

515 そば (蕎麦)

葡語 sobra ソブラ「余り物」から。冷涼な気候でも育ち生育期間の短い蕎麦は救荒作物として重宝された。稗・粟と同様、痩せた土地にできるため当時は黒麦《くろむぎ》と呼ばれ（『和名類聚抄』）「そうめん」のように麺にはできず練って（蕎麦掻《が》きで）食べており、ポルトガルが持ち込んだ小麦粉を混ぜて打つと「うどん」のように製麺できたので福岡（発祥の地↓100）から江戸まで広まった。蜀山人が愛でた「深大寺そば」は徳川家光も食べている。奈良の三輪で「そうめん」をつくっていたところにポルトガル人がパンの原料として大量の小麦粉を持ち込み天麩羅や南蛮菓子、そして「そうめん」（島原の乱後の復興策として小豆島から農民を島原に移住させ小麦の栽培を奨励）ができた。

山形県、新潟県に多い即身仏は、衆生救済を願い土中で「穀断ち」（米・麦・粟《あわ》・豆・黍《きび》・稗《ひえ》など）・瞑想を続けた修行僧のミイラ。しかし「般若湯《はんにゃとう》」（「五戒*（不飲酒戒）」を破った僧侶の隠語）もあり、「黒麦」と呼ばれていたなら五穀の一つに当たるが「蕎麦」は「五穀」にあらずと食した修行僧もいたのではなかろうか。

＊「五戒」（不殺生戒《ふせっしょうかい》、不偸盗戒《ふちゅうとうかい》、不邪婬戒《ふじゃいんかい》、不妄語戒《ふもうごかい》、不飲酒戒《ふおんじゅかい》）を課され便法をあみだす僧侶もいた（↓797「屁こき比丘尼」）

516

そぼろ（粗朧）

挽肉《ひきにく》や卵に味をつけて煎《い》った日本料理「そぼろ」がある。これを食べたポルトガル人があまりに美味しかったので「金賞に値する！　sob ouro! ソブオウロ！」と絶賛。これが「そぼろ」で「朧月《おぼろ》」のように「ぼんやりした」という語感もあり「そぼろ」が広まった。長崎の「浦上そぼろ」は、まったく「そぼろ」ではない豚肉料理（↑これもポルトガル人が「ソブオウロ！」と言ったもの）。

517

そら（空）

「色即是空の空」を「そら」と訓読みしたのはいつだろうか？　これも葡語。「空」には「太陽」。葡語で「太陽」は「ソル sol」、その形容詞が「ソラー solar」で、英語も同じ。

「そら」が葡語の「ソラー solar」だとすると万葉集や竹取物語にある「空」は源氏物語の「空蝉《うつせみ》」のように訓読みを模索していたのではないだろうか。

518

ぞろぞろ

葡語 zorra ゾラは「のろくさい人」。「ぞろぞろ出てくる」様子は余り良い感じはしない。

519

ソワソワ

「ソン som」は「音」、英語の「サウンド sound」。「ソニー SONY」は一見その形容詞だが、英語の「息子 son」が「sun 太陽」と同音「サン」でその形容詞「sunny 陽当たりのよい」から SONY と造語し「ソニー sony 坊や」を広告にした。葡語「ソン som」（音）の動詞「ソアー soar」は「音を立てる」。「ソワソワしだす」は「静かな状態で音を立て始めること」。

520

…だ

明治時代の言行一致で「já que じゃけ（↓404）」から「じゃ」（↓399）が独立し「だ調」（肯定・断定）が生まれる。ロシア、ブルガリアなど東欧圏で肯定するとき「ダ（Да）」、また東北弁で「ンダ」と言うのは偶然の一致だろう。

521

たあいない（他愛ない）

葡語 tá aí タアイは「そこにいる（ある）」意味（↓522「…たい」）。「タアイない」は「そこにいるかいないかわからない」↓「他愛ない」と音から漢字を当てた。「正体がない」から「体」は「たあい」と長呼したとする辞書もある。

522

…たい

九州の男性は「…たい」と言い切る。「…ばい」が強い断定なら「…たい」は軽い断定。葡語の「そこにある（いる）Está aí.」を、口語で略して「タイ Tá aí.」、英語では「Be 動詞 + there」、You are there. It's there「そういうこと！　ほらね。」といった肯定的表現。この「タイ」は「おせったい」の「たい」（↓150）。

ボサノバのリズムで女性歌手が静かにしっとり

♪ Tá aí. Tá aí. O meu desespero tá aí.

♪タイ、タイ、オ・メウ・デゼスペロ・タイ♪

（そこにあるの、そこにあるの、私の絶望が、そこにあるの）と歌う。

「…たい」は「…がそこにある」、つまり「…ということ」と、軽く（存在を）肯定する場合に使い、もっと強く断定する場合は「…ばい」を使った。いずれも葡語。

523

たいせつ（大切）

「タイセツ」とは「セッタイ＝接待」(Es) tá aí.（↓150）の逆か?と思いきや、今昔物語に「大切に申すべき事候ふ也」の用例あり。「切に」（源氏物語、枕草子）思うこと、また特段の願いを「大切」と言ったのは平安・鎌倉の頃だろう（「大切」は中国語にはない）。「ドチリーナキリシタン（↓635）」に「タイセツの深く甚だしきほど」、日葡辞書にも「タイセツ」がある。宣教師たちが「神の愛 amor」を（「大切」に「御」をつけ）「デウスの御大切」と命名したこと（↓1「愛」）から一項目とした。

524

だから

因果関係を表す「já que じゃけ（↓404）」から「じゃ（↓399）」が独立して日本語に「だ調」が生まれる（↓520）と「だけ」だと（因果関係か限度か）わからなくなるため、因果関係の「だから」、限度の「だけ」を区別した。葡語 já que の「じゃ」から「だ調」成立の過程で因果関係を表現する必要から「だから」が広まった。「じゃけ」「じゃから」は瀬戸内海沿岸の言葉（九州の豊前豊後地方にも及ぶ）。

525

たかる（集る）

葡語 tacanho タカニョ「こすい、けちな」が語源。他人に「集《たか》る」のは自分が「けち」だから。

526
たくさん（沢山）
「贅沢（↓486）が山のようにある状態」を「沢山」と言った（無い者は沢山あれば贅沢できると思った）。

527
たくみ（匠）
「匠《たくみ》」の語源も不明という。葡語「タクメ 'ta cume」は「道を究めた人」。

528
たくる
葡語 tacada タカーダは「（ビリヤードの）一打」。長いスティックで丸い球を打つとき長袖をたくって（腕まくりして）打つ人が多い。

529
たこ（胼胝）
葡語 tacão タコンは「（靴の）かかと」。

530
たこべや（蛸部屋）
ポルトガルの古語で taco タコは「飯《メシ》」Pequena refeição entre o almoço e o jantar

（昼食と夕食の間の小食事）。今でも「工事現場近くに仮設された作業員の宿泊場」を「飯場《はんば》」と呼ぶのはその名残。「蛸」は当て字。

531 ダサい

「ダサい」の語源も葡語「デサイール desaire」（優美でないこと、ぶざま、下品、やぼ、不面目、無愛嬌）。

532 だし（出汁）

葡語「ダシ dá-se」は「そのもの自身を出す」という意味（↓558「だらしない」）で「そのもの自身の味を出す」、つまり「アク」を取って（除去して）昆布、魚ほかの動物から「ダシ」を取った（獲得した）。

祖父母の時代、九州では「スープ」を「ソッパ」と呼んでいたが「ソッパ sopa」は葡語。

533 だし（山車）

「出汁」（↓532）ではなく祭りの「山車」。葡語では同じ（飾り、演出物 dá-se）。そう言えば「出汁」も料理自身を「飾り、演出」している。

534
だじゃれ（駄洒落）

「みずからはいみじと思へどいとくちをし」＝「自分ではカッコいい、シャレてると思っているが、他人から見ればちっともカッコよくない」と強く否定して「シャレ」に「駄」をつけた。

535
たすきがけ（襷掛け）

葡語 tasca タスカは「居酒屋」。飲み屋は主人も従業員も襷掛けがよく似合う。「襷」は国字。

536
ただ（只）

葡語会話で「dá ダ」は肯定・容認（↓520「…だ」）。

宣教師たちがキリストを題材にした芝居を興行した。入り口で入場をチェックしていた神父が信者に「tá dá タダ（あなたはＯＫ）」と言ったことから「タダ」が無料の意味になった。

537
だだ（駄々）
「（大人が）それはダメ！＝ノンダ（não dá）！」と禁止すると赤ん坊は「いいでしょ！　いいでしょ！＝ダ！　ダ！dá! dá!（↓520「…だ」）」と泣き叫び「駄々をこねる」。「泣く子と地頭には勝てない」のは昔から。

538
たたる（祟る）
葡語tatalarタタラー「（骨と骨がぶつかるような）ガサガサ音がする」。不気味な音に「何かの祟り」を感じた。

539
たった
無料に近い少量であることを強調した。（↓536「タダ」）

540
たて（殺陣）
「殺陣《たて》」は「芝居や映画で、ちゃんばら（や格闘）の演技をすること。たちまわり」。これは葡語の動詞「タテアー tatear」（接触する、触れ合う）から。

541

たてまえ（建前　点前）

葡語 tatear タテアー「ためす」から「点《た》てる（↓542）」「点前《たてまえ》＝（茶の）点て方」など「（茶の）作法＝外形的行為」になり、これと「内面の意識」との違いを説明対比する言葉として「建前と本音」が生まれた。「建前と本音≒忖度《そんたく》」（日本人独特の行動様式）は easier said than done（言うは易く行うは難し）。

542

たてる（点てる）

「お茶を点てる」の「点てる」は葡語 tatear タテアー（ためす 探る）から。コーヒーはバリスタ、ワインはソムリエが「テイスティング」（試飲）する。日本酒なら「利き酒」だろうか。「野点《のだて》」は屋外での茶会。

一方 temer a Deus テメーアデウス「神前で儀式を行う」（↓159）から「お茶を点てる」ことが儀式化され「（茶）道」にまで高められた。

543

たどん（炭団）

「ドン（↓658）」は人名につく敬称（西郷どん、など）。筑豊炭田全盛のころ地元の産炭地では八幡製鐵向けに出荷できる石炭ではなく（売り物にならない）石炭の粉

544

を集めて加水・成形した石炭団子を筵《むしろ》の上で天日乾燥させた「炭団」を燃料にしていた。経済の源泉たる石炭にはたとえ粉塵でも敬称「ドン」をつけた。

たなばた（七夕）

牽牛織姫の「七夕」伝説（中国）を日本で「たなばた」と読むのはなぜだろう。「棚《たな》田にお盆に幡《はた》を立てた」古事記、日本書紀説があるが、古来よりそう呼んでいたなら紫式部や清少納言が書いていたはずだし、棚田はどこにでもあるわけではないのにどこでも「七夕」の慣習はある。「タナボタ」が日本語になったように葡語「タナバタ」Tá na bata. は「白衣を着ている」意味。

梅雨明けの暑い夏、浴衣《ゆかた》に着替えて夕涼みの様子をポルトガル人が「タナバタ」＝「浴衣を着ている」と言ったことから、中国語「七夕《シチセキ》」を「タナバタ」と訓読みした。「たなばた」は源氏物語にはなく枕草子に「賀茂の奥に、たなばた

の渡る橋にはあらで」などがあるが、葡語でも説明できる。

545

タナボタ

諸説ある「ボタ餅」の起源だが「タナボタ」となるとどの説も一斉に沈黙し、なぜ「棚からボタ餅」なのか、と首を傾ける。これも葡語でならわかる。bota は古語で「つまらぬこと、小賢《こざか》しい嘘」。当時親切な日本人が「○○したらいいよ」とアドバイスしてやったところ、ポルトガル人は「タナボタ」＝「またそんなウソ言って」と信用してくれない。しかし後日、日本人のアドバイスが正しいと判明して「ほらあなたが『タナボタ』と言って信じなかった件ですよ、ホントだったでしょ？」と言った。最初は信用されずに、あとからそれが正しいとわかって「ウソから出たマコト」に近い感覚のポルトガル人に、日本人は胸を張り

ほら、
ホントだったでしょ。
あなたが
タナボタ
(ウソだろ)
って言ってたの。

溜飲《りゅういん》をさげたのだった。

葡語会話で「タナオラ Está na hora.」（時間ですよ）とよく言う。それと同様に、当時のポルトガル人は「タナボタ Está na bota.」（つまらんこと言って＝ウソでしょ）を多用した。後からそれが正しいとわかり、当初信じてもらえなかった日本人は「ほら、あなたが『タナボタ』と言った件ですよ」と言って、信頼回復・名誉挽回を図った。現代日本語では「予想外（＋α《プラスアルファ》）の利益」の意味で使っている。

546

ダニ（壁蝨）

葡語 danificar ダニフィカーは動詞「害を与える」。辞書（広辞苑など）には「壁蝨は和名（類聚）抄にあり」と記されるが、問題は「その漢字を当時どう発音したか」である。

547

たのしい（楽しい）

葡語 tá no si タノシ、si シは「自分自身」（再帰代名詞）で英語の himself, herself, itself, yourself, yourselves, themselves に当たる。(Es) tá fora em si は「自分自身の外」の意味から「自分を失う」「我を忘れる」「自暴自棄になる」「逆上する」、その反対 (Es) tá no si タノシは「自分自身の内」↓「自己満足している」の意味。

文法的に si シは代名詞だから本来は (Es)tá em si。しかし当時の日本人には「冠詞 o は代名詞にはつかず em は no にならない」など文法はわからなかった。

548 たばこ（煙草）

十五世紀コロンブスが発見した tabaco「たばこ」は十六世紀ポルトガル人船員が日本に伝えた（それまで日本には喫煙の習慣はなかった）。

549 たび（足袋）

「足袋《たび》」は葡語の「タビーク tabique」（皮膜）から。

550 ダフ（屋）

前売券を買い占めて当日高く転売するビジネスモデルは古今東西変わらない。（入り口までの）「通り《ストリート》」（= rua フア）で、当日券が売り切れて困っている人に高く売り付ける。この「da rua ダフア」（通りの）売人を「ダフア」「ダフ屋」と言った。「ダフ」はカタカナ表記でいかにも外国語（辞書の「フダ（札）」倒語説はいかにも業界らしい説明だが当時の「入場札」は「木札」で転売などできたのだろうか）。

551

たぶらかす（誑かす）

葡語 tabu タブー（英語 taboo）は葡英辞書に setting persons apart as scared or cursed（怖がらせ、また呪われていると言って人を遠ざけること）とある。

552

たまがる

九州弁で「驚く」ことを「たまがる」と言う。これも「たまらん」と同じ「タマランドロ！ 'ta malandro!'」から。それまで親友と思っていた人に突然裏切られ「たまらん」（↓555）という動作「たまがる」から。

553

たまげる（魂消る）

平家物語や山家集の「魂消《ぎ》る」を見出しにして「たまがる」の類語とする辞書もあるが、「たまがる（↓552）「たまげる」は「驚く」意味（九州の方言）で「魂消《ぎ》る」「魂切る」（うろたえる）は別語。

554

だます（騙す）

螺鈿は貝殻の裏面（真珠層）を切り出した素材を漆器などの表面の彫刻部分に

嵌《は》め込む日本の伝統技法。これを見たポルトガル人、感激して「ダマスコ Damasco（の象嵌）のように美しい」と言った。

シリアの首都ダマスコ（英語名：ダマスカス）は世界最古（一説では一万年前から）の都市で地下遺跡の全容を掘り出すのは不可能と言われ、もちろんキリスト教より古く聖書にもダマスコと記される。そのダマスコ発祥の名産品が象嵌（象眼）、金属に彫刻を施し金や銀を嵌め込んだもので、シルクロード経由で日本にも伝わってはいたが、ポルトガル船来航時に象嵌の製品とともに新製法も伝わった。

螺鈿を見て感激したポルトガル人が「（まるで）ダマスコ Damasco の象嵌のようだ」と言ったのを、漆器の花鳥風月の図柄が「（まるで）本物のようだ」、「本物のように見せること」＝「ダマスこと」と受け取った。

555

たまらん（堪らん）

これまでの親友に突然裏切られ、てっきり善人とばかり信じていたのに「おまえは悪人だ！」。葡語で「タマランドロ！ tá malandro!」と叫ぶ。これから「たまらん」が広まった。「たまらん」の「た」は「タナボタ」の「タ」（↓545）。

556

ダメ（駄目）

「ダッコ」は「ダコウロ dar couro（肌を与える）」（↓179）。「私に与えなさい、私にください give me」は葡語で「dar me ダメ」。ポルトガル人の依頼に応じた日本人、ポルトガル人に代わっていろいろするが、どうもポルトガル人の気に入らない。イライラ（↓88）したポルトガル人は（自分でやろうとして）「私にかしなさい」「（チャンスを）私に与えなさい」を意味する葡語で「Dá me ダメ（私にかしなさい）」と言った。これを聞いて「（自分が）してはいけないこと」は「ダメ」と言うものと勘違いして「駄目」という漢字を当てた。

557

だらく（堕落）

隠語《スラング》（calão）dará cu ダラク（尻の穴を与える）。意味は ter sexo anal enquanto participante passivo、和訳はしない（↓266「くだらん」）。正確に知りたい方は辞典で調べてほしい。現代中国語では「腐敗」。「堕落」は信仰心を失い悪道に堕ちる意味に使うが仏教の経典には見当たらない。

558

だらしない

神父は信者にわかりやすく、聖書の言葉を使って日常の弁《わきま》えを説いた。自己実現するにもまず弁えて自分自身を表現することが肝腎。これを神父は「ダルセ darse」と言った（↓532）。周囲の者との関係を大切に整える、それが「ダルセ」である。「周囲の者との調和がない」ことを「ダルセない」と言い、「ダルセない」↓「だらしない」となった。（↓779「ふしだら」）

559

たらふく（鱈腹）

葡語タラ tara は「風袋《ふうたい》」（英語 tare）（↓950「やたら」）。宣教師の言葉「やたら」は「もう袋一杯です」、「たらふく」は「袋一杯（たくさん）富《フ》く」。腹が膨れて大きくなる（産卵期）は鱈に限らない。「鱈」は葡音「タラ」から日本人が創った国字。

560 たわけ者（戯け者）

葡語 tá acusado! タアクザードは「おまえはやくざ者だ！」。（↓942）

561 たんか（啖呵）

葡語 tanque タンク「水槽、水瓶《みずがめ》。「啖呵を切る」は「堰を切る」。「啖呵」は中国語にはない。

562 だんご（団子）

葡語 dão goma ダンゴマ「護摩焚きの供物」（↓330）。dão は dar (= give) の三人称複数。これから広く「神仏への供物」になる。漢和辞典に「団子」はなく、中国語では「餃」。

563 たんぜん（丹前）

西洋のストーブは部屋全体を暖めるが、日本では火鉢で暖を取り綿入れを着て身体を温めていた。「先生」を「しぇんしぇー」と発音する九州で「丹前」は「たんじぇん」。葡語 tangente タンジェンテは「接触する」、会計学で特許権、商標権など実際に接触できない資産を「無形資産Intangible Assets」というが、ポルトガル人が綿入れの着物が全身に接触（両腕に密着）していることを「タンジェンテ」と言ったので漢字「丹前」を当てた。高校数学（三角関数）のtanタンジェントは「正接」。中国語に「丹前」はない。

564

だんだん

九州・四国・中国地方では「だんだん」を「徐々に」のほかに「（ありがとね）よしよし」の気持ちで使っていた。葡語Dão para fazer …（…してもよい）のようにdãoダォンは許容（↓607「…で」）。許容するから感謝なのか、感謝するから許容できるのか、「（…しても）いいよ、いいよ」＝「だんだん」は「許容」「感謝」を表す言葉。スワヒリ語の「ポレポレ」（ゆっくり、ゆっくり）」のように「だんだん」を多用した。喧嘩も紛争もない、なにやら昔ゆかしい言葉。反対語は「ギスギス」だろうか。

565

たんと

「タンtão」は「とても」の意味。「たんと」はそれに「と」をつけ副詞（連用修飾語）になったかのようにも見えるが、葡語には「タントtanto（多くの）」という形容詞があり、前述の「と」をつけて副詞（連用修飾語）にしたものではない。しかし日本語では「うんと」も「たんと」も同義に使われた。「タン tão」は「スカタン sucatão」（↓443）のように語尾につけて（スカの）強調形（Aumentativo）になり、前置すれば直後の形容詞・副詞を強め so … that の so（とても、そんなに）、(much) more … than の (much) more に相当する。日本人は「タン tão」を聞いて、スカタン、アンポンタン、アホタン、ボンタンから、若者言葉の「やばたん」＝とてもヤバい、「つらたん」＝とてもつらい、「こわたん」＝とてもこわい、「かわたん」＝とても可愛い、まで日本語化した。「満タン」の「タン」はタンクの「タン」なのだが、葡語「たくさん」の語感がある。イタリア語（音楽用語）Allegro ma non tanto は、アレグロ＝生き生きと、マ＝しかし、ノン・タント＝それほどではなく、は日本語の語感。

「とん tão」と「たん tão」とは同一の葡語からであるのは「パン pão」と「ポン pão」と同じ関係。（↓1009）

566

○○○○

葡語 tampa タンパは「栓」。その拡大辞 ão をつけた強調形「大きい栓」が tampão ○○○○。本来医学用具で英独語の tampon「止血栓」。平成になって商品名にしたもので桃山時代からの葡語ではない。

567 チカ〔ッとする〕

(↓381「シカトする」)

虫に刺されたとき「チカッとした」と言う。葡語 cicatriz チカトリスは「傷あと」。

568 チクる

葡語 cicuta チクタは「毒草(毒人参、毒セリなど)」。「チクタ」は名詞なのだが動詞の過去形「チクッタ」(毒を盛った)に聞こえた。

569 ちちんぷいぷい

「ちんちん = tintim」は「あっちもこっちも」(↓316「こちんこちん」)。「pui プイ」は「滑らかに治まる」。洋の東西を問わず子どもの痛みには「痛いの、痛いの、飛んでけ!(=Pain, pain, go away!)と言うが、まだ言葉の意味がわからない赤ちゃんには「ちちんぷいぷい(あっちもこっちも良くなれ!)」とおまじないを唱えた。

570

ちっこい

葡語 tico チコは「非常に小さい」。ブラジルに tico-tico チコチコという小鳥がおり、名曲 tico-tico no fubá チコチコノフバーは本来「エサを（せわしげに）啄《ついば》む小鳥」だが（エサを啄むのに忙しく現在の生活に満足している姿から）「結婚しない独身男」の意味もある。

571

チビ

葡語 tíbio チビオは「微弱な」から「小さい」「小人」「（酒を）チビチビ」「チビる」「ビビる」などに転じた。

572

チャカ

警察用語かヤクザ用語か、拳銃を「チャカ」と呼ぶ。引き金を引くときの音「カチャ」の倒語（↓823「弁当」）で鉄砲（火縄銃）からポータブルな拳銃（短筒）が考案された。

573

ちゃかす（茶化す）

葡語 chacotear シャコテアは「からかう　ひやかす　あざける」。信者に神父は O gentio chacotea.（異教徒はシャコテアするもの）と言った。この「シャ」が東進して「チャ」になり（↓578「チャンとする」）「チャカす」「茶化す」となった。

574

チャラ

「チャラい男、チャラ男《お》」「チャラチャラしてる」と言う。「内容・中身がない、内容空虚な」の意味だろうが、この「チャラ」とは何か。中国に進出した日本の百貨店が反日デモで破壊され、大損害を被って何もかもが「チャラ」になった。それが中国流なのだろうか。葡語の「チャラーダ charada」は「なぞの言葉、やり方」。「チャンチャラおかしい」は、中国流のおかしさを揶揄《やゆ》したもの。

575

チャランポラン

中国陶器「景徳鎮」は有名、陶磁器は china、漆器は japan と中学英語で教わる。日本の漆器のルーツは中国で、殷の時代から中国で盛んにつくられ、現在も漆は揚子江上流から輸出されている。

欧州の貴族が china や japan を珍重するあまり需要に追いつけず、粗悪品が出回った。不良品が「シャランポラン charã porão」、それが訛って「チャランポラン」になった（↓578「チャン〔とする〕」）。

需給関係が壊れると問題がいろいろ発生する。「石炭ガラ」の詰まった箱を輸出するのは論外だが、品質クレームは難しい。顔も見えず言語も違う相手との貿易は厳格な品質条件が要求され、国際貿易条件（インコタームズ）ができるまでは「チャランポラン」が多かった。

576

チャリンコ

「チャラ」は「中国の流儀」（↓574）で「チャラい男」はネガティブな表現。当時の日本で外国と言えば唐（中国）で葡語 charada シャラーダ「わけのわからぬ言葉」は中国語を指した。日本でも明治になって自転車が入ると、こんなに速く走り「食い逃げ（無銭飲食）」されては困る、とネガティブな意味で「シャリンコ→チャリンコ」「チャリ」と呼んだ。

数年前、駅前商店街の雑踏を自転車で徐行していると、「キャー、助けて！」と女性の悲鳴。見ると体育会系とおぼしき丸坊主の大男が太い左腕で彼女の胸倉を掴《つか》み上げ、今にも一発、と右腕を振り上げていた。咄嗟《とっさ》に「待て！　それ以上やると逮捕するぞ！」と大声で叫ぶと、男は怯《ひる》み手を放し言った。「自転車でチリンと鳴らしたらこいつ『うるせえな』って言いやがって！」、女性は「すみません、もう言いません」と謝るばかり。

男はてっきり「この爺さん、警察関係者」と思った。「現行犯は一定の条件のもと一般人でも逮捕できる」《刑事訴訟法「私人逮捕」》がひらめいたわけではないが、老骨も鞭打てば暴行・傷害罪を未然に防げ、二人を救った。

577

チャルメラ

葡語 charamela シャラメラ（中国語「嗩吶」）は十六世紀中国に伝わったペル

シャの木管楽器でポルトガル船で日本に伝わり豆腐売り、ラーメン屋台の音になった。ドレミ～レドドレミレドレ～と三音だけで吹けるラーメン屋台の音をたて笛で真似た記憶があるのは昭和世代だろう。

578

チャン〔とする〕

九州では子どもに「しゃんとせんね（ちゃんとしなさい）」と言う。この九州の「しゃん」が関西以東「ちゃん」に変化するのだが、この「ちゃん」、九州の「しゃん」とは何か、いくら考えてもわからない。直方文化連盟の会長からご指摘があり、調べると、これも葡語の「シャン chão（= ground, floor 床、フロア、大地）」。「しゃんとせんね（ちゃんとしなさい）」は「地に足がついたことをしなさい」という意味。さらに「しゃんしゃんしとう」は「しっかりしている」「元気な様子」を言う。このように何げない日常の中に葡語が根付いている。

英訳するのに苦労するのは「何がチャン（当たり前）なのか」が人により違っていることで、ビジネスでは「然るべく（duly）」と訳すことが多い。また地方選挙で「当たり前を当たり前に！」だけを連呼して何期も当選している市議会議員がいる（「何が当たり前なのか」を問うのが選挙のはず）。

579

チャンバラ

広辞苑には「チャンチャンバラバラ」とある。誰が書いたか、語源の説明ではない。

天下統一を果たしたポルトガルの鉄砲＝銃弾（bala バラ）は当時最強の武器（↓733 734）。一方、京都の先斗町（↓861）の祇園を模した花街は全国にあり地方に行けば行くほど芸事より置屋（売春宿）になり、「女主人＝チャン」同士の喧嘩が絶えなかった。「女主人 tiã チャン」が刃物で戦う様子を武器（バラ）に見立て「チャンバラ」と揶揄《やゆ》した。当時置屋の女主人の気丈さは想像以上。客の支払いを含め女達の一切を取り仕切り縄張り争いなど女同士派手に戦った。そんな光景から生まれた言葉とも知らず子供達は無邪気に「チャンバラ」に興じる。

580

チャンポン

全国チェーン「リンガーハット」の本店は長崎で、「チャンポン」は魚介スープに中華麵。モヤシとキャベツにアサリ、タコ、イカ、カマボコなどをトッピング、これを見たポルトガル人はまるで「三板＝シャンポン champão」（何でも載せる中国の小舟）のようだ、と言った。英語の sampan は葡語「シャンポン champão」。これが「チャンポン」になった（↓578「チャンとする」）。

581

ちょうはん（丁半）

サイコロの「丁半」、偶数（二の倍数）が「丁」で奇数が「半」。これも葡語に由来する（↓938「八百長」）。ポルトガル船は目新しく興味津々の舶来品を積んできた。大工職人が一番驚いたのは「釘《くぎ》（↓263）」「鎹《かすがい》（↓188）」など木材の強度を高める金属類で、その中に品物を積んだ箱（今のコンテナ）の蓋《ふた》を開閉する金属があり、陽光に戯れる蝶

の姿を思い「蝶番《ちょうばん》」と名付けた。「ちょう」は「蝶番」の「蝶」（二枚の翅《はね》があり、二匹の蝶が番《つが》うので）から二の倍数、「蝶番」で箱の蓋がガマの口のように開くので葡語 rã ハン「ガマ」から「半」と書いた。「蝶番」をいちいち書くのは面倒なので最少画数の「丁半」になった。

582 ちょこ（猪口）

葡語 tico チコ「小さい　少量の」（↓570）を聞き「猪口」と書いた。「ちょこっと」「ちょこまか」など。

583 チラシ

「チラシ」「散らす」は葡語 tirar チラー「（印刷して）発信する」から。

584 ちらし鮨

「チラシ（↓583）」同様「散らす」が語源だが、動詞 tirar チラーには tirar um pedassinho do espêto「（長い串に刺した肉の塊をテーブルまで運ぶ料理《シュラスコ》で）テーブルで串から一切れ削《そ》ぎ取る」意味がある。「削ぎ取った（刺身の）盛り合わせ」が「ちらし鮨」。

585
チラッと（見る）
動詞 tirar チラー「（本のページを）めくる」から。「ちらつく」「チラリ」「チラチラ」は男性に多い。

586
チリ紙（塵紙）
「古新聞、古雑誌〜」お馴染みの「チリ紙交換」。そう言って交換するのはトイレットペーパー（ロール）だが、本来「チリ紙」はただの（吸湿性のある）紙でトイレに何枚も重ねて置いてあり、それを一枚ずつめくって使った。
葡語の動詞 tirar チラー「めくる」（↓585「チラッと」）から「チリ紙」になった。

587
チリンチリン
鈴の音が「チリンチリン」と鳴る。葡語 tlintlim チリンチリン（擬音）から。

588
チワ（痴話）喧嘩
葡語 tia チアは「おばさん」。当時「置屋のおかみ」が「取るに足りない（多くは男女間の）こと」で連日のように喧嘩していた（↓579「チャンバラ」）。それを見て男性が揶揄した言葉だろう。

589

ちんちくりん

「ちんちくりん」の音はそのまま葡語で tin-tico-rim「小さい腰」。tin- チンは「珍」、tico- チコは「非常に小さい」（↓570）、rim リンは「腰」。つなげて「背丈が短い体形」（蔑称）。

590

ちんちん

葡語「チンチンポルチンチン」(tintim por tintim) から。ここでは説明を繰り返さない（↓316「こちんこちん」）。「チンチン電車」は音から。「あっちでもこっちでも」の意味で「チンチン」と言った。「ちちんぷいぷい（↓569）」の「ちちん」と言い、日本でこのように使われるとは宣教師もさぞビックリ（↓754）だろう。

591

○○○（跛）

葡語 timbale チンバレ「太鼓」から。現在のオーケストラのティンパニーもそうだが、昔から西洋の太鼓は（サルサなどラテン音楽のティンバレスも）左右に一対

（二個）が多く、ポルトガル人が和太鼓（一個）を見て「チンバ」（太鼓）と言うので「一対（二個）の一方が欠ける状態」と思った。差別用語だが過去の言葉の語源を記す。

592 ちんぴら

葡語 tinta pirata チンタピラタは「ちょっぴり悪漢」、「ちょいワル」。

593 チンプンカンプン

葡語 tipão campão チポンカンポンは「田舎っぺの典型」。tipo チポ「タイプ」、campo カンポ「田舎」の両語とも強調形。山奥から出てきたような全く話が通じないタイプ、という意味。

ポルトガル人神父に庭師の紹介を依頼された信者（日本人）が隣村の人物を教会に差し向けた。面接を終えた神父に庭師の印象を訊くと「チポンカンポン（全く話が通じないタイプ、田舎っぺの典型だった）」と答え、葡語「チポンカンポン」が「チンプンカンプン」に聞こえて、「まったくわけのわからぬ」意味になった。

594

ツボ

美術品のツボも鍼灸のツボも「壺」（辞書）。だが鍼灸のツボは陶器の「壺」ではない。葡語 tubo ツボは「管」で英語の tube。

日本初の病院（↓341「凝る」595「つまらない」）で患者の血管と神経の集積点をポルトガル人が患者の血管「tubo ツボ」を目安に探し「ツボ」と言ったのが漢方の鍼灸点になった。漢方の本場中国では鍼灸点を「穴位」と呼ぶ。

595

つまらない

葡語 tumorão ツモラン（tumor ツモール「腫瘍」の強調形 Aumentativo）は「大腫瘍」。ポルトガルが開設した日本初の病院に駆け込んだら「ツモラン（大腫瘍）」と言う神父の表情から「助かる見込みがない」の意味と思った。当時の医療水準では「大腫瘍」が出来たらもう終わりだった。九州では「壊れて役に立たないモノ」を「つまらん」と言う。

596

つまり（詰まり）

動詞 tomar「引き受ける」の未来形（第一人称）tomarei トマレイ＝ I will take it.

「私が相手をしよう」「私に言わせれば」の意味（↓645「とどのつまり」）。「はっきり端的に言う」意味になった。

597

つや（艶）

久しぶりに会った日本人にポルトガル人がTu ia jovem. ツィア…（むかし君は若かった）と言ったのを「むかしはツヤがあった」と聞こえ漢字「艶」（豊＋色）を訓読みした。中国語の「艶」は男女間では使わない。

598

ツラ（面）

葡語turraツラは「額を突き合わせての口論」。ヤクザが「どのツラ下げて…しよるんじゃい！」と啖呵《たんか》（↓561）を切るときは尋常ではない。

599

つらい（辛い）

「つらい」も漢字がない。葡語「ツラturra」は「頑固者、強情者」。たしかに頑固な上司がいたら部下はつらかろう。

600
○○○（聾）
「○○○」は túmulo ツムロ「墓地　埋葬」。たしかに死者には聞こえない。これも差別用語。

601
テーマ
日本語の「テーマ」、英語では「シーム theme」、この葡語が「テマ tema」。

602
デカ（刑事）
葡語 decapitador デカピタドールは「馘首《かくしゅ》する（首を取る）人」「ホシ（＝犯人）を挙げる人」。

603
デカい
葡語 deca デカは「十倍」（decagrama デカグラム decalitro デカリットルはそれぞれ十グラム、十リットル）。物語集「デカメロン」（十日物語）の「デカ」に代表されるラテン語 deca デカはギリシャ語にも同じ言葉がある。

604

テカる

葡語 teca テカは俗語で「金銭、財産」。たしかに美しい輝きは「テカる」とは言わない。

605

テキヤ（的屋）

葡語 tecó テコは「常連」。神社の祭で沿道（境内の参道）に並ぶ野師（↓947）の露店（↓991）は昔からの風景。どこの祭でも店の顔ぶれは同じ「常連」（テコ）だった。彼らはそれを生業《なりわい》にしていたので「屋」をつけて「テコヤ」が「テキヤ」になった。「射的《しゃてき》の的」説があるが「テキヤ」は射的屋に限らない。

606

デコ（師）

備前焼を焼く前に粘土を成型し型抜きをする（飾り付け）職人を「デコ師」と言うが、葡語 decorar デコラー「飾る」から。フランス語「Art Déco アール・デコ（装飾美術）」英語「デコレーション（ケーキ）」の「デコ」。

607

…で〔す〕

葡語会話で「dáダ」は容認・断定（OK）、「não dáノンダ」は禁止（ダメ）。赤ん坊はまず母親の「dáダ não dáノンダ」で「してよいこと」「いけないこと」を学ぶ（↓537「駄々」）。そして大人になると「よいと思ってもしてはいけないこと」＝婉曲表現を知る。

この成長過程から自然に、強い断定（強調）の「だ調」、弱い断定（婉曲）の「です調」が生まれた。文法的に言えば「dáダ」は直説法、「dêデ」は接続法。九州弁の「ばい・たい」も同じ肯定ながら強調・婉曲の差が生じた。

明治になって日本語の文体「ます調・です調」「だ調」ができる。「ます調」は丁寧語「もうす」（申す）からであり、断定の「だ調・です調」の起源は葡語の「強調・婉曲の差」にある。

608

でし（弟子）

かつて「弟子」は「ていし」と読んだ。論語「弟子入則孝、出則弟（弟子《ていし》入りては則《すなわ》ち孝、出ては則ち弟）」（年少者は家庭内では父母に孝行し、社会に出たら先輩に仕える）。いつから「でし」と読むようになったのだろう。

葡語 desce デッシは動詞 descer デッセー（下降する）から「目下の」を表す。歎異抄を書いた唯円は親鸞の弟子《でし》とされるが、当時は弟子《ていし》と言った（「子弟《してい》」「門弟《もんてい》」「師弟《してい》」「舎弟《しゃてい》」「弟妹《ていまい》」など）。

609

デタラメ（出鱈目）

「デタラメ」は、日本人の言葉が信用できない場合に宣教師は Eu não quero você deter me.「…ヴォセデテルメ」「（あれこれ言って）私の仕事を遅らせないで」と言った。日本人の耳には「デタラメ」と聞こえ「出鱈目」と書いた。

610

でっち（丁稚）

葡語 deci デシは「十分の一」を表す接頭辞（decigrama デシグラム decilitro デシリットルはそれぞれ十分の一（十分の一グラム、十分の一リットル）。愛弟子《まなでし》というように弟子（→608）は対外的に一人前でいずれは師匠になれる人材だが、丁稚奉公の丁稚は「使い走り」。漢語だった弟子《ていし》を弟子《でし》と呼び、関西の商家に年季奉公する年少者「丁稚《でっち》」（江戸の「小僧」）が登場するのは桃山時代以降。

611

デッチ上げ（捏っち上げ）

葡語 desce、deci デシから「弟子」「丁稚」と呼ぶようになる。番頭になるには、まず丁稚奉公しなければならなかった時代。「丁稚のクセに」という言葉ができたように丁稚が主張しても「デッチ上げ」と言って誰も相手にしなかった。「捏っち上げ」ではなく「丁稚上げ」（葡語の音に「捏造」の「捏」を当て「（事実を）捏《こ》ねる」と訓読みした）。

612

てっぺん（天辺）

葡語 topão トッペンは topo「頂上」（英語 top）の強調形（Aumentativo）、「頂上の先端」。

613

デブ

葡語「デボッシェ deboche」はフランス語の débauche（放蕩《ほうとう》、放縦）。辞書には「過度な身なり」Excesso de desregramento de costumes とある。この「デボッシェ」を聞いて「太り過ぎ」を「デブ」と言うようになった。

614 デマ　デマかし

「デマ」という名詞があるのは日本語だけ。なぜか。葡語の「ゴマ（嘘）」と語呂を合わせた。

「デマ」は「〔デマゴギーの略〕①事実と反する扇動的な宣伝、悪宣伝　②ためにする噂話、中傷」（『広辞苑』）。英独仏の辞書に dema は見当たらないが「デマゴジー demagogy」（扇動運動）はある。葡語の「デマゴジア demagogia」を聞いた日本人は「ゴマ goma」（嘘）の一種として「デマ」を定義し、日本語独自の名詞が生まれた。（口から）「デマかし」に「ゴマかす」と語呂がよく、さらに葡語の「デマイス demais」（やり過ぎ、過多・過度に）の語感も「デマ」の拡散を助長した。

615 でれでれ

葡語 deleite デレイテ「歓喜　愉快　快楽」から。溺愛するあまりだらしないさま。

616 …てん

関西弁で動詞のあとに「…てん」をつけて「…してしまった」ことを表す。葡語 tem ～ do テン～は《現在完了形 have ～ ed》（～してしまった）。小学生の「今日家で宿題やってて・ん・な」などは状態（現在完了）を表す。

617

てんしゅかく（天主閣）

全国には約五万の「山城《やましろ》（址）」がある（NHK）。最古の天守閣をもつ丸岡城（福井県）が築城されたのは一五七六年、現地では「天守」を「天主」と表記していることから当時「天守閣」は「天主閣」だった。「天主」と言えば「大浦天主堂」、経緯を調べると、一五六九年信長はルイス・フロイスと会見、築城の意見を求め「安土城」（一五七二年完成）の本丸「御天主」（『信長公記』）の内部に金・銀・朱泥を施しキリスト像やマリア像を祀り、屋根には十字架が燦然《さんぜん》と輝いていたという。「西洋人は高層に天主を祭る。信長公天主の邪教を借りて、仏法を破却する志あり、其事は極めて謬《あやま》れり、安土に大櫓《おおやぐら》を立て天主と称すは天主の始めなり、秀吉公の姫路城の天主、大阪城の天主、伏見城の天主など是に次げり、後には大櫓を天主と称することと覚

安土城
（想像図）

えて其所以を知らず、実は其の第一の上層に、天主を奉祀する故に、名付けたるにて、西洋人の真似をしたるなり」(『梧窓漫筆拾遺』)、天主の語源は天主教で「天主堂」は「デウス堂」つまり「神殿」の意味。その後上杉謙信が天主から天守に改めたが、一五七九年信長は安土に教会建立を許可、翌年にはセミナリオ(神学校)も誘致、キリシタン高山右近は千五百人の人夫を寄進、安土教会の大成寺(ダイウス寺)と木造三階建の神学校(セミナリオ)を建てている。ザビエル到着から二十年、まさに桃山・キリスト教文化は開花した。

618

てんしゅどう(天主堂)

「天主」とは Deus デウス「神」、「天主堂」は「デウス堂」つまり「キリスト教の神殿」。

619

てんで

葡語 tender「パン生地を捏ねる」の三人称 tende テンデ。

生地の捏ね方を教わった日本人が何度やってもダメと言われ「てんでダメだ」と思った。

620

テンプラ（天婦羅）

日本料理「天麩羅《てんぷら》」はポルトガルの調理法「テンペラ temperar」（調味する）から。小麦粉の衣をつけ、油で揚げる料理は当時斬新《ざんしん》だった。「天婦羅《あぶら》」「天麩羅《あぶら》」ともに「あぶら」の語源（↓58）。薩摩揚げ、唐揚げ、コロッケ、かりん糖、大学芋などの揚げ物はテンプラの副産品。

621

テンポ

「時間」は葡語もイタリア語も同じ。a tempo ア・テンポ（音楽用語）は「もとの速さで」。

622

てんやわんや

葡語 tem já andado テンヤアンダードは「あっと言う間に（あわただしく）過ごす」。

623

〔〜しよう〕と

九州の会話で「…と」を語尾につける。後に動詞が来るなら引用だとわかるのだが、動詞が前に来て、その動詞を説明している。これは（be 動詞＋～ ing ＝ estou ＋～ ndo）トゥ～ ndo の現在進行形なので「（～しよう）ところ」という意味。「（～しよう）と」の、疑問文で語尾を上げれば動作を聞き、語尾を下げれば肯定文になり動作を説明する。

〈例〉「あんた、どこ行きようと？」「山に芝刈りに行きようと。」

624

どうぞ

一五五一年ザビエルは京都から山口に戻り大内義隆の甥義長に謁見、布教・居住用に大道寺*を与えられた。最初の南蛮寺（数年後に焼失）で新たに教会の建築を命じた記録はないので元々仏教の寺、おそらく住職のいないような廃寺だったのだろう。教会堂（拠点）はその後もつくられ、宣教師は盛んに「使用目的 a fim do uso」（…ドウゾ）を繰り返した。何だかよくわからないが「ドウゾドウゾ」と布教を願い出たので、殿様はとにかく「ドウゾ」と言って許可した。

＊「周防国吉敷郡山口県大道寺事、従西域来朝之僧、為仏法紹隆、可創建彼寺家之由、任請望之旨、所令裁許之状如件　天文廿一年八月廿八日　周防介」（『切支丹文学集Ⅰ』）とあり、当時宣教師は「仏法紹隆之為西域より来朝した仏僧」に見られ「大道寺が裁許」されている

625 ドキドキ（動悸）

葡語 dó quê ドキは「心配事」。「ドキドキと動悸がする」は駄洒落のようだが、dó ドは英語で①pity, compassion; empathy, condolence, mourning ②mercy, clemency, charity（①慙愧・心痛、同情、感情移入、哀悼、悲嘆 ②慈悲、慈善）、また quê キは①anything, something ②difficulty, obstacle, rub ③complication, something wrong ④interj.of fright and surprise（①物事 ②困難、障害 ③複雑、凶事 ④恐怖、驚愕の叫び）。

「心悸」（中国語）を日本で葡語 dó quê ドキから「動悸」と言った。

626 とく（疾く）

葡語（古語）toste トステ「早く速やかに」から。

627 どくろ（髑髏）

葡語 do cronônimo ドクロノニモ「年代」に漢学者が漢字「髑髏《どくろ》」を当てた。中国では「头骨」と言う。「しゃれこうべ」（↓302）を見せられたポルトガル人が「…ドクロノニモ？」と「年代」を尋ねた。

628

どげ

九州北部の「どげ」は（どのように）の意味で、熊本弁の「どぎゃん」が変化したもの。葡語 guião ギアォンは「先頭旗、船舵、強い主張・意見・気持ち」。これから「げ」が「様子　気持ち」を表すようになり「さみしげ」「うれしげ」また「何げなく」などと言った。

629

ドケチ

「Que ti! ケチ！」（おまえ何て奴だ！）を強調して「ドケチ！」。関西弁の「ド」は程度を強めて甚だしいことを示す。「ドエライ」「ドアホ」「ド真ん中」「ド突く」など。

630

とことん

葡語 toco tão トコトンは「徹底してやる」。toco は動詞 tocar (= touch, take) の第一人称現在形、tão は「たんと召し上がれ」の「たん」（↓565）。「toco tão トコトン」は英語で I take the maximum.（最大限を尽くす）。

631

とさけん（土佐犬）

「犬《いぬ》」は「ケン cão」。それまで日本語では「いぬ」と呼んでいたが、葡語の「ケン」から「秋田いぬ、土佐いぬ」などを「秋田ケン、土佐ケン」と呼ぶようになった。ポンペイの遺跡にも犬のモザイク（タイル）画がありイタリア語で「カーネcane」。

632

ドジ

親切な日本人はポルトガル人宣教師に何でもやってあげた。大抵は希望通りになったが、中には失敗したこともあった。頼まれ事がうまくはいかず、まずいことになったとしょげている日本人を、頼んだ宣教師はやさしくなぐさめた。「（失敗した）あなたのご心痛お察しします」。葡語でEu tenho dor de você.「エウ　テンニョ　ド・ー・ジ・　ヴォセ」。

日本人も葡語Eu tenhoがI haveで、vocêがyouくらいはわかった。Eu tenho dor de você.を聞いて「I have ドジ you.」と理解できたので「失敗」＝「ドジ」となった。「轍《てつ》を踏む」は二度目以降繰り返す失敗だが「ドジを踏む」なら初回でも言えた。

633

ドス

「おどす」からか?と辞書も疑問視しているが葡語doçuraドスーラは「甘味、ハニー」。「(ヤクザ)愛用の刀」のニュアンス。英語にもa city honeyed with crime「犯罪の蜜にまみれた都市」という表現がある。

634

トタン

葡語tutanoトゥタノは「骨髄・骨組み」。江戸時代に金属屋根(銅など)の記録があることから、ポルトガル人が「この家のつくり(骨組み)はいいね」と誉めたことが「トタンがいい」と伝わり「トタン」=「金属屋根」(燃えない屋根)が神社・仏閣にできる。亜鉛板が安く買え安屋根のイメージがある現代だが、当時の価値は想像を絶するほどで「赤銅《あかがね》御殿」(銅葺きの建物)と言われた。

635

ドチリーナ切支丹

Doutrina Cristã ドチリーナキリシタン「キリストの教理」(「公教要理」)は一五九〇年再来日したヴァリニャーノ神父が活字印刷機で複製し布教活動に用いた。三菱第三代社長岩崎久彌の東洋文庫蔵(重要文化財)。doutrinaドチリーナは英語

doctorine ドクトリン「教義」。詳しくは平凡社東洋文庫570『吉利支丹文学集Ⅱ』（↓あとがき）。

636
とちる

葡語 tosse トッシは「咳」。舞台で役者が咳込み台詞《せりふ》（↓499）につまったときポルトガル人が「トッシ」（むせてる）と言ったことから一般に「言い間違える」ことを「とちる」と言うようになった。

637
どっきり

葡語 dó quê ドキ「心配事」から。（↓625）

638
どっこい

年寄りが「どっこいしょ（↓639）」と腰掛ける。まだ腰掛けない（自立している）状態が「どっこい」。「護岸工事にどっこいドジョウは生きていた」などと言う。「（すっとこ）どっこい」は「（倒れずに）自立している」。「どっこいどっこい」は「どちらも＝甲乙つけ難い」。

639
どっこいしょ
葡語 do coice ドコイセは「後《うし》ろの」。cadeira do coice は「後ろの腰掛」。ポルトガル人が腰かける際「後ろの（ドコイセ）椅子に腰掛ける」と言ったことから日本人も椅子に腰掛けるとき「どっこいしょ」と言うようになった。お遍路さんの「六根清浄」の音便化との説は苦しい語呂合わせ。

640
とっとと
葡語（古語）toste トステ「早く速やかに」から。

641
とっぴ（突飛）
葡語 tópico トピコ「トピック（話題）になる」から。日本人は「突飛なことをして人の噂《うわさ》（話題）にならぬよう」生活してきた。「世間の話題になりたい」現代のタレントにはなかなかわかりづらい。

642
とっぺん
葡語 tope トペ「頂上」の強調形 topão トッペンは「頂上の先端」。日本語では

は同義。「てっぺん」(↓612)も「とっぺん」も同じ意味だが葡語でもtôpoトポとtopeトペ

643

とっぽい

「ぼんやりして(能動的でなく)要領も悪く、何を考えているのかわからないような人」を「とっぽい」と言う。葡語の動詞toparトパー「つまづく、受ける」から「無反省にまずく振る舞う」意味。

あるときポルトガル人が自虐的に(「♪私バカよね〜」のニュアンスで)言った(Eu) topo…トポが形容詞「とっぽい」になった。

644

とても(迚も)

葡語'tou temorトウテモーは「(私は)畏れている」。神父はpor temor a Deus「神への畏敬(いけい)の念を持って」を繰り返した。それを聞いて「(私は)畏敬の念を持っています」「トウテモー」と言い「甚だしさ」を強調する副詞(連体修飾語)になった。源氏物語・枕草子の「…とても」は「…であっても」の意味。

645

とどのつまり

「トドの詰まり」は「鯔《ボラ》の幼魚＝トドが成長した結果」と言う（定説）。葡語 todo トド（英語 all）は「すべて」で「トドの詰まり」は「すべて、あれこれ検討した結果」。「つまり」は tomarei トマレイ＝ I will take it.「私が取り上げる」（↓**596**「つまり」）。

646

とにかく（兎に角）

「とにかくに」（源氏物語）は「あれこれと」。「とにかく」は「とにもかくにも」の略。

葡語で考えれば tonificar トニフィカーは「強調する」、caco カコは「知恵」（俗語）。「知恵を強調すれば」↓「うまく言えば」「それはさておき」という用法が加わった。

647

○○殿

古来「殿」は「神殿」「仏殿」「寝殿」「御殿」など建物を指した。台頭してきた武士の長は「御館《おやかた》様、親方様、お頭《かしら》様」と呼ばれた。そこにポルトガル人がやってきた。

葡語の「ドノ dono」は「オーナー、所有者」の意味。安土桃山時代から一国一城の主《あるじ》＝「殿様」が出現する。しかし下級武士も「○○殿」と相手を敬称で呼び合った。「ドノ・ダ・カーザ dono da casa」（家のドノ）は「大黒柱」。地元の床屋で髪を刈ってもらっていると、近所の美容院のオカミさん（↓133）がやってきて床屋のマスターを「先生」と呼ぶ、するとマスターもオカミさんを「先生」と返す。オカミさんが帰って「何であなたたちが先生なの？」と聞くと「理容師も美容師も師がつくから」との返事。「だったら、魚の鰤《ぶり》も先生？」「……」。

最も卑近な例は国会議員の「先生」だろうか、とにかく相手をそう呼んで持ち上げておけば好都合、その感覚で武士階級は頻繁に「殿」を使った。

648

ドブ　ドベ

ＡＢＣを「エイ・ビー・シー」と読むのは英語だけ。ラテン語圏ではどれも「ア・ベ・セ」。オーディション、就職試験など応募者の評価・判定基準にＳＡＢを使い、Ｓは合格、Ａは合否線上、Ｂは不合格とすると便利なので、現在も採用基準にしている企業は多い。応募者の中には、これはどうにもこうにもならず、箸にも棒にもかからない一群を「Ｂ以下」に分類、葡語で〝……do B〟「ドベ」と言う。これは英語の"......(worse) than B"と同じ。強調の「タン tão」をつけた「ドベタン」は泥まみれ、マッ黒ケノケとなる。「ドブ」は「溝」と書く。正確には「下水溝」だが、この「ドブ」も同じ語源。「ドボン」は「ドブ」の強調形で音感からもサラサラした水ではなく重たい液体＝「ドブ」に落ちた音を表す擬音語になった。

649

ともあれ

「とまれかうまれまづ招き入れ奉らん」（竹取物語）は「いずれにせよまずは招き入れ申しあげよう」の意味。そこに葡語 tomara トマラ「願わくは…させ給え」（願望を表す間投詞）を聞いて「ともあれ＝どうであっても、ともかく」の意味が加わった。葡語では Tomara que esteja bem.（トマラ…）「治りますように」と願望なのだが「身共はともあれあちらの客に」（浮世草子）「私はともかくあちらの客を先に」と使った。

650

ともかく（兎も角）

葡語「とも tomo」は動詞 tomar（＝take）の第一人称現在形、英語 I take「私はとる」。「かく caco」は「知恵」（俗語）。「ともかく」は「知恵を使うと」が原義で「（それは）さておき」の意味にも使われる。

651

どら（銅鑼）

「どら焼」「どら猫」「どら息子」などは船の出航を告げる「銅鑼」（中国の打楽器）に由来する。（通説）中国では「锣《ルオ》」。「どら」という音はいつどこから来たのだろうか。

「锣」は銅と錫《すず》の合金（brass＝真鍮《しんちゅう》）で金管楽器《ブラスバンド》の色と同じ（↓972「よろこぶ」）。金色の輝きを見たポルトガル人がdourado ドウラード「金色の」と言い日本で「銅《ドウ》鑼《ラ》」と書いた。黄金郷（スペイン語エルドラド）の「ドラ」も同じ。

西洋の船舶（当時のポルトガル帆船も）出港時は「号鍾 marine bell」で十分聞こえた。船舶の大型化とともに marine bell から「锣」＝「銅鑼」に変わった。ラグビー後半の熱戦もドラが鳴ればあと1プレーでノーサイド。

その円形（形状）から「どら焼」と言い、黄色の魚 dourado ドウラドのほか黄色の猫や狐もドウラドと呼ぶ。「金色の猫（gato dourado ガトドウラド）」というポルトガルの童話がありこれが日本語の「どら猫」の語源。

652

とりこ（虜）

「恋の虜《とりこ》になる」は「恋の魔法にかかる」意味だが、中国語「虏」は「虜囚」

など「敵」を意味し日本語（トリック、魔法）のような意味はない。英語trickトリックの葡語がtruqueトゥルキ。それが「とりこ」に聞こえ、漢字「虜」を訓読みした。（↓162）

653

トルタ

「トルタtorta」は葡語で「パイ」。肉などを入れて焼いたもので、フランス語の「タルトtarte」。四国にある「タルトtaart」はオランダ語でお菓子の意味。お茶に合うのが「タルト」、ワインに合うのが「トルタ」なのだが、日本語では厳密には区別されない。

654

どろ（泥）

葡語lódoロドは「泥」。ロドと聞いて漢字「泥」を（日本語で発音しやすく）「どろ」と訓読みした。さらに液状の泥を「ドロドロ」と言い、「泥棒（泥坊）」は音を当てた。（↓657「どろぼう」）

655

トロい

葡語「トロtolo」は「愚かな、ぼんやりした」で、「トロい」や「トロトロするな」などと言う。「トロける」は「口の中で溶ける」ような食感。日本語では金属のような固体が溶ける様子を言い、日葡辞書にも「ココロトロクル」という当時の用例がある（広辞苑）。

「トロ」は今や世界共通語。三十年前、サンパウロの寿司屋で特別に握ってくれたブリトロの味は今でも忘れられない。主人はだれも食べない脂身をサンパウロの市場で仕入れ、日本から来た客に出していた。一体だれが「トロ」と名付け、いつからこれほど愛《め》でるようになったのだろうか。あるテレビ番組で「鮪《まぐろ》のトロをトロと命名したのは丸の内の吉野鮨だと突き止めた」由。「吉野鮨」は毎晩八時頃商社マンの新人が先輩たちの残業食を電話注文させられた丸ビル地下一階の寿司屋。東京駅南口から地下道で丸ビルを抜けた先に商社の別館があり商社マンたちは「吉野鮨」の横を通勤していた。その商社は鮪の需要を見越して零下四十度の冷凍輸送で当時業界トップの座を確保し、卸先の築地にも顔が利いた。商社マンはコストに敏感。「吉野鮨」が赤身を握って八貫で八百円だった（昭和五十年頃）。しかし、原価がわかる商社マンは「オヤジ、今度オレが築地から脂身を取り寄せるから、それを握ってくれ。」と、残業食のコストダウンに成功した。築地では脂身を廃棄していた。「トロ」が広まったのはごく最近のこと（戦後）で、昭和の商社マンの残業食がその起源。

656

トロッコ

「トロッコ（trocar＝取り替える、チェンジする）の一人称」が往路は空《から》で地中へ、帰路は石炭やボタを積んで地上へと往復したことから、行き来する簡易な運搬具を「トロッコ」と呼んだ。広辞苑にはトロッコはトラック（truck）が訛《なま》ったものとある。筑豊炭田は八幡製鐵所が稼働《かどう》する一九〇一年には開発されており、アメリカの自動車工場より以前に石炭や「ボタ」を運搬した「トロッコ」はこの世にトラックができる前から存在した。「トロッコ」は鉄製の車輪と木枠からなる運搬具でレールを走りトラックより古い。

657

どろぼう（泥棒）

葡語「マランドロ malandro」（悪人）の語尾から「どろぼう」と言うようになり、漢字「泥棒」を当てた。

658
(～の) ドン
Dom「ドン」は為政者や名士の名前につける尊称で「ドン・ペドロ二世 Dom Pedro II」「ドン・キホーテ Don Quijote」のように使うが、日本では後につけ「西郷どん」、また「〇〇組のドン（首領）」や「都議会のドン」など、英語の「ボス boss」の意味に使った。

659
とんきょう（頓狂）
「慌てて調子がはずれた様子」「とても狂った」（葡語 tão トン＋狂）。これに強調の接頭辞「す」を冠し「すっ頓狂」と言った。（↓462「すっぴん」、「素っ裸」など）

660
トンズラ
葡語 tão surrar トンスラーは「とても素早く逃げる」。（↓83「いたずら」481「ずらかる」）

661
とんち（頓智）
葡語 tão タォンは「とてもたくさん」から「頓智」は「とてもたくさんの知恵」

の意味。発音はタンとトンの中間音「タォン」なのだが「トン」と聞こえた。ザビエルより一世紀前の一休には数々の逸話があり江戸時代になって吉四六《きっちょむ》さん（大分）の説話とともに「頓智噺」として伝わる。

662

とんちゃく（頓着）

「貪著《とんぢゃく》」（頓着）は「物事に執着し、むさぼり求め心をとられること」。その執着心旺盛なことを「頓着」（トン tāo ＝たくさんの執着）と言った。「貪著」は日本の仏教用語で、「頓着」「無頓着」（↓904）」と広く使われているが、「執着」は漢語、「頓着」は日本語「執着が多い意味」（↓565「たんと」）。「貪愛＋執着＝貪著↓頓着」と日本で造語した（中国語にはない）。テレビ東京キャスター大江麻理子の発言「私、何が何でもいいんです。執着しないいんです」は視聴者に新鮮な印象を与えた。

663

トンチンカン

「トンチンカン」は鍛冶屋の音ではない。現代風に言えば、周囲の空気が読めない〝KY〟。

「トン tāo」は「そんなに（英語 so）」の意味。「頓珍漢」は「とっても珍しい輩」で「こんなに訳のわからん輩は珍しい」と、漢字「珍」を当てた。「漢」は悪漢など本来「男、奴、輩」のはずだが、「トンチンカン」は男性に限らない。

664

とん（途）（でもない）

葡語 tão トンは「たくさん」（↓565「たんと」）。「途」は当て字で「途でもない」は「途という言葉では言い表せないほど甚だしく大量・大袈裟ではない」意味で謙遜に使われる。

665

とんと

本来「tonto トント」は「酩酊《めいてい》状態」、英語の dizzy（フラフラ、クラクラの状態）を指すが、日本人は否定辞をつけ「覚えがないこと」を強調した。広辞苑には「すっかり、まるで、まったく」とある。

「とんと音沙汰《おとさた》がない」は日本語的で葡語の用法（酩酊状態）ではない。

666

どんと

葡語 tão タン「とても」「大量に」を濁音で強調した「どんと」を副詞に使い、「どん」は「どん底」「どん詰まり」など名詞を強調した。

667
どんどん

da ダは肯定（↓520）。九州の方言「だんだん（↓564）」の葡音は「ダォンダォン（dão, dão）」。「どんどん」は物事がポジティブに捗《はかど》る様子。葡語 dão ダォンは動詞 dar（実現する）の三人称複数現在、原形 dar は英語 give、用法は多様だがいずれも「（物事の）進捗・実現の程度がすすむ様子」。

668
とんぴん

九州弁「とんぴん」は「（思慮浅い）あわてん坊」。葡語 tão pinto トンピントは「とても天真爛漫」（↓462「すっぴん」）。

669
とんぼ（蜻蛉）

「トンボ」の語源について「飛ぶ棒」「飛ぶ羽」などの説がある。源氏物語五十二帖「蜻蛉のものはかなげに」がありここでの「トンボ」は「蜻蛉《かげろう》」ではない。「トンボ」は都会では滅多に見られなくなり今では田舎の風景だが、農薬など使わなかった昔の田圃《たんぼ》には無数飛んでいた。田舎の畦道《あぜみち》で「天空に浮いて人見る群《むれ》トンボ」の光景に出合うことがあるが、「トンボ」は「トン tão ＋圃《ボ》」、「田圃にたくさん」の意味。（↓565「たんと」）

670

トンマ（頓馬）

「馬鹿」も「頓馬《とんま》、豚馬《とんま》」も当て字。いくら人間に身近な存在だからとはいえ、馬と豚にも失礼千万。「トンマ tão ma」は「とても悪い、サイテー、最悪」の意味。英語の“too bad”に当たる。

671

なあなあ

葡語 nanar ナナアは「ねんねする（赤ちゃん言葉）」。幼児の頃から一緒に寝ていれば大人になって「なあなあの関係」になる。

672

なまくら（鈍）

葡語 na ma cura ナマクラは「悪い治療」、英語 in the bad cure「薬石の甲斐なく…」。「メンテナンスが悪い」意味。「ナマクラ治療」というのが葡語本来の用法だが、「お前の刀はナマクラだ」や「ナマクラ包丁」など漢字「鈍」を当てた。

673

なまじ（憖じ）

葡語 na mágica ナマジカは「魔法にかかる」「(中途半端で）十分ではない」意味。辞書の「奈麻強〈尓〉」《万葉集》、「なまじいに許されたてまつりて」《源氏物語》、「なまじなる軍して…敵の手にかかり」《太平記》、「なまじいに人に知られじ」《徒然草》の用例から古語「なまじひ」は「迂闊・中途半端」の形容詞・形容動詞だったが、「なまじ」「なまじっか」は浄瑠璃・御伽草子に副詞で使われた。

674

なまじっか（憖じっか）

「なまじ（↓673）」の口語表現。この方が na mágica ナマジカに近い。葡語の原形そのまま。

675

なまり（訛）

葡語 na mariola ナマリオラ「(地方出身の）人夫言葉（で）」の意味。中国語「地方口音　土音」。

676

ならず者

葡語 na razia ナラジアは「略奪（侵略）している」。英語・フランス語 razzia。「（どうにも）ならず（者）」と説明する辞書もあるが文法的には「（どうにも）ならぬ（者）」であるはず。

677

ナンパ（軟派）

辞書に「軟派」は「軟弱な党派」（硬派の逆）とある。ナンパしない人が硬派だからと言えば何となくわかるが、軟派の人がみんなナンパするとは限らない。男女間の「ナンパ」「逆ナンパ」は「軟派だからナンパする」のではなく、葡語 amparar アンパラ「養う、支える、パトロンになる」が語源。男性の方が収入が多かった時代、男は「キミを養ってあげる」と意思表示（「ナンパ」）しやすかったが、これからは女性の「ナンパ」が増える（オスがメスをナ

ンパするのが動物だとするなら人類はこうして進化する）のだろうか。

　ホテルなどのレストランで気に入った女性のテーブルの勘定を「私の部屋に付けるよう」ボーイに言うのはフランク・シナトラ世代のナンパ術。

678

にがて（苦手）

「アク、ダシ」を取ってスープをつくったのもポルトガル人（↓19 532）。ところが四足《よつあし》の猪のスープはどうしても飲めない（四つ足はダメ）という日本人も多く「キミたちはスープはダメなんだね。Tu nega-te esta sopa.」（…ネガテ…）を聞き「嫌いなもの」＝「ニガテ」となって漢字「苦手」を当てた。

679

にじりぐち（躙り口）

「躙《にじ》り口」（茶室への入り口）は縦二尺二寸（約六十六センチ）横二尺一寸（約六十三センチ）の長方形で、茶の湯（「わび・さび」の世界）にだれであれ帯刀を拒否＝葡語 negligenciar ネグリ…（…を否定）し「躙り口」と名付けた。

　茶席では両手に重心をかけ移動する動作も「躙《にじ》る」と言うが、本来の「…を無視する」「(刀剣などを）拒否する」から「座敷での作法・所作」の意味、さらに「踏み躙る」「(人権）蹂躙《じゅうりん》」などに発展した。中国語にはない。

聖書の「狭き門より入れ、滅にいたる門は大きく、その路は廣く、之より入る者多し（"Entrem pela porta estreita, pois larga é a porta e amplo o caminho que leva à perdição, e são muitos os que entram por ela.)」「事をなすには簡単な方法を選ぶより困難な道を選ぶほうが自分を鍛えるのに役立つ」も「躙り口」のコンセプトだったのだろう。

680

ニッチもサッチも

「ニッチもサッチも（行かない）」は「金銭的余裕なく融通がきかない」ことで「そろばん用語（二進も三進も）」が語源とされる（通説）。葡語 nitido ニチドは「明示的」、sátira サチラは「風刺的」で、直訳すれば「明示も風刺も（できない）」。比喩の「明喩（直喩）」と「暗喩（隠喩）」（英語の simile/metaphor）で言えば「明示も暗示も（できない）」、「喩えようがない」から、どうしようもない（打開できない）状況の表現になった。

681

になう（担う）

葡語 ninar ニナーは「子守をする」。ベビーシッターは（責任を）担《にな》う。「荷《にな》う」（荷物＝荷）とも書き「ナウは接尾語」とする辞書もあるが、葡語「ニナー」が語源。

682

ぬめり（滑り）

葡語 numérico ヌメリコは número「数」ヌメロの形容詞。タコの数は塩をまぶして水洗し「ぬめりを取って」判明する。何匹なのか（数）は「ぬめりを取らないと」わからない。

683

…ね

葡語 nẽ ネ（本来 não é ノンエーの省略形）を頻繁に使う、いわば会話の句読点。省略せずに não é ノンエーと言えば「話を区切るだけでなく、相手の顔色を確認し同意を求め、違うならおっしゃい！」と強く確認を求める。nẽ ネは日本語の「（そして）ね」「あのね（のね）」「そだねー」（流行語大賞）、não é は関西弁「…とちゃう？」の感覚。

684

ねじ（螺子）

日本人が初めて「ネジ」を見たのは鉄砲（火縄銃）でポルトガル人*が「これを使えば銃身（筒）の金属と堅い木を滑らかに接合できるでしょ」と金属の部品（螺子）を見せた。

葡語 nédio ネディォは「滑らかな」、これがネジに聞こえ「螺子　捩子」などを当てた。異質な物質を接合するネジから「ねじり飴」「（衆議院と参議院の）ねじれ現象」などと言う。中国語「螺釘」（木材に直接ねじ込む金属は螺鈿の一種と思われた）。

* 西に向かったスペインがアメリカを発見し東に向かったポルトガルが日本に到達する。これがもしポルトガル以外の国（時代・地理的条件は異なるが）、たとえばインカ、アステカ帝国を殲滅したスペイン、中国にアヘンを持ち込みアボリジニを征圧したイギリス、インディアンを殺戮したアメリカだったら、日本史はどうなっていただろうか

685

…ねん

葡語で「他にあり得ない」（強調）nem um nem outro ネン…ネン…と言う。これから「あることを強調」するのに「…ねん」が関西弁になるが、古語「念ず」説のほか葡語でも説明できる。

686

ねんね（寝ん寝）

葡語 nenê ネネ「赤ちゃん」から。赤ちゃんは寝るのが仕事。

687
のし（熨斗）

ポルトガルに presente no selo das memoria … プレゼンテ　ノセロ　ダス　メモリア…（記憶のスタンプを押したプレゼント）というファドの名曲がある。上手に訳せば（思い出の熨斗をつけた贈り物）だろうか。no selo ノセロは「切手を貼った」意味で、この「ノセロ」が「のし」と聞こえ漢字「熨斗」を当てた。中国語の「熨斗《ユインドオウ》」は「アイロン」。「のしイカ」「のし梅」「のし餅」は中国語の影響だろう。

ブラジルで中国人から「『新聞《シンウエン》』とは一つ一つのニュースを指す言葉で『紙の新聞』の正しい漢字は『報《パオ》』、日本人は漢字を知らないね」と指摘されたことがある。贈答品に畏まって「熨斗」をつける日本の習慣は中国人には不可解だったことだろう。

688
のれん（暖簾）

葡語 renda レンダは「収入」。no renda ノレンダは in business（営業中）の意味。確かに「暖簾」が懸かっていればその店は営業中。文法的には na renda が正しいが、当時の日本人には no（男性名詞の前置詞）と na（女性名詞の前置詞）の区別は難しかった。

689 ノロい（鈍い）

葡語 no rodeio ノロデイオは「遠回りをする　逃げ口上を言う　ごまかす」。動作を繰り返す「のろのろ（鈍鈍）」は副詞。

690 ノロマ

動作が遅い「ノロマ」、「ノロノロする」は「ノロマンス no romance」（夢見心地）から。

691 …ば、…ばい

ブラジル音楽界で美空ひばり的存在、エリス・ヘジーナが歌うボサノバの名曲、「オ・バルキーニョ O Barquinho」（小舟）。初夏の陽光の眩しさの中を小舟が行く（芭蕉の「岩にしみ入る蟬の声」のような）イメージを「小舟が行く」…「小舟が行く」とボサノバの絶妙なリズムで歌う。歌詞は O barquinho vai…「オ・バルキーニョ　バイ」（小舟が行く）と繰り返す。

一方「プラハの春」、亡命から帰国したクーベリックがスメタナホールでチェコフィルを指揮した。チェコ国民第二の国歌「モルダウ」。二階席に"Pravda vítězí"という垂れ幕。広尾（日赤前）にあったチェコスロバキア大使館（当時）一等書記官Holý氏にチェコ語の意味を聞くと、"The truth prevails."（真実は罷り通る）と答えた。Pravda（プラウダ）はロシア語と同じ「真実」。vítězí（罷り通る）は「行く」の強調表現。

エリス・ヘジーナの葡語「バイ vai」もスメタナホールのチェコ語「ヴィテジ vítězí」も「罷り通る」意味。ポルトガル人は何かを強調して「バイ vai」と言った。これを聞いた日本人、これは便利と強調するのに何にでも「バイ」をつけた。「バ」だけでも名詞の後につければその名詞を強調できた。

692

バーベキュー

「バーベキュー」は英語だが、「バルバ barba」（あご鬚《ひげ》）から「カウダ cauda」（シッポ）まで（牛一頭を丸ごと）食べ尽くす、という意味。スペイン語「バルバコア barbacoa」を経て英語の「バーベキュー barbecue」になった。表参道のブラジルのシュラスコ料理店（焼肉レストラン）「バルバコア」はスペイン語。

693 はいかい（俳諧）

俳句の源流は「連歌・俳諧」にあり、松尾芭蕉は俳諧師と呼ばれた。室町時代の「連歌」、江戸時代の「俳諧」、それが基となり明治になって正岡子規が「俳句」を成立させた、とされる。江戸になってからの滑稽味のあるものを中国語で「俳諧」と呼んだ。「俳」には「おどけ役者」（俳優、徘徊など）の意味がある。「俳諧・連歌」は「発句《ほっく》」（起承転結の起）＝「ひらめき」感、「挙句《あげく》」（起承転結の結）＝「なるほど」感で構成される。

葡語 raiar ハイアー「発する（ひらめく）」、cair カイー「（腑に）落ちる」の三人称単数が rai cai ハイカイ。

漢字「俳」の中国音 pái パイを rai ハイ（葡語では Rio de Janeiro ヒオデジャネイロ）と発音した。江戸の落語は「オチが付いて落ち着いた」つまり「オチが付く」が先で後から「落ち着く」が広まったのではないだろうか。（↓238「勘違い」878「間違い」）

694 はえる（映える）

葡語 raiar ハイアーは「光り輝く」。「インスタ映え」は光度も輝度も高い。

695

バカ（馬鹿）

「vagabundo」から。漫画の「天才バカボン」は英語の「バガボンド vagabond」からだが、英語や漫画よりも古くからなぜ「バカ」を「馬鹿」と書くのかというと、「馬」は葡語で「カバロ cavalo」で、九州の子どもは喧嘩《けんか》するとき「バカ、カバ、チンドン屋…」と相手を罵《ののし》る。あの「カバ」はアフリカにいる「カバ」ではなく、偶々《たまたま》「馬＝カバロ cavalo」は「バガブンド vagabundo」の逆で語呂よく「カバ」になった。

何の関係もないのに「馬」「鹿」それに「カバ」にとっては迷惑な話。

一説ではサンスクリット語とか、「鹿をさして馬となす」（『史記『秦始皇本紀』』の故事）からなどと言うが、「こじ付け」の語源「故事付け」がなるほどと頷ける。

696

ばくち（博打）

「博打」は葡語の「バクェッタ baquêta」（大太鼓をたたくバチ）。だから「打つ」という。フランスパンの「バゲット baguette」も「大きいバチ」のような形。イタリア語の「バケッタ bacchetta（指揮棒）」も同語源（男女共同参画社会のフランスで男女どちらかが仕事帰りに買って帰れば夕食の用意が済ませられるフランスパンの役割は大きい)。

697 パクる

「あー、信じられない！」と口を開け「(オー) パ、クレド！ Opa, credo!」と感嘆。これが「パックリ」に聞こえ、大口を開ける様子を「パクつく」と言い、「パクパク食べる」から「ゲームのパックマン」、さらに警察が容疑者を逮捕することも「パクる」と言うようになった。

698 はけ（刷毛）

「刷《は》毛《け》」は葡語「ハケッタ raqueta」(ラケット) から。

699 はざま（狭間）

葡語 raza ハザは「一単位の土地」。その間は「土地の隙間」。pôr alguém pela raza. (他人を隙間＝ハザに追いやる→他人をそしる) という表現もある。

700 ばさら（か）

「婆《ば》沙《さ》羅《ら》」は「室町時代の流行語で、派手、伊達、粋」(『広辞苑』)。今風の「イケメン」だろうか、「顔立ちが整ってきれい」という意味だが、葡語の「バソウラvassoura」（きれいに掃く箒《ほうき》）がバサラ」に聞こえた。「バサラ、□○△」とポルトガル人が言って、きれいに掃除したら彼らは満足したことから「バサラ」＝「きれい」⇒「伊達」となった。

「ばさら」の意味は「きれい」として、「ばさら（か）」の「（か）」は何か。形容詞の語尾「い」に代わって「か」を使い口語の博多弁では強調して感嘆した場合に用いる。（美しい↓美しか、うまい↓うまか）しかし「ばさら（い）」という形容詞はない。

「ばさら（か）」の「（か）」は、形容詞を体言（＝名詞）化する「か」で状態を表す接尾語。「ゆたか、さわやか、なだらか」など、つまり「ばさらか」とは「粋、伊達《だて》（な状態）」また「粋、伊達（であること）」を指す。

701

ハジキ

葡語radiarハジアーは「光を放つ」。拳銃を「ハジキ」と呼ぶのは発射の瞬間、発光するから。

702

ハジける（弾ける）

「ハジける」は「（栗の実が）弾ける」と書く。葡語 radiar ハジアー「光を放つ」。「ハジキ（↓701）」から漢字「弾」を訓読みした。

703

はしゃぐ（燥ぐ）

葡語 rachar ハシャーは「ひびを入れる　怒らせる　雰囲気を壊す　侮辱する」。キリスト教とはどんなものかと物見遊山《ものみゆさん》の連中も多く、彼らはワイワイガヤガヤ騒がしく神父・信者を怒らせた。神父が Não rachar!（雰囲気を壊さないで！＝ハシャー禁止！）と言うので騒がしくすることを「ハシャーする」↓「はしゃぐ」＝「燥ぐ」と書いた。（↓271「クルクルパー」悪罵・嘲笑）

704

はしょる（端折る）

葡語 racional ハショナル「論理的」。和服の端を折る説（辞書）はもっともらしいが、「端折る」は「（枝葉末節を切って）端的に言う」意味。日本人があれこれ説明してもポルトガル人が分からず「もっとハショナルに」（筋道を立てて）と言われて「（自分が）端折らなければ」と思った。

705 はたん（破綻）

葡語 ratão ハタンは「変人、気違い、エキセントリック」。たしかに論理や人はエキセントリックだと破綻しやすい。中国語の「破綻」は「綻《ほころ》び、ボロ（尻尾）」で日本語の意味はない。

706 バチ（撥）

太鼓を叩く「バチ」。葡語 bater バテー「打つ」の三人称現在 bate バチ。

707 パチパチ

「パチパチ」とは、「手をたたく音、拍手」で、葡語の動詞「パチニャー patinhar」（鳥が羽ばたく）から。一回だけなら「パチン」と聞こえるが、何回もたたくから「パチンコ」。日常身近なものに「（ン）コ」をつけた。木製のサンダルを「タマンコ tamanco」と言い、何回もブラブラするものには「ブランコ」、何度も押すから「ハンコ」、子どもがいつも遊ぶ「メンコ」も身近だった。自分の身体の一部は最も身近だった。小の「オシッコ」（↓141）もそうなら、大もそうである（↓111）。

708

はちゃめちゃ

「破茶滅茶《はちゃめちゃ》」は当て字。「はちゃめちゃ racha mecha」は「導火線に火をつける」意味（↓911「めちゃくちゃ」）。

709

パチンコ

葡語 patinhar パチニャー「（水鳥が水面を）叩く音」から「弾く音」を「パチン」、（ゴムで鳥を撃つ）子供の遊具を「パチンコ」と言い、駅前の遊技場（幼少期親しんだ遊具名）に大人が通う。

710

ハッタリ

「ハッタリを効かせる（かます）」は「致命的な一撃を与える」ことで、単に「強く」「大袈裟に」ではなく「致命的」なことを（ドスを効かせ）言わなければならない。英語 fatal フェイタル「致命的」は葡語でも同じスペル fatal だが「ファタル」と発音する。これが「ハッタリ」になった。

711

パッチン

面子《めんこ》（男児の玩具）を九州の一部で「パッチン」と言っていた。野球や相撲のカードを勢いをつけ風を起こして地面に叩き付け相手のカードを裏返せば勝ちというゲームなのだが、葡語 patinhar パチニャー「（水鳥が水面を）叩く」から。（↓917「面子」）

712

バッテラ

ポルトガル人宣教師一行は九州から布教を始め、殿様には西洋の珍品を献上しつつキリシタン大名を増やし、折々に都へ向かう。途中食べ物を提供した日本人は遠来の賓客を土地一番のごちそうでもてなし、彼らはそのたびにオブリガードを繰り返した。

当時、各地方で一番のごちそうとは何だっただろうか。今も昔も「すし」、それも「鯖《さば》寿司」だったに違いない。九州の鯖はうまい、と言うか東京の鯖はとてもまずい。東西で鯖の種類に違いはないが、鯖は「足が速い」「生き腐《ぐさ》れ」と言われ著しく急速に鮮度が落ちる。このため流通に時間がかかる大消費地東京ではあまり人気がないが、釣り鯖（その日に釣った鯖）を刺身で食べると絶品で、東京では自分で釣って自ら調理しない限りありつけない。福岡空港に着くなりレストランに「朝獲れ鯖あり」との貼り紙を見ると、久々に帰省した福岡県人はたまらない。太平洋（東京）側の鯖にはイカと同じアニサキスという寄生虫がいて腹痛の原因になるが、日本海（福岡）側の鯖にはほとんどいない。地元ではゴマを擂《す》った鉢に味醂《みりん》、醤油を加え短冊《たんざく》に切った鯖と合わせ「ゴマ鯖」にする。こよなくうまい「ゴマ鯖」は福岡県人のソウルフード（大分県の刺身料理「りゅうきゅう」も同系）なのだが、関西ではシメ鯖など酢の殺菌作用を利用した。「鯖寿司」は酢でしめた鯖と酢飯《すめし》を竹皮で包む。鰯《いわし》を焼き鰊《にしん》の酢漬を好むポルトガル人の味覚にピッタリだった。どこでも「鯖寿司」は決まって一本の鯖の半身を全部使っていたが、大阪の「鯖寿司」だけは違っていた。商人のまち大阪では、鯖の半身をもっと切れば、もっと儲《もう》かるやん（少ない材料で寿司がたくさんできるじゃないか）と、半身をさらに薄く切り半透明の薄皮昆布を乗せて木枠で「押寿司」にして量産していた。

大阪でこの「押寿司」を見た一行、これまでの「棒寿司」でなく、包丁で切った鯖の皮身の直線を見て「まるで、船の喫水線《きっすいせん》のようだね」と言った。葡語で

は「小舟」を「バテイラ bateira」という。これが「バッテラ」に聞こえた。パリ、セーヌ川の遊覧船「バトームーシュ」の「バトー bateaux」は「バテイラ bateira」のフランス語。

岡山・京都の「鯖寿司」も鯖の半身をそのまま竹皮で包む「棒寿司」で、大阪の「バッテラ」よりも鯖の身が厚い。「バッテラ」は身が薄っぺらで昆布の味でごまかしていた（↓332）。今日スーパーの店頭には人気商品「バッテラ」が並ぶが、「棒寿司」の味に慣れていたポルトガル人が大阪の「押寿司」に商都独特の匂いを感知したのかどうかはわからないが「バッテラ」と名付けた。正確には、彼らポルトガル人が「バテイラ」と呼び、それを聞いた日本人の間に「バッテラ」が広まった。

713

ばってん〈長崎〉

（大声で）主張する、強く言い張るのが「バる」（↓738）。言い張る相手に反論する場合、まず相手の主張を否定しなければならない。あなたはそう主張されるけど、私はそうは思わない、と言うとき、「あなたが（どんなに言い）張っても」、この「張っても」が「ばってん」になった。従来の定説（英語のbut（and then）説、「ならばとて」説など）はいずれも語呂合わせ、また想像の産物。

「ばってん」は逆接の接続詞として使われる。確かに英語の「バットBUT」に似てはいるが、後述（↓738）の「バる」から「いくらバっても」が訛って「（いくら）バってん」となった。なぜ「も（o）↓ん（n）」なのか、と不思議に思われる方も「あの時は土砂降り雨の中」⇓「♪あん時ゃ土砂降り雨ん中」の例で納得されるのではなかろうか。

714

ハッパ（発破）

NHKラジオで「ハッパをかける、のハッパとは何でしょう？」とクイズをやっていた。

1．木のハッパ、2．ハッパ64だから64倍、3．爆破する、のどれか？　で、答えは3。

問題は、その「ハッパ」、これも葡語。ダイナマイトで鉱山の岩石を破壊することを「ハッパをかける」、転じて「他人を強く鼓舞すること」を言うが、葡語の動詞「ホンパ rompar」（破壊する）が「ハッパ（発破）」になった。つぎの可能性もある。

ポルトガル人宣教師に頼まれて日本人は動いた。コミュニケーションの問題もあって、その依頼に希望通りに応じられなかったり、遅れたこともあった。そんなとき、彼らは苛立《いらだ》ち、「（もっと）早く！」と催促して「ハピド！ Rápido!」と言った。これから依頼者がイライラすることを「ハッパがかかる」と言った（↓715「はっぴ」）。前者と思われる。

715

はっぴ（法被）

祭りと火事は江戸の華、勇壮な男らしさの見せ場。ふだんぐうたらしていても、このときばかりは威勢よく、すばやくキビキビ動く、ボタンをかける必要もなく、腕を通しさえすればよい「法被《はっぴ》」は（すばやい）＝「ハピド rapido」から（↓714）。

JRでも急行や快速の電車は英語で rapid と表示する。

716

はで（派手）

「派手《はで》」は「色どり、装い、行動などが華やかなこと、人目を引くこと」（『広辞苑』）。葡語に動詞「アデジャー adejar」（小鳥が空を舞う）があるが、この「アデ」よりも「ハディオーゾ radioso」（光り輝く、パッと明るい）が「派手」の語源。

717

パテ

窓枠に塗ってガラスを固定させるパテを最初に使ったのは大浦天主堂と思われる。派遣されたフランス人神父は建築のプロではなかったのでガラスの枠を塗り固める柔らかい練り物を見てフランス語で pâte パテ（小麦粉などの練り物）と呼んだ。正しいフランス語は mastic「窓枠の練り物」。

718

バテる

葡語 bater バテーは「打つ」。「バテる」は「打ちのめされる」意味。

719

バテレン（伴天連）

一五八七年秀吉は「バテレン追放令」を出す。この「バテレン（伴天連）」は葡語 padre パードレ（神父）で宣教師の総称。これから「愚連隊」「勝手連」など人々の総称に「連」をつけた。

720 パトロン

葡語 patrão パトロンは「主人　親分」。葡語というより英語 patron が近年日本語になった。

721 はなお（鼻緒）

葡語 anão アナォンは「小物」。「別珍（↓806）やビロード（↓770）の端切《はぎ》れ）」を「鼻緒」にした。当時貴重な布地の端切れを鼻緒に使ったことがわかる。

722 はなし（話）

古典（源氏物語・枕草子）に漢字「話」はない。「はなし」で検索すると「…は無し」の用例ばかり。戦国時代殿様の話し相手「咄衆《はなししゅう》」という職名があり、「噺《はなし》家《か》」が登場するのは江戸時代（中国の漢字「咄」に「話す」意味はなく「噺」は国字）。

葡語 fanar ファナーは「切り離す」。古語「放《はな》る」から漢字「話」を「はなす」と訓読みした。(↓723「はなれる」) 辞書「話す」の用例(日葡辞書「ノチニゴザッテ、ハナサレラレイ」・浄瑠璃の「咄の内から腕もんで力みかけ」)は「口から放った言葉」だから「(口から)はなし」↓「離し」↓「話」と思われる。

723

はなれる（離れる）

葡語 fanar ファナーは「切り離す、切断する」。古語「放《はな》る」から漢字「離」を「はなれる」と訓読みした。

「天離《さか》る」(万葉集)「離天照大神」(古事記・日本書紀)など自動詞(「離れる」意味)だったが他動詞(「離す」意味)が加わったのは葡語の影響。古来「離《はな》す」(距離)「放《はな》す」(解放)はあるが平安文学(紫式部・清少納言)に「話《はな》す」はない。咄《とっ》嗟《さ》の「咄」を「はなし」と訓読みしたのは漢学者だが、狂言など(言葉を)「言い放《はな》つ」から「話《はな》す」になり国字「噺」を創った。(↓732「噺す」)

724

ばね（発条）

葡語 banir バニールは「追放する、(勢いよく)追っ払う」。たとえば「Polícia bane バネ mafia.(警察が暴力団を追放する)」のように用いる。「追放する」↓

「(勢いよく) はじきとばす」から「バネ」を「発条」と書いた。中国語に「発条」はない。

725

はばかる(憚る)

葡語 rabo ハボは「尻尾《しっぽ》」。「憚る」は武士独特の「姿勢」で詳しくは「目尾《しゃかのお》(↓402)」参照。

726

ばばちい

葡語 baba ババは「よだれ」。「ばばちい」は「汚《きたな》い」意味の幼児語。まだ大人に手を引かれていた頃、伯父は「あんまい、あんまい、ばばちい、ばばちい」(危ない、危ない、汚い、汚い) と言っていた。(↓385「ししばば」)

727

パパ・ママ

「パパ・ママ」が「オンブ・ダッコ」ほど普及していたとは到底思えないが、英語と葡語のどっちが先か、と言えば、ペリー来航よりザビエルの布教の方が先。葡語も「パパ・ママ papá・mamã」。キリシタンにとって「パパさま」はローマ法王。

728

はぶく（省く）

漢字「省」には①かえりみる（反省など）②はぶく（省略など）③官庁（外務省など）の意味がある。葡語 rabo ハボ「尻尾《しっぽ》」から。②は「取り除く」意味で、魚を三枚おろしに捌《さば》き刺身にならず捨てる中骨に尾が付いていたのを見てポルトガル人が「ハボ」と言ったことから「はぶく」と訓読みされた（枝葉末節を取り除く、足切りをする②の意味を漢学者が葡語の音で読み下した）。中国語の「省墓」（墓参り）や「帰省」（里帰り）は①「かえりみる」。

729

ハマる（嵌る）

マリア像（絵画）には豪華な額縁よりシンプルな外枠の方が祈りの対象に相応しく、神父はポルトガルから持参した絵画（カンバス）の外枠を作るよう日本人大工に頼んだ。カンバスは布地を木枠（内枠）に貼り付けたもので大工はその内枠に合った外枠（額縁）を依頼された。

葡語 rama ハマは「木枠」。神父が「ハマ、ハマ」と言うので大工は外枠が内枠にピッタリ「ハマったでしょ?」と胸を張った。他動詞「ハメる」は「ハマる」から、さらに「当て嵌まる」「当て嵌める」などになった。

730

はみだす（食み出す）

葡語 rami ハミは「分岐した枝葉」で、まさに「はみ出した枝葉」。「俸禄を食《は》む（武家言葉）」など。

731

はめ（破目　羽目）

初のキリスト教教会は山口の大道寺（↓624「どうぞ」）。南蛮寺は京都、九州にもできたが禁教令で破壊され今では洛中洛外図（狩野宗秀筆）また南蛮寺跡（京都、佐世保）に残るのみ。長崎の大浦天主堂は一八六四年創建、翌年公開され（↓124「おいしい」）五島列島久賀島などの教会群はその後建てられた。

南蛮寺（教会堂・宿舎）は毎朝神父が清掃していた。その姿を見た日本人が「朝の掃除など新米の小僧がすることです。神父様自らされなくても!」と言うとポルトガル人神父は「日課ですから」と答えた。「日課」は葡語で ramerrão ハメロン。これを聞いた日本人「（何かの罰に）掃除するハメになったのだろう」と「ハメ」

に漢字「破目」を当てた。中国語に「破目」はない。

732

はやす（囃す）

葡語 rajar ハヤーは「混ぜる、縞《しま》を入れる、間（合いの手）を入れる」。まさにお囃子《はやし》。能、長唄、歌舞伎、民俗芸能（寄席、民謡、神楽《かぐら》、祭など）で拍子をとり勢いをつける伴奏は日本独特で四拍子《しびょうし》（小鼓《こつづみ》・大鼓《おおつづみ》・太鼓《たいこ》・笛《ふえ》）の演奏（リズム）から生まれた。

民謡の「お囃子」は（雛人形の五人囃子のように）「楽団」自体を指したが彼らが入れた「間（合いの手）」も「お囃子」と呼ぶ。四拍子にはジャズピアノの「バッキング（弱拍を強拍するリズム）」があった。

噺家《はなし》の「噺」が国字（和製漢字）であるように「囃」も国字に近い（中国に日本のような用例はない）。

733

バラ

「バラバラ」は分解された状態。葡語「バラ bala」は「鉄砲の弾丸」。「バラバラ死体」発見さる、など「バラバラ」が日本語になるとは種子島に鉄砲を伝えたポルトガル人も想定外だったろう。

また運送トラックが「バラ荷」を積む、と言う。そのままでは「バラける」荷物は梱包しなければならない。葡語 bala バラには「弾丸」以外に「梱包用袋」の意味もある。「袋」が必要なモノを「バラける」と言った。

734

ばらす

葡語 bala バラは「銃弾」（→733「バラ」579「チャンバラ」）。「（銃弾を使わなくても）殺す」意味で「バラす」、「表面化する」の意味の「ばれる」（→739）から他動詞「（秘密を）バラす」になった。

一方「空間的・時間的に離れている様子」が「バラバラ」。「（饅頭を）バラで」は「箱詰めしないで」。葡語 bala バラには「弾丸」のほか「梱包用袋」の意味もあり embalagem は「包装、梱包」。

735

ハラハラ

葡語 ralar ハラーは「（おろし金で）おろす　悩む」。「ハラハラする」「ハラハラと涙を流す」は「おろし金でおろされるような気持ちになって」（心配する、泣く）。（→242「ギザギザ」）

736
パリッと
「パリッと」している、と正装して服装がきちっと決まっているさまを言うが、これは葡語の「パリト paletó」（上着、背広）から。

737
ハリボテ（貼りボテ）
葡語 bote ボテは英語の boat ボート。確かに（紙を貼った）ボートはすぐ沈む。

738
バる
ポルトガル船来航から半世紀余りで開通した長崎街道は西洋の文物の通り道。信長以後も天下人は日本にないものを珍重したので、献上品はそれなりの箱入りだったが、生きた象だけはいくら珍しくても入れる箱もなく、長崎街道をゆっくり堂々と歩いた。初めて見る象に沿道の日本人は度胆《どぎも》を抜かれ、他人に説明するとき、その大きさを語り象の鳴き声をしてみせた。「プルルーン」（鼻を鳴らす）が英語では「トランペット trumpet」、その葡語が「バリール barrir」。象が「プルルーン」と鳴くと「バリゥ Barriu.」と象使いのインド人が言った。日本語の「言い張る」の「張る」にかけ、音を立てて（声に出して）主張することが「バる」となり、「バリバリ働く」などと言った。西日本では気持ちを張ることを「気バる」、声が出るほどうまい「バリうま」。包装にそう書いてある食品も九州には多く、民放テレビには「バリはやッ！」という早朝番組さえある。大声また鳴物入りで、トランペット（ファンファーレ）が高らかに鳴る様子を言う。俗語で排泄すること（芭蕉の句↓1008）も「バる」というが、語源は葡語「バリール barrir」。

さらに遡《さかのぼ》ればラテン語「バール bar」に行きつく。かつて高気圧、低気圧の単位を「ミリバール」と呼んだが、「バール bar」は気圧の意味で葡語「バリール barrir」もラテン語 bar に由来する。

739

ばれん、ばれる

木版を彫り墨を塗り、紙を載せ上から「ばれん」で摺って版画ができる。この「ばれん」の語源は不明とされるが、葡語の「バレン valem」は「価値を持つ、具現化する」。

日本語の「ばれぬ」（否定形）から、その肯定形「ばれる」が生まれた。何も見えない布を「ばれん」で擦って版画の絵が浮き出たさまを「ばれた」と言い、「水面下の事柄が表面化する」意味になった。

東京で高校時代の同級生が花見をする、と言うので地元九州のイオンでズボンを買う。半年後同じ売り場を通ると「東京の花見はいかがでしたか？」と店員A。レジの店員Bに「あの人（A）すごい記憶力なんだよ」と理由を説明していると「そんなこと、若い娘《こ》に言わないでください。ウチたちの関係がバレるやないですか」とAさん。滅多にない会話、だが実話。人柄なのだろうが、そんな粋人が九州には多い（大阪で信号待ちをする人に横断歩道の反対側から刀を振り下ろす動作をすると何人かが呼応して斬られたフリをする関西人は関東人には到底理解できないが、九州ではこんなこともあった）。

740

ハレンチ（破廉恥）

「破廉恥」は当て字。葡語 ralé ハレは「恥を恥とも思わぬ様子」「下層階級」。-nte ンチは「ぼくンチ」「きみンチ」など「ーの人々」「家　階層」を表す接尾語（日本語の「衆」に近い）。厚顔無恥な様子にあきれたポルトガル人の言葉「ralénte ハレンチ（低俗）」に漢字「破廉恥」を当てた。

何がハレンチかは国・人により異なる。Gパン姿で旅行する日本人が増え、ヨーロッパ全土を一等車（列車）に乗れるユーロパスを買って日本を発つ若者も多い。ただドイツでGパンは労働者階級のシンボルなので、一等車で堂々としていると他の客に「Erst Klasse!」（ファーストクラスですよ！）と注意される。

741

パン

「パン」が葡語であることはよく知られている。pão と書き発音は「パォン」で「パン」より「ポン」に近い。「人はパンのみに生きるにあらず。Não só de pão vive o homem. = Man shall not live by bread alone.」聖書の一節をミサで説教する神父様、この「パン」を何と言えば日本人にわかってもらえるか、悩んだ末、結局「パン」は「パン」と言うしかなかった。ミサの終盤、列をなす信者の口に一切れずつキリストの「ご聖体」として与えた。「アンパン」を考案したのは明治時代、銀座の木村屋總本店とされるが、それまで「パン」は単語として日本人の記憶に残っていた。それが文明開化時代、「アンパン」「すき焼き」など、日本人の味覚に合わせるのに砂糖は重要な役割を果たした（↓751「ビスケット」）。

742

はんてん（半纏）

丹前（↓563）の左右両手の短いものや全くないものを「半纏」と言う。寒さが凌げ作業性も良い、と日本人が自慢げに左右両方の穴に手を入れる様子を見たポルトガル人が「蛙の両目」を連想し「蛙にもあるよ rã tem ハンテン」と言い漢字「半纏」を当てた。

743

ハンパない

主として関西で「ハンパない」と言う。「半端ない」と書くが、葡語「ハンパ rampa」は「傾き」。「ハンパない」は「寸分の傾きもない」。

高校サッカー（鹿児島大会）で負けた相手のチームのキャプテンが試合後ロッカールームで大迫《おおさこ》選手のプレーを「半端ないって！」と男泣きしたことからこの言葉が有名になった。

744
パンパン

「戦後の日本で進駐軍兵士を相手にした街娼」で辞書には原語不詳とあるが葡語pândega パンデガは「無思慮な浮かれ遊び人」。戦後生きるのが精一杯だった敗戦下の日本で、数世代にわたり逆境にあった潜伏キリシタンが戒め合った葡語が広まった。

745
パンヤ

枕、布団、座布団（↓782）の中に入れる綿は「パンヤ」（葡語panha）と言いこの時代伝わった。

746
ひいき（贔屓）

葡語rico ヒーコ（英語rich）「リッチ」から（お互いrico ヒーコに）が関西弁「ごヒイキ（贔屓）に」になり商家・お座敷で（客への）挨拶の常套句になった。今風「win-winの関係で行きましょう」（↓153「お達者」）。それに漢学者が（ビジネス用語らしく「貝」のつく漢字の）「贔屓」を当てた。中国語では「偏愛」と訳し「贔屓」に日本語のような意味はない。葡語r音は「ラ行巻き舌のr、ラリルレロ」のほか「ハ行のr、ハヒフヘホ」がある。ブラジル人が「Rio de Janeiro リオデジャネイロ」を「ヒオ・デジャネイロ」と言うように当時も rico は「リコ」（→177「お利口」）のほか「ヒコ」とも発音された。

747 ビードロ

浮世絵「ビードロを吹く女」（喜多川歌麿）が吹くガラス玩具はビードロと呼ばれていた。葡語 vidro ビードロは「ガラス」。

748 ぴかぴか

新品の金属の光沢「ぴかぴか」は葡語 picar から。「ピカる」は「瞬間的に強く光る」。葡語 picar ピカーは「刺激を与える」。タバスコなど料理の薬味（刺激物）を picante ピカンテ（スペイン語も同じ）と言う。

749

びきたん

葡語の名詞の語尾に「タン tão」（増大辞 Aumentativo）をつけることで、その名詞を強調また「名詞の大きなもの」を表した。（↓565「たんと」）。「びきたん」は「ヒキ」ガエルに「アン ão」をつけたもので「とても大きなヒキガエル」。

750

ビス

「ビス」も十九世紀長崎に大浦天主堂建立時入ってきたフランス語 vis ビス「ねじ」。一五四三年鉄砲（火縄銃）が種子島の殿様に献上された《鉄炮記》（↓684）とあるが殿様には大金で売ったとしてもたった二年でコピー（堺で大量生産）され信長の天下統一（日本史上大イベント）につながるとはポルトガル人*も想定外だったろう。

＊ 鉄砲伝来で日本の戦国時代は終わるがポルトガル側から見ればまずアフリカ大陸のベナン（ガーナ）を拠点に金と鉄砲を交換し莫大な利益を上げアシャンティ王国は鉄砲で対立する部族を制圧し現在に至る。西に向かったスペインがアメリカを発見しインカ・アステカ帝国を滅ぼし中南米の銀鉱山にアフリカから黒人奴隷を投入するとオランダはアフリカの金を求めポルトガルを攻め落とす。この時代の交易に金銀の有用性はザビエルさえローマ法王庁に報告している。当時の世界需要の半分を供給した日本の石見銀山周辺の神社の石像には十字架が彫られ、現存するアシャンティ王国の建築群は世界遺産（ＮＨＫ「大航海時代」）

751

ビスケット

砂糖を日本に伝えたポルトガル人は世界各国でマルメロの木を探し、その実の果肉と砂糖を合わせ煮て成型、マルメラーダ（マーマレード）をつくった。マルメロの木のない日本ではカリンの果肉を砂糖で煮てさまし、家紋の入った最中《もなか》の薄皮で挟み、熊本細川藩の銘菓「加勢以多《かせいた》」ほか、九州の菓子舗は競って南蛮渡来の砂糖で御用達菓子をつくるが（↓**190**「カスドース」**193**「カセイタ」**281**「ケシアド」**349**「コンペイトー」）、このときの情熱が、新規なものにはそれが何であれ砂糖を入れるという世界にも例をみない、日本独特の味覚の起源で、九州の醤油には甘味がある。そうめんのダシ汁《つゆ》も九州の高級品には甘味がある。

ヨーロッパの自動車会社副社長を接待して「すきやきハウス」に連れていったところ、西洋人の彼は甘い肉に目を白黒。考えてみれば、砂糖を使った甘い肉など、日本人以外は食べない。岩塩を振って炭火で焼くのが世界の常識。まして生卵を割って甘い肉をつけるなど言語道断、人間として良識の問題、と言わんばかり、憮《ぶ》然《ぜん》とした表情で箸《はし》をつけなかった。（ブラジル時代、学生寮で「日本人の好きな食べ物は何か？」と訊かれ、炊き立てのご飯に生卵を割って醤油「モーリョ molho」をかけ混ぜ啜《すす》ってみせたら、そんな野蛮人とは知らなかったと言わんばかりに、一週間はだれも口をきいてくれなかった。西洋の貴族も鶏の首を刎《は》ねた血の乾燥粉末を高級料理の調味料「モーリョパルド molho pardo」にしているではないかと反論した処《ところ》で、常識が違うのだから詮無《せんな》い話）。ビスケットも明治時代になって牛乳ベースに砂糖を加えてつくられた。葡語では「ビスコイト biscoito」。

752

びた（一文）

農民は厳しく税を取り立てられた。所得税・法人税・相続税から消費税に広がる日本の税制だが当時の農民は現物（年貢米）を納めた。凶作のときも役人が（農民の命にかかわる来年用の）種籾《たねもみ》まで要求した（↓497「せめて」）。

葡語 vital ビタ（ル）は「命にかかわる」。「これだけは勘弁しておくんなせい」の「これ」とは「命にかかわる米」（種籾）で、一般に「びた一文」などと言うようになった（英語も同じスペル vital バイタル、手術中の医師が看護師に確認する血圧などのバイタル・サインも「命にかかわる」サイン）。

753

ピタッと

アメリカ合衆国とカナダの国境は北緯49度線で「ピタッと」線引きされている。

葡語 pitar ピター（英語 split）は「割る、線を引く」。「ピッタリ（お似合い）」「（新幹線の乗車位置が）ピタリ」なども同語源。

754

ビックリ（吃驚）

心に安寧《やすらぎ》を与える神父の言葉が生活改善（健康）に役立ったことはキリスト教系の病院名が多いことからもわかる。生活習慣病と命名したのも聖路加病院の院長。具合の悪い子を連れた親が教会にやってきた。神父は子どもを見てその症状の重篤さに驚き「bicudo! ビクード！（こみ入った面倒な状況）」と叫んだ。大したことあるまいと思っていた親は「びっくり」した（「吃驚《きっきょう》」を訓読み）。

755

○○○（跛）

葡語で bico ビッコは「先端　つま先」。ポルトガル人が sobre o bico「ソブレアビッコ」（つま先立ちしている）と言うのを聞き、「ふらつき歩く（↓786「フラフラ」）」ことからビッコと言った。差別用語。

756

ひったくり（引っ手繰り）

葡語 tacada タカーダは「（ビリヤードの）一打」（↓528「たくる」）。「引いてタクる」から「ひったくり」。

757

ビッタレ

晩秋、冬の足音が聞こえる頃になっても鳴いているセミの声を聞き「ビッタレおどし」が鳴いている、と言って、冬の準備が遅れている、だらしない女の戒めにしたという説話が九州北部にあった。この「ビッタレ」は葡語の「ビタル vital」（深刻な、重症の、致命的）から。

758

ひどい（酷い）

「酷《ひど》い」も当て字。葡語「ヒドラ hidra」（根絶しがたい厄介物）から。

759

日生

「日生」と言っても生命保険会社ではない。岡山県の漁港日生《ひなせ》は最難読の地名。「日は太陽」だが「生」がなぜ「なせ」なのか？　地元の人もわからない。葡語の動詞「ナセール nascer」（生まれる）からつけた。東海から昇る太陽が美しいことから語学堪能な知識人が粋な命名をした。

760

ヒヒーン

馬が「ヒヒーン」といななく。葡語の動詞 rinchar ヒンシャー「いななく」から。

761

びびる

九州は毎年六月水害（土砂崩れ）に見舞われる。救出作業は目に見える社会奉仕活動だった。

神父たちは生存者を救おうと、土砂で潰された家屋に率先して入った。住民が恐る恐る外からのぞき込むと中から「Vivido! ビビド（生きているぞ！）」との返事、ビクビクしていた住民には「びびる」と聞こえた。vivido は動詞 viver（生存する）の過去分詞。

762

ひま（暇）

葡語 rimar ヒマーは「詩を作る」。昔の日本人にとって歌舞音曲は「暇人のすること」に思えた。

763
ひむろ（氷室）
葡語 muro ムロは「(石・レンガ）の壁囲い＝室《むろ》」。冬「氷室」に池の氷を入れて夏まで保存した。

764
ひょうきん（剽軽）
「ひょうきん」は「(人の性格が）気軽、明朗、滑稽」。葡語 rêu quindim へウキンディン「不出来のあだっぽさ、愛敬」から。「出来は悪いが憎めない」フーテンの寅さん風（↓445「スカブラ」）のイメージ。葡語 rêu へウは形容詞「不出来の」（↓795「へうげもの」）で quindim は「愛敬」。

765
ひょうたん（瓢箪）
「ぼんたん（文旦）」は南九州名産の柑橘類、バリエーションも多いためウリの一種にまで「タン」をつけた。その面白い剽軽《ひょうきん》（↓764）な形状から「ひょうたん」と名付け豊臣家の家紋にもなり江戸時代には武士が酒や水を入れ携行・愛用した。中国語「葫芦」。

766

びょうぶ（屏風）

葡語 biombo ビオンボは日本語の「屏風《びょうぶ》」。有名な「唐獅子図屏風」（狩野永徳）は桃山時代。「鳥毛立女屏風」など昔の屏風に使った革紐に代わる蝶番の登場で屏風は輸送可能な工芸品（南蛮貿易の主力輸出品）になり日本語が葡語・スペイン語になった。

767

ひょっとこ

高取焼の「へうげもの」（↓795）を「ひょうげなる（もの）」（福岡県直方市ガラス館）と表現したように九州では「おどける」（ふざける）ことを「ひょうける」と言う（↓764「ひょうきん」）。「ひょうけたおとこ」が「ひょっとこ」。「ひょっと（して）」「ひょっと（すると）」も「おどけて（みて）」

「おどけて（みると）」が原義。
中国語に「剽軽《ひょうきん》」「瓢箪《ひょうたん》」はない。日本人は「ひょう」を「をもしろをかしきもの」につけ、人の軽妙さが面白ければ「剽軽」と言い、風に吹かれ実が揺れるさまが面白いので「瓢箪」と書いた。

768

ビラ

英語 bill の訛《なまり》とする辞書があるが葡語 vira ビラは「裏返す　変心する」。広告のビラは裏返しても見るが、それより見た者の「（考えを）変えさせる」が原義。

769

ビリ

九州一円で「ビリ、ドベ」と言う。「ビリになる。ドベになる」は「最下位になる」意味。この「ビリ」は、葡語の「ビレーザ vileza」（値打ちのない、下品な）が「ビリ」と聞こえた。

770

ビロード

葡語 veludo ベルード「柔毛のある生地」から。英語 velvet。

771

ピンからキリまで

「ピン」は葡語「pinta 点」（『広辞苑』）。正確に言えば、「斑点」のように視覚的な「点」で、「サイコロなどの目」の意味にも使われる。この点で抽象的な「点 ponto（ポント）」すなわち「英語の point（ポイント）」（↓861「ぽんとちょう」）とは異なる。この「ピン」は昔の通貨の呼称でポルトガルの古銭。通貨は国家が発行するものだが、経済的に破綻するたび、また戦争のたびにつぎの国家が新しい通貨を発行する。そうした歴史を数多く経験したラテン諸国にはあちこちに古銭が死蔵されていて、その価値は無限大にゼロ。収集家が値段をつけようにも大量に存在する古銭は何の役にも立たない。それが「ピン」、「キリ」はキリストの十字架「クルス cruz」。「価値のないものから最高に尊い大切なものまで」が「ピンからキリまで」の意味。

772

ブイ（浮標）

葡語 bóia ボイア「浮き（輪）」。bóia de ancoragem「停泊用ブイ」（岸壁の鉄製ブイ）も船を安定させることから「ぼや」の挿絵で船員が言った bóia ボイアは「（岸壁の）停泊用ブイ」の可能性もある。（↓849「ぼや」）

773

プータロー

puta プータは「売春婦」（↓954「やっぱり」）。「プータのような（定職のない）男」を「プータロー」と呼んだ。女性にも使っている。

774

ふうてん（瘋癲）

中国語「瘋癲」は「精神病」。日本語の「フーテン」は「（寅さんのような）無益な　役立たず」で葡語 fútil フティル「価値のない」から。この強調形「futão フーテン」は日本の造語で、寅さんは世の「フーテン族」に居場所を与えた。

775

フェルト

「羊毛製品」を「フェルト」と言う。葡語 fêltro フェルトロ「フェルト」から。

776

ふくさ（袱紗）

茶道の「袱紗捌《さば》き」がミサで聖杯布を扱う司祭の所作と酷似していることからキリスト教と茶道の接点*が話題になるが、「紗」は「更紗（↓369）」から。更紗《さらさ》は高級綿で袱紗は絹だが、どちらも当時は「紗」と呼んだ。枕草子「白きふくさ」

を「白き袱紗」と記した写本があり漢字「紗」が「更紗」であるとすると、茶袱紗（茶道の袱紗）などの「袱紗」は古語「ふくさ」に漢字「袱」を当てたもので限りなく国字に近いと思われる。

＊ 聖書の記述（一つの聖杯《カリス》を弟子が「回し飲み」したこと）から当時のミサの手順が茶道の所作に取り入れられた。因みに一夜城伝説「三日で築城」も「三日で神殿を建て直すイエス」（聖書）の影響と見られる

777

ふこう（不幸）

「しあわせ（↓378）」「幸」の音読み「コウ」から「不幸」と言うようになった。中国語「不快樂」。

778

ふざける（巫山戯る）

「巫山戯《ふざけ》る」と書く。動詞「フザケアー fuzarquar」（からかう、ふざける、浮かれ遊ぶ）から。ポルトガルの古語・方言だが宣教師が使い日本語になった。ブラジルでも通じる。

779

ふしだら

司祭は聖書の言葉（「箴言《しんげん》 proverb」）Até a criança <u>se dará</u> a conhecer pelas suas ações, se a sua obra é pura e reta. を語り、通訳した神父は「幼な子でさえも、その行いによって自らを示し、そのすることの清いか正しいかを現す」と言った。下線部「シダラ」se dará は「身を捧げる→自己実現する」意味。dar se「ダラシ」とも言い、神父の常套句だったのでミサに参列した日本人信者は「シダラ」「ダラシ」を戒めの言葉と受け取った。現代風に言えば「自分らしく生きる＝自己実現する」だろう。そうでないことに否定辞「不」をつけ、キリスト教信者にあるまじきさまが「ふシダラ」「ダラシない」（↓558）になった。夏目漱石は「不体裁」と書いている。

780

ぶつかる

相撲の「ぶつかり稽古」のほか（物理的ではなくても）「重なること」「かち合うこと」を「ぶつかる」と言う。

葡語 buscar ブスカーは「捜す」。「（好物の）鰯《いわし》を捜してきてください」と神父が複数の信者に頼み、魚市場では「私もブスカーするように言われた」という人が何人もいたことから、複数の注文がブツかった、と言った。

781

ぶっちゃけ

袈裟姿の僧侶が「本音」を語る『ぶっちゃけ寺』というテレビ番組があった。葡語bucha ブッチャは「栓」。「栓」を取って本音をぶちまける。「ぶちまける」から「ぶっちゃける」になったのではなく、反対に「ぶっちゃける」が「ぶちまける」になった。

782

ふとん（布団）

「布団《ふとん》」は葡語の「フストン fustão」（綿、麻などの布地）。綿を布の中に入れた布団はごく最近の寝具。明治時代、綿花が輸入され布団が広まる。ポルトガル船来航後国内でも栽培され綿問屋もできるが、火縄銃の火縄用が主で綿入れの布団は上流階級限定品。それ以前の平安貴族の寝具も保温性のない麻、絹で、庶民は藁《わら》や蕨《わらび》のほどろを敷物や寝具にしていた。江戸時代になっても山村では樹木の樹皮や籐《とう》、農村では藁や紙、漁村では干した海藻を麻袋に詰めて寝具にした。明治になり綿糸が重要輸出品目になったが、綿入れの布団が一般化したのは昭和になってからだという。今の当たり前も少し前までは決して当たり前ではない例だが、「布団」「座布団」は葡語。

783
フマキラー
葡語 fumaça フマッサは「煙」。killer キラーは英語「殺し屋」。煙で虫を殺す噴霧式殺虫剤。ラテン語 fumus は「蒸気、煙、気体」。

784
フラスコ
葡語 frasco フラスコは「(理科実験の) フラスコ」。

785
ふらち (不埒)
葡語 fura-te フラチは「(相手を) 失望させる」。辞書は「埒」を「馬場の外囲い」として埒外、埒内などを例に挙げているが、「不埒」は葡語「フラチ」に漢字「埒」を当てたもの。(↓977)

786
フラフラ
宅配便など段ボール箱にガラス製品など壊れやすいものを入れたら、表面に英語で「フラジャイル fragile」と表記する。ラテン語各語でも同じ綴《つづ》りで、発音はフランス語で「フラジール」、イタリア語で「フラジーレ」、スペイン語・葡語で「フラジル」になる。スタンフォード大学卒業式の演説で有名なアップルのスティーブ・ジョブズは生前「何か一言、あの名演説に付け加えることは?」と問われ「人生は、はかない」(Life is fragile.)と答えた。葡語「フラッコ」fracoは「弱い、弱々しい」で、「フラフラする」とは「弱々しい」状態を言う。フラダンスの「フラhula」はハワイ語(舞踏の意)、フラフラと踊るからフラダンスなのではない。

787

ブラブラ

風にゆれるさまを「ブラブラ」、しっかりと固定されてない状態。これも葡語、というより、「ブラ」は、何とブラジルの「ブラ」だと言う。まさかと思い、調べれば一九一一年(明治四四年)銀座六丁目に開店した喫茶店「銀座カフェーパウリスタ」、同店のサイトには「(銀ブラの)語源は銀座パウリスタに一杯五銭のコーヒーを飲みに行くこと。一般には『銀座通りをブラブラ散歩する事』(『広辞苑』)と信じられていますが、銀座の銀とブラジルコーヒーのブラを取った新語で、大正二年(大正四年説もある)に慶應義塾大学の学生たち(小泉信三、久保田万太郎、佐藤春夫、堀口大学、水上滝太郎、小島政二郎)が作った言葉です」とある。

そうではない、と反論するのは簡単、明治時代以前の文献で「ブラブラ」を探せばいいだけの話。

それより、丸の内側の帝国劇場があるビルの地下二階「カフェ・ド・セントロ」はランチが好評で、十一時半からサラリーマンが詰めかける。「カフェーパウリスタ」とともにサンパウロにいる気分になれる。

コーヒーを「珈琲」と書き、これからは「カフェ」の時代、どうすれば「珈琲」の店「カフェ」ができるのだろう、と日本人にはまだ不思議だった大正時代。何でも東京駅前丸ビル一階の「三共ファーマシーの喫茶室」に行けばわかると「カフェ開業」を目論むマスターたちが全国から一斉に東京駅を目指した。業界誌には「鳥打帽にステッキ姿のにわか紳士たちがコーヒーの淹《い》れ方を見ようと背伸びしてカウンターの中を覗いた」とある。「三共ファーマシーの喫茶室」は金色のスプーンに白と茶の角砂糖が印象的な昭和の「カフェ」で丸の内の憩いの場だった。

788

ぶらり

「東海道中膝栗毛」で弥次郎兵衛、喜多八は「ぶらりしゃらりと」出かけている。
葡語 balanço バランソ「左右に揺れる」から。自転車も低速だと左右に揺れやすい、低速=のんびり、ということだろう。

789
ブランコ
「ブラブラ」はブラジルの「ブラ」（↓787）。しかし福沢諭吉が書いた慶應義塾の設計図には「ブランコ」とある。となれば葡語 barranco バランコ「高い斜面」が語源だろうが、こんな単語が密かに伝わっていたとすれば三百年語り継いだ隠れキリシタンを連想せざるを得ない。

790
ブリッこ
葡語 brilhar ブリリャーは「見せびらかす」。

791
ぶれる
葡語 breve ブレビは「簡略な」（英語 brief ブリーフ）。一般に簡略化すればその分不正確になりやすいが、前言と微妙に異なることを「ぶれる」と言った。「振れる」が転じたもの（『広辞苑』）というが葡音がきっかけになった。

792
ふわふわ
雲だけでなく綿飴《わたあめ》など「ふわふわ」と言うが、葡語 fôfo フォフォ「ふわふわ」から。

793

ふんどし（褌）

葡語 fundo フンドは「奥」。もともと九州では「ふどし」と言い「褌《へこ》祝い（成人祝）」もあった。葡語 fundo フンドの意味を知り「奥まった部分にすること」から「ふんどし」になった。「踏み通し」という説は音合わせ。漢字「褌」は古事記、日本書紀にあるがその読み方はわからない（源氏物語・枕草子を探しても見当たらない。宮廷女官が書くわけがない）。

794

へ（屁）

「最後っぺ」など「おなら」の「屁《へ》」。葡語の「ペイダ peida」（屁）（↓504「せんべい」）。漢字「屁」は中国から伝わり、「屁を放《ひ》る」と言ったが、「言い出しっぺ」や「しっぺ返し」のように「ぺ」の音は葡語の「ペイダ peida」から。裕福な商家の娘（振袖姿）の後ろを歩いた「屁こき比丘尼」も江戸時代の風景。「おなら」は「お鳴らし」を語源とするなら、音のしないのも含め「屁」はその総称か。

クルマのナンバープレートに「へ」がないのは「屁を連想する」から（運転試験場教官談）。

795

へうげもの

茶人古田織部はポルトガルが鉄砲を伝えた一五四三年に生まれ、大阪夏の陣、大阪城落城とともに切腹した（一六一五年）。千利休同様、反骨精神旺盛で幕府の意向を度々無視したと伝えられるが、その織部が好んだ茶陶を「織部好み」また「へうげもの」と言う。いわば「形の整っていない不揃いの美」だが、葡語 réu ヘウは「不出来の」という意味。「不出来の」茶碗を流行の外国語（葡語）で呼び茶の湯を楽しむ味わいはさぞ格別だったろう。

このréu ヘウ「不出来の」から「ひょうける」「剽軽《ひょうきん》（↓764）」「ひょっとこ（↓767）」、さらに九州の方言「ほうける」「ほけ」（放心自失状態）となる。「ボケ」（関西弁）「とぼける」は別語源。（↓831）

796

ペケ

「ダメ（↓556）」「バッテン（罰点）」の意味で「ペケ」と言う。

葡語の動詞 pecar ペカー「（宗教上の）罪を犯す」の接続法（婉曲表現）が peque ペケ。

罪を告白する信者に神父は聖書の言葉「Não peques mais.（罪を重ねる勿《なか》れ）」

を繰り返した。「Não ペケ mais.」の禁止の語気から信者は「ペケ」は「いけないこと」とわかった。辞書は中国語やマレー語が語源とするが情景が浮かばない。pecado ペカード「(宗教上の) 罪」、pecador ペカドール「罪人 (↓350)」(ブラジルに「PECADO CAPITAL (金《かね》の罪)」というテレビドラマがあった)。

797

屁こき比丘尼

葡語 coque コクは動詞 cocar コカー「見張る」の接続法現在。屁 (↓794) も「こき」(↓303「こく」) も葡語。「比丘尼」*は本来出家した尼僧だが、江戸時代、商家の娘の数歩後を付いて歩き、娘の屁の音をあたかも自分の屁であるかのように「見張る↓責を負う」女中を「屁こき比丘尼」と呼んだ。関西弁の「こく」が広まり、本来の意味「見張る」から「責任を持つ」意味 (「屁をこく」「言いたいことこきやがって」など) になった。屁負い比丘尼とも言うことから「コク」が「(責任を) 負う」意味だったことがわかる。

* 「比丘尼」は女性の「比丘」で梵語の音訳。江戸時代には私娼 (『広辞苑』) ともいわれ、「仏教の諸宗派の仏僧と同居し不義を結んだ、はなはだ嫌悪すべき人達で母親が子供を殺す日本の風習は比丘尼に発する」。さらにこの風習は「子供を育てる苦労を免れ、あるいは貧困の為に多数の子供を育てられないからだけでなく…仏僧が比丘尼と呼ばれる尼僧と自分達

の関係、を隠蔽するためにこの罪悪を考案し、今では多数の仏僧達は流産の為の草や薬を求める人々に与えている」（ヴァリニャーノ神父『日本巡察記』）。平安時代末期より宗祖自ら妻帯する仏教宗派が出現するがこの（聖職者にあるまじき）悪弊を断つ意味があったのではなかろうか。また二〇〇七年「赤ちゃんポスト」（こうのとりのゆりかご）が熊本の慈恵病院に設置され、各国にも同様の施設があり社会的意義は認められながらも日本全国に広まらないのは熊本が天草（島原）に近いことと無関係ではない

798 ペコペコ

（謝るか阿《おもね》る場合に）「頭を下げる」動作を「ペコペコする」と言う。葡語 pêco ペコは「果実が萎《しお》れる」。「腹ペコ」も同語源。

799 へこむ（凹む）

本国からの「メダイ（葡語 medalha メダリャ）」（多くはマリア像）が不足し日本でも作ることにした。神父に試作品を見せると「recompor ヘコムポー（マリア像をもっと浮き上がらせて）作り直してください」と言った。職人は「ヘコム」をマリア像の周囲を低くすることと思い漢字の形状から「凹む」を訓読みした。

800

ぺしゃんこ

葡語 pechada ペシャーダは「衝突　ショック」。自動車が出現する三百年前のことだから岸壁にぶつかった小舟だろうか。この「ぺしゃんこ」が東進して「ぺちゃんこ」（↓805）になる。（↓578「チャンとする」）

801

ヘタ（蔕）

葡語 reta ヘタは形容詞「直線的」（女性形、男性形は reto ヘト）。茄子、柿などの実、チューリップなどの花についた萼《がく》の先は直線（中国でも「蔕」は「蔕」。それをどう訓読みするかが本書のテーマ）。

802

ベタ

「ふだん着」（縞柄の着物）を見たポルトガル人が「bêta ベタな（縞模様の）着物」と言ったことから「ありきたり」「そのまま」「特別でないこと」さらに「面白くないこと」が「ベタ」となった。関西弁「ベタネタ」「ベタな話」は「面白みのないありきたり」の意味。銀座のバーで「ベタな客」と言えば目立たない客。海の「ベタ凪《なぎ》」は凪（無風状態）の強調。

803

ヘタる

葡語 retalhar ヘタリャーは「寸断する　裂く　心を痛める」。たとえば Um profundo desgosto retalhou o seu coração.（彼の心は悲しみで寸断された）。英語 A deep sorrow pieced his heart.「心がズタズタに切り裂かれた」は字句通り。、「心がヘタった」はプロの訳。

804

ぺちゃくちゃ

「ぺちゃ pecha」は「欠点、悪癖」、「くちゃ curtia」は「滅茶苦茶」の「苦茶」、つまり「ぺちゃくちゃ」おしゃべりする音がピチャピチャという水の音に似ていることからの擬音語（↓911「めちゃくちゃ」267「くちゃくちゃ」）。

805

ぺちゃんこ

葡語「ペシャ pecha」は「欠点、骨折り損」で、「ペシャン pechão」はその強調形。日本語化して「押し潰された状態」をより視覚的（リアル）に表現するのに用いるようになった。

関東へ進むにつれて「ペシャ」が「ペチャ」になって、「ペシャン」が「ペチャン（コ）」になったのは、「シャンとする」↓「チャンとする」と同じ（↓578）なのだが、なぜか東京でも「ペチャる」とは言わず「ペシャる」を使う。関西弁のインパクトだろうか（↓800）。

806

べっちん（別珍）

ポルトガル人が持ち込んだ木綿（↓360「サテン」505「ぞうきん」）を強化した布地 betão ベトン（フランス語 béton）「コンクリートのように堅牢な物」を「別珍」と書き、端切れ「別珍の鼻緒（↓721）」を下駄（↓285）にすげた。葡語 veludo「ビロード（↓770）」は良い肌触りが特長でそれを強化したものが「別珍」。辞書には英語 velveteen ヴェルベティーンが語源とあるが、当時の葡語。

807

べっと（別途）

葡語も英語も veto ベトは「拒否権」。国連の安全保障理事会、通称「安保理」で「拒否権」が行使されれば決議は無効、「別途」（別の方法）を考えなければならない。

808

べっぴん

「別嬪《べっぴん》」は「普通の品物とは違う、特別によい品物」で、歌舞伎の脚本に「別品」

とあり本来は品物、転じて優れた人物で、女性に限らず男性にも用いられた。しかし中国語に「別嬪」はない。葡語の（絵のような美人）「ベラ、ピントゥーラ bela pintura」が「ベッピン」になった。

809

へっぽこ（屁っぽこ）

葡語 rebolão へボロン「見掛け倒し」から。「屁」で役に立たずを強調した。

810

ペテン

広辞苑は「ペテン」を中国語の訛りとしているが、葡語「pêta（ペタ＝うそ）の強調形 pêta ＋ tão ＝ petão（ペトゥン＝大嘘）」が「ペテン」。「嘘」と「大嘘」とはどう違うのだろうか。ペテン師は詐欺師とほぼ同義で詐欺の要件が大嘘。「大嘘」とは実害の少ない笑える嘘ではなく、表には見えない嘘、他人をだます虚構があって詐欺が成立する。そのような「大嘘、虚構」が「ペテン」。

811

へとへと

葡語 reto へトは「(棒のように) 真っすぐの、直線的」。「へとへと（に疲れる）」。ビートルズの A Hard Day's Night「I should be sleeping like a log.（丸太ん棒のように眠る)」も「疲れて（ぐっすり）眠る」。reto ヘト「直線的」（↓801「ヘタ」）とretalhar ヘタリャー（↓803「ヘタる」）は葡語では別語だが日本語では発音が同じで区別できなかった（同音だと日本人にはわからない）。

812 へばる

葡語 rebaixar へバイシャーは「(気力が) 低下する」。

813 べべす〈宮崎〉

橙《だいだい》色の「だいだい」（福岡）、緑色の「すだち」（徳島）、「かぼす」（大分）に対して宮崎には「べべす」がある。どれも緑色系の柑橘類だが、bebê べべは赤ん坊（↓169「おべべ」）。「赤子にも食べさせられるほどやさしい酢」という「ベビーパウダー」のようなネーミング。

814 へぼ

葡語 rébolão へボロンは「見掛け倒し」。立派な髭を生やしながら将棋初心者の腕前を揶揄した。

815

へま

葡語 rematar へマター「終わる　完結する」から。doido rematado は「完全なバカ　救いようのないバカ」、「(あのバカ) 終わってる」感じ。「へま」は「(終わったと言われるほどの) 失敗」。

816

ヘラ (篦)

糊などを「ヘラで延ばす」という場合の「ヘラ」。

ポルトガル人神父が書いた手紙 (信書) を封筒に入れ、今なら糊づけするが、当時はその封筒に蝋《ろう》を垂らして封印した。封蝋《ふうろう》はヨーロッパの習慣で垂らした蝋が固まる前に本人独特の模様 (花押) を棒筆で描いた。これを relacrar へラクラーと言いその棒筆を「ヘラ」と呼ぶようになった。

年代物ワインボトルにも蝋封したものがある。「親展」の意味。

817

へらへら

勤勉な日本人から見て西洋人 (南蛮人) の動作がゆったりしていて緩慢に見えることがあった。逆にせっかちな日本人は外国人の鷹揚《おうよう》ぶり「リラックス」を「へらへらして」と言った。
葡語 relaxar ヘラシャー「リラックスする」から（↓400「シャーシャー」）。

818 ぺらぺら

「ぺらぺら」喋《しゃべ》る、ではなく紙などの「ぺらぺら」は葡語 pelar ペラー「(りんごなどの) 皮をむく」から。「うすっぺら」（英語 peeler ピーラー「皮むき」）も同語源。

819 ベロ（舌）

「しゃべる（↓411）」から。舌がなければ（発音できず）しゃべれない。

葡語「舌 lingua リングァ（英語 tongue）」には「言語」の意味がある。リンガフォンという語学用レコードがありデパートのエスカレーターを上った脇で販売員（中年のおじさん）から「生の英語が聴けます。いかがですか?」と執拗に奨められ私（当時高校生）は若気の至りもあって「あなたは聴いたの?　聴いて販売員してるの?」と嫌味を言ったことがある。

語学力に比例する聴力は二十《はたち》*を過ぎると急激に下降する。英語が小学校の教科になって先生の母親（高齢）から「どうしたらいいのでしょうか、聞き流すだけで、ってのはどうでしょう?」と相談があった。聴力が落ちてからいくら聞き流しても脳が受け付けない。native speaker ネイティブスピーカー(母国語の人)を大学・高校・中学の教員の条件にした結果不良外人が増え(聞き流すだけの)ビジネスが横行している。しかし母国語だからと言ってその人に語学力があるわけではなければ生徒が聞き流して語学力がつくわけでもない。高い語学力を目指すのではないのだから外人教師の質(良・不良)は問わず、聞き流した方が何も聞かないよりはマシ、ということか。

* 言葉の習得能力(先天的資質)と言語の学習(後天的努力)の問題。十八歳で渡米した八村塁(錦織圭は十四歳)と二十七歳のイチローでは環境(アメリカ生活)への適応力が違う。二十歳の大谷翔平はぎりぎりボーダーラインで(記録は伸びても)通訳にたよる分語学は伸びない

820 ぺろり

「べロ(↓819)」から。「舌」を使って一口で食べる様子。

821 ベンガラ(弁柄)

インド Bengala ベンガラ地方独特の顔料を使った布の縞模様を「ベンガラ縞」と言った。

「人柄」「花柄」など「柄《がら》」の語源。中国語にはない日本独自の意味・用法。（↓224）

822 ペンキ

葡語（古語）per tintura ペーティントゥラ「ペンキ塗」。辞書にはオランダ語 pek からとあるが pek は英語の pitch「コールタール」。

823 べんとう（弁当）

「お元気？」と声をかけるのに英語、とくにアメリカで Everything OK?（すべてOK？）と言う。

葡語会話で「すべてOK？ Tudo bem?」、それに対し「トゥベン Tou bem.」（いいよ）と答える（↓392「しとう」）。葡語会話で「とう」があまりに日常的（頻繁）であったため日本人も早く覚えて多用し、身近なもので、これを食べて元気が出る、と倒語を使った。日常的に「トゥベン」と言うので毎日簡便に携帯する意味から倒語で「ベントゥ」（弁当）になった。倒語の例は特定業界に多い。「タネ」↓「ネタ」、「おんな」↓「なおん」、「うまい」↓「まいう」など。

824 ほうとう（放蕩）

葡語 rôto ホトは「浪費する、役立たずの」（↓988「ロートル」）。

825 ボーボラ

筑豊地方には葡語の名残がある。カボチャは「アボボラ abóbora」だが、祖母の時代、カボチャを「ボーボラ」と呼んでいた。「カボチャ」も葡語で国名「カンボジア Camboja」から。

826 ボーロ

「葡語 bôlo ボロ」はケーキ。クリスマス・ケーキは「ボロ・デ・ナタル Bolo de Natal」。日本ではカステラの生地をそのまま鉄板に落として丸く素焼きした「丸ボーロ」が一般的で生地には黄身も使った。この「丸ボーロ」がおやつだった人は西日本に多い。

827

ホーロー（琺瑯）

ホーロー鍋の「ホーロー（琺瑯）」は金属の表面にガラス質の釉薬《ゆうやく》を塗って高温で焼き付けるのだが、ガラス質の釉薬を塗るときポルトガル人はペンキを塗る器具ローラーで塗った。

これまで釉薬は筆で塗るのが常識だったので、ローラーで塗る姿はスマートで斬新な印象を受けた。そのローラーが葡語の「ホーロー rôlo」。ガラス「ビードロ」も葡語 vidro。伝統の「螺鈿《らでん》」に「象嵌《ぞうがん》」技術を伝える（↓554「だます」）とともに「七宝焼」にも影響を与えた。

ポルトガルのタイル画「アズレージョ azulejo」もガラス入り釉薬をホーローで均等に塗り焼き上げる。

828

ポカ

「不意の失敗」を「ポカ」と言う。葡語 pouca-vergonha ポカ…は「軽微な恥（失敗）」。

829
ほかす

「ほかす」は葡語の「センホッキ sem roque」（無秩序に）の「ホッキ」に由来（→989「ろくでなし」）、「無秩序にする→ダメにする」意味。これに接頭語「すっ」をつけ強調、「すっぽかす」となった。強調の接頭辞「すっ」は「すっ裸」「すっぴん」「すっころげる」、濁音で「ずっこける」など。

830
ほぐす

「固い物を柔軟にすること」を「ほぐす」と言う。葡語 rogar ホガー「懐柔する懇願する」から。

831
ボケる（惚ける）

葡語でもイタリア語でも「口」は「ボカ」。映画「ローマの休日」でオードリー・ヘプバーンが教会入り口左手にあるレリーフ（怖い顔の彫刻）の口に手を入れた、あの「真実の口（Bocca della Verità（ボカ・デラ・ベリタ）」も「ボカ」。葡語「ボカ boca」の動詞「ボケアー boquear」は「魚のように口をポカンと開ける」。「(口をポカンと開けて）忘れたこと」を「ボケる」と言い、「(口をポカンと開けて）知らなかったフリをする」ことを「トボケる」と言い、自分が知らなかった、という場合 I am = Estou = 'Tou = 「ト」をつけた現在進行形「トボケる」が一般化した。「ボーッとしている」も「ボケ」（関西弁）も葡語「ボカ boca」から。「高齢者の認知症（ぼけ）の一因」が口腔（オーラルフレイル「口腔の老化」）にあり、「歯磨き（口腔ケア）」が「ボケ防止」になるという。「ボケ」と「口 boca ボカ」とは関係があり「（開いた）口」から。

832

ほざく

「軽蔑すべき者の発言」を「〇〇がほざく」と言う。葡語 rosar ホザーは「ローズ色になる」。「〇〇がほざく」は「相手が赤面することを言う」。

833

ほじくる

葡語 rosicler ホジクレーは「淡紅色の」。ルビーなど微小な淡紅色の鉱石を掘り出すときに日本語化した。

834

細川ガラシャ

彼女（明智光秀の娘、本名珠《たま》）は父親の主君織田信長の勧めで細川忠興に嫁ぎ、本能寺の変以降「逆臣の娘」として歴史に残る女性だが「ガラシャ」*とはどういう意味だろうか？

＊「ドチリーナ切支丹（↓635）」では「がらさ」と表記している

アヴェ・マリアの歌詞♪アヴェ・マリア　グラッツィア　プレナ…（溢れる恩寵）、このラテン語 gratia「グラッツィア（恩寵）」が日本語で「ガラシャ」。バテレン追放令の時代、細川家の奥方という身分を考慮したポルトガル人神父はまず侍女たちを洗礼し、その侍女の一人（清原マリア）が細川邸で洗礼式を行い奥方の洗礼名グラッツィアを日本語で「ガラシャ」と発音した。

ラテン語 gratia グラッツィアはポルトガル人神父の言葉。スペイン語 gracias グラシアス、イタリア語 grazie グラッチェ（本書タイトル＝有難う）も同語源。

キリスト教は聖母マリアへの崇敬もあり一夫一婦制のため諸侯も洗礼を躊躇《ためら》うことも多く「側室五人を」という忠興にガラシャは「夫と別れたい」と宣教師に打ち明けている。これには「父光秀（愛妻家として有名）の家庭」環境や「妾との縁を切った九州の武士の入信（洗礼）に奥方・婦人が感動した」（『吉利支丹文学集I』）情報があったのだろう。またルイス・フロイスに宗教書『こんてむつすむん地』（「世俗厭離」↓あとがき）を贈ったのは彼女が二十五歳のときであり、現存する同書（国字本）はその格調の高さから文学的素養深い彼女本人ないし側近何人かの手で翻訳されたものと推定されている。最期に臨み彼女が詠んだと伝わる辞世の和歌

散りぬべき　時知りてこそ　世の中の　花も花なれ　人も人なれ

835 ほだす（絆す）

葡語 roda ホダは「車輪」。「ほだされる」は「（相手の）車＝ペースに乗せられる」。

836 ポタポタ

ヨーロッパの水は概して飲用には不適の硬水なので、フランス、イタリア、ドイツ各国にミネラルウオーターがあり、ポルトガルにもある。街で買わなくても山道を運転していると湧水があって、「この水飲めます」「アグア　ポターベル água potável」（飲料水）と表示してある。

日本に来ても、ポルトガル人は「飲料水」＝「アグア　ポターベル」を大事にしていた。その水がこぼれてしたたる水滴に、「ああ、私のアグア　ポターベルが」と言ったことから日本人の間で「（勿体《もったい》なくも）水滴がポタポタしたたる」となった。

837

ボタ餅

「ボタ山」の「ボタ」。地中の石炭鉱脈を掘り出し石炭を選別した残りを「ボタ」として捨てたので、どこでも坑口のそばに「ボタ山」ができた。「ボタ」の中には石炭の欠片《かけら》もあったが、「ボタ」自体に商品価値はなかった。

筑豊直方の名物「成金饅頭《なりきんまんじゅう》」。この「成金」、今でこそ成り上がり者といったマイナスイメージがあるが、日本近代化のシンボル、八幡製鐵所を支えた筑豊地方の「成金」炭鉱主《ぬし》は皇女白蓮《びゃくれん》を迎えるほど日本経済の立役者で好感度は抜群だった。その「成金」炭鉱主が激しい筋肉労働に耐える労働者たちに甘いものを腹いっぱい食わせてやれと、アンコいっぱいの饅頭をつくらせた。相場で負けて原料豆を大量に抱えたための在庫処分との説もあるが、とにかく、成金饅頭は白い豆のアンコではち切れんばかりの饅頭。

その成金饅頭の甘さに慣れると並の大福では物足りない。そこで大福の外の餅《もち》と中の餡《あん》を逆にした（外側を餡で包み

成金饅頭

餡の量を多くして甘くした)。表面の潰れた粒々の餡を見て「ボタんごとあるねえ(ボタみたいだねえ)」と言ったのが「ボタ餅」の始まり。「牡丹《ぼたん》餅」が語源という通説は語呂《ごろ》合わせに過ぎない。それに砂糖は貴重で下々《しもじも》の甘味といえばサツマイモが主で(↓**78**「いきなり〈団子〉」)日本の資本主義黎明《れいめい》期、庶民は労働者になって初めて砂糖を口にできた。「ボタ餅」の「ボタ」は「ボタ山」の「ボタ」。

838

ボタ山

長崎から小倉まで続く長崎街道、途中の筑豊地方には葡語が多く残っている。その最たるものが、「ボタ山、トロッコ」。「ボタ山」はピラミッド状、正確に言えば円錐形《えんすいけい》の灰色の山で、頂上に鳥居《とりい》状の木枠があり、そこまで「トロッコ」が「ボタ」(石炭として商品にならないクズ)を積んで登り、頂上で「ボタ」を捨て空《から》になって下っていく。「ボタ山」の中腹では「ボタ」がくすぶって所々で煙が上がっていた。今でもJR飯塚駅のホームから見える緑(=草木)の山(忠隈《ただくま》のボタ山)が筑豊炭田の往時《おうじ》を偲《しの》ばせている。(↓**656**「トロッコ」挿絵)

「ボタ botar」は「捨てる、投棄する⇓捨てるモノ」=廃棄物。

839
ボタン〈釦〉
葡語 botão ボタンは和服にはなく、漢字「釦」に「ボタン」の意味はない。

840
ぼたん〈牡丹〉
葡語 botão ボタンは「(花の) 蕾《つぼみ》」。その形状から衣服の釦《ボタン》、花の牡丹《ぼたん》となった。ポルトガル人は花のふっくらした蕾を見てボタンと言い日本人が中国語「牡丹花《ムーダンファ》」の「牡丹」を葡音で「ぼたん」と訓読みした。

841
ぼっけい〈岡山〉
「ぼっけい」(岡山弁) は「大きな　どでかい」の意味。葡語 boqueirão ボッケイロンは「大きな (穴、口)」。boca ボカ「口《くち》」から。(↓831「ボケる」)

842
ぼったくり
葡語 tacada タカーダは「(ビリヤードの) 一打」(↓528「たくる」)。これから「ひったくり」(↓756) が生まれ、「貪《むさぼ》る」から独立した「ぼる」(法外な利益をのせる) が合体し「ぼったくり」になった。

843
ホッとする
踏み絵の厳しさは想像以上。天草の村人が村ごとに地元の名士の屋敷に集められ親がマリア像を踏めばその子どもは免除すると役人は言う。信者の中には子どもを守るために踏んだ親もあったろう。
葡語 fôrro フォロは「免除（解放）された」（形容詞）。「汝はフォロ（免除）された」（神父）に「はい、私はホッとしました」と答えた。

844
ぽてぽて
葡語 pote ポテは「太ってずんぐりした人」（俗語）。「ポテシャン」（九州弁でぽってりした人）の動きは鈍かった。

845
ポテッと
前項の pote ポテ。「ポテポテ」は動的、「ポテっと」は静的。

846
ポテン〔ヒット〕
葡語 potão ポテン（ポトン）は pote ポテ「太ってずんぐりした」「動きの鈍い」

の強調形（ポトン、と落ちたモノは動的ではない。ポテンヒットも三遊間を抜けるような鋭い打球ではなくポトンと落ちて結果的にヒットになったようなヒット）。

847

ほとぼり（熱）

葡語 rôto borrifo ホトボリッフォは「見すぼらしいジョーロの水」。「ほとぼりが冷める」は「ジョーロで最後の水滴がなくなる」が原義。

848

ほとんど（殆んど）

葡語 redondo へドンドは「丸い」。dizer-lhe redondamente は「丸めて言う」。北関東～東北地方の方言では「ほどんと」で葡語に近い。

849

ぼや（小火）

船で火災が起きたら、船内消火が可能か、近くの港にたどりついて消防団に消火してもらうか、船長は瞬時に判断しなければならず、後者の場合、港に入ったら一刻も早く救命ブイのついたロープを埠頭に投げて岸壁に係留しなければならない。葡語 bóia ボイアは「浮標　救命浮き」（英語 buoy ブイ）。火災を起こしたポルトガル船が接岸するとき船員が「ボイア、ボイア」と叫び（↓772「ブイ」）、接岸した船の火災をかけつけた消防団が消火した。このことから消火できた火事（小さな火事）を「ボヤ」と呼び「小火」と書いた。火が勢いよく燃えるのではなく、燻《くす》ぶっている状態にたとえて「ぼやく」、その名詞を「ぼやき」「ぼやき川柳」などと言うが、葡語 bóia ボイアから。

ボイア!ボイア!
(bóia! bóia!)
ボヤと言うてる
小さい火事じゃな

850

ホラ（法螺）

「ホラ」は中空の「洞」の字を当て、中身のない「虚言、嘘」で「ホラを吹く」とは「嘘をつく」意味だが、語源は巻貝「法螺貝《ほらがい》」の「法螺」で、葡語の動詞「ホラー rolar」（渦を巻く）に由来する。武士が登場すると平安貴族は密教に救いを求めるようになり、僧侶は巻貝を吹き鳴らす山伏《やまぶし》に倣《なら》い、弁慶のような僧兵に法螺貝を持たせ、仏教をバージョンアップ。密教を組織化して、自らも加持祈禱《かじきとう》に修験道の「護摩焚《た》き」「火渡り」の行を取り入れて法螺貝を鳴らした。（↓330図）法螺貝の音は続く戦国時代も、合戦開始の合図として兵士の士気を鼓《こ》舞《ぶ》した。

851

ほれる（惚れる）

葡語の動詞 (en)rolar ホラール「やさしく愛撫する」で「惚れる」と訓読みした。

ブラジル音楽 Moça（女の子）のサビを Benito di Paula がピアノで弾き語る。♪ Eu quero me enrolar nos teus cabelos e abraçar...（あなたの髪を愛撫して抱きしめたい…）。

852

ボロ（襤褸）

「襤《ぼ》褸《ろ》」、よくこんな漢字を探し出したものだが、葡語「ボラ bôrra」は「糞、くず、糸くず、カス、下層民」。「ぼろ糞に言う」は葡語でよくわかる。「ぼろ糞に言われる」より「ぼろカスに言われる」の方が「こきおろされた感」が強い（↓187「カス」）。

853

ボロい

「元手・労力をかけた割に利益が大きいこと」を「ボロい」「ボロ儲け」と言う。

葡語 bôlo ボロは「博打の賭け金」。「ボロ勝ち」もあれば「ボロ負け」もある。

854

ポンカン　ポン酢

「形状がパン（↓741）のようなミカン」なので「ポンカン」、ポンカンをしぼった「ポン酢」だが、福岡はダイダイ、大分はカボス、宮崎はベベス（↓813）、四国にはスダチがあり、どれも魚料理（鍋）には欠かせない。子どもの頃からの味覚は絶対で、寒い冬、湯気の立つテッチリ（ふぐ鍋）に「ダイダイがなくちゃー！」と言ったら福岡県人。

855

ぼんくら（盆暗）

『馬鹿は死ななきゃなおらない』というが、「（お前のようなバカは）直した方がいい」を葡語で(E) bom curar ボンクラと言う。日本語では「出来が悪い」意味。「君にはさぞ僕がボンクラ部長に見えるだろうが」などと低姿勢を装う上司がいたら要注意。

856

ぽんこつ

食べるパン pão の葡音は「パン」よりは「ポン」に近く「パォン」（↓741）。「ポンコツ爺さん」は骨が一般にパンのようにスカスカになっている、今で言う骨粗鬆症。

857

ぼんさい（盆栽）

中国の「盆景」を日本で「盆栽」と呼ぶ理由については諸説あるがどの説も安土桃山時代より前は「植木」「盆山」だった。中国へ輸出された「盆栽」は「日本の盆景」として中国語にもなった。

葡語 Bom Saída ボンサイーダは「輸出適格品」（↓501「ぜんざい」）。

858

ボンタン（文旦）

葡語 bom tão ボンタン「とてもよい」に漢字「文旦」を当てた。夏蜜柑《みかん》、八朔《はっさく》などの総称「ザボン」（↓364）には南九州にバリエーションが多い。道端のいたるところに自生する蜜柑の木があるが、どの木の蜜柑が甘いか酸っぱいか地元の子供もカラスもよく知っている。ボンタンアメ（文旦飴）は昔から変わらない九州のロングセラー、半世紀前からお馴染みのデザイン。「〇〇はよいお酒～」というＣＭがあったが、九州人なら「ボンタン」は「とてもよい」意味だとわかっている。イタリア語では「ボノタント」。

859

ぼんち

関西の商家の跡取り息子（子供から若旦那まで）を「ぼん（ぼん）」と呼ぶ。彼らが周囲の大人に「（何でも）良し良し bom bom ボンボン」（↓862）と言われて育ったことによる。「ぼんち」は男（ぼん）の稚児《ちご》＝「bom 稚」＝「可愛い息子」↓「男性のシンボル」。

博多の五月は「どんたく」の音（♪ぼんち可愛や　ねんねしな〜　品川女郎衆は十匁《じゅうもんめ》、十匁の鉄砲玉、玉やは可愛いスッポンポン）で明け、綺麗に着飾った稚児《ちご》（女の子）の行列が眩しい陽光を浴びながら三味《しゃみ》（↓414）に合わせ、なぜかシャモジ二本を叩く。江戸時代からの祭で、子供達の純真さと歌詞がミスマッチな日本の昔は今の人にはわからない。

860

ほんとう（本当）

葡語 rondar ホンダーは動詞で「見回り（確認）する」。ポルトガル人に「確認しましたか?」rondou? ホンドウ?　と訊かれ「ホント（本当）」と答えた。「ほんと」と「ほんま（↓863）」は意味は同じでも語源が異なる。

互いに忖度《そんたく》しあう日本人の「以心伝心」「阿吽《あうん》の呼吸」は外国人には通じない。

「品格」って何?　とモンゴル力士。日産自動車を再建したカルロス・ゴーン氏はブラジルに長く葡語も堪能。彼の口癖make sure「確認しましたか?」は葡語ならrondou? ホンドウ?（ホントなの?）だった。彼が着任した頃商社トップから「日産は彼でうまく行くか?」と質問を受け「日本の習慣とは水と油」と答えたがこうなるとはだれも予想できなかった。

861

ぽんとちょう（先斗町）

京都の先斗町《ぽんとちょう》は葡語の「ポント ponto」、英語の「ポイント point」（点）。先斗町通は南北に走る狭い通りで、かつての花街。粋《いき》な気分で「先斗町」（あそこ）とさりげなく呼んだ。

862

ボンボン

葡語 bombom ボンボンは赤ちゃん言葉で「うまうま」。大人も食べる bonbons au chocolat（フランス語）はチョコレートキャンディー。しかし日本語ボンボンは関西で「大事に育てられた商家の跡取り息子」の意味で使われた。（↓859「ぼんち」）

863

ほんま

葡語 romana ホマーナは「竿秤＊（さおばかり）」。大分の「フンドーキン」「フンドーダイ」は味噌・醤油の老舗。「フンドー」は「竿秤の分銅《ふんどう》」で、中心のどこから切っても分銅は同じ形になることから、一切掛け値のない（間違いない）正直者の意味で「分銅《フンドー》」と名付けた。「ほんまかいな？　ほんまでっせ！」の「ほんま」（関西弁）は葡語の竿秤《ホマーナ》で「正真正銘の量」「偽りのない量」の意味。

＊　西洋の天秤《てんびん》（libra リブラ）はイギリスの通貨記号《ポンド》£や Facebook の仮想通貨

「フンドー」の話は売買が利益の源泉だった時代の「正直は最善の策（Honesty is the best policy.)」に通じる。

株主に利益を求められる現代の経営者は売買利益と投資利益を一本化した「利

益」で評価されるが、投資には「相手の裏をかかなければ（正直では）利益が出ない」側面もある。「（真の）モノづくり」と「経営者」の両立は難しい。（敵の行動の逆を突く《にフェイントをかける》）バスケットなどスポーツ競技は別として専ら相手の裏を掻く企業経営はいただけない。

学生時代（五十年前）ソニーのステレオセット（Listen5）を買い、社会人になりブラジルへの引っ越し（赴任）荷物に入れたがサントスの潮風で白く錆びて音が出なくなった。捨てようと思いながら帰国してダメモトで秋葉原のサービスステーションに持ち込んだら一か月経って「もう保存部品はないのである部品を探して修理しました。あった部品を使ったので修理費は不要」とのメモとともに返ってきた。今なお健在でゆったりとした九州で大音量が鳴っている。

毎年十一月にはＦ１世界大会（レース）が鈴鹿であり、会場周辺には日本全国からマニアのクルマが集まる。困るのは駐車場。道路に止めて一日一万円、田圃の畦道なら五千円が相場。しかし約四キロ離れたホンダの鈴鹿工場では無料、しかも会場まで送迎バスを出していた。どのメーカーのクルマでも無料なのである。自動車工場というものは愛知の挙母《ころも》市がトヨタに勤める住民が増え豊田市になったように企業城下町が多く江戸時代の刀鍛冶が特殊鋼（部品）を製造しているメーカーも多い。福岡県苅田《かんだ》町の工場では数百メートル手前の公道から他社メーカーのクルマは通行止め（愛社精神）だった。業界の常識を知る者として「どのメーカーのクルマでも」は驚天動地、サラリーマンの指示ではあり得ず、「いいじゃねえか、クルマ好きが全国から集まったんだから」と本田宗一郎の声が聞こえた。青山のホンダ本社には盟友アイルトン・セナ黄金期のクルマが展示してある。「気候の一番よい十一月に鈴鹿で」と決めたのも彼だった。発信力のあった「世界のホンダ」が「やたら蒸し暑くって台風の来る七、八月にオリンピックをやるなんて最悪じゃねえか！」と言えば涼しい秋の開催をＩＯＣも受け入れ苦肉の提案（札幌）をすることもなかった。

864

まあまあ

「どないやねん？」「ぼちぼちでんな」（関西弁）の「ぼちぼち」は「平穏無事」の意味、東京弁なら「まあまあ」だろうか。この「まあまあ」は葡語 mar マー「海」を繰り返して平穏であることを強調した。

865

まくしたてる（捲くし立てる）

葡語 maximizar マクシミザー（最大化する）＋ tatear タテアー（↓542「点てる」＝探る⇓（未知の世界を）探索・突進する）の合成語で「最大化に向けて突進す

る」意味。「立てる」は動詞の連用形に付いてその動作を強調した。（「煽り立てる」「駆り立てる」など）

866

まぐれ（紛）

「ま」はma「悪い」、「ぐれ」はgretar「（道から）外れる」（→277）。他人から「流石！」と言われ「本来の姿ではなく、（悪く外れた）たまたまの結果なんです」と謙遜、「まぐれ」となった。

　ホラン千秋（キャスター）は「さすが青学！」と出身校を褒められ「私の暗い学生時代を思い出させないでください」と咄嗟に切り返した。才媛ならではの現代的謙遜。

867

まごつく

　葡語「マゴmago」は「幻惑された」。「まごまご」は「幻惑されたさま、戸惑ったさま」。

868

まさか

「まさか！」は「そんなことあり得ない」と思わず発する言葉だが、フランス語の

「マサカ」massacre は「大虐殺」、これがそのままのスペルで各国語に（もちろん葡語にも）なった。massacre は「大虐殺」、これがそのままのスペルで各国語に（もちろん葡語にも）なった。大虐殺など滅多にない日本では「思ってもみないこと、完敗」など広く使われた。受験英語でも「マサカの大虐殺」とスペル（綴《つづ》り）を暗記させる。日本語（古語）で「まさか」は「目前に、目の当たりに」という意味だったが、ポルトガル来航以降「そんなことあり得ない」と、「思ってもみない」場合に使うようになった。

869

まさぐる（弄る）

「まさか massacre」（↓868）の動詞が massacrar マサクラー「大量虐殺する」。テロリストもまず対象の存在を探《さぐ》ることから始まる。存在するかどうか（暗闇）を「まさぐる」、どこに存在するかは単に「さぐる」となった。

870

マジ

「ほんと?」「ほんまかいな?」の「マジ?」は「真面目」から（『広辞苑』）。「マジそうなの。」（真実そうなの。）は相手の真面目さ（Are you serious?）よりその事自体の真実性に力点がある。葡語 mágica マジカ（英語 magic）は「魔法　手品」。手品を見たポルトガル人の叫び「信じられない！」＝「マジカ！」（魔法みたい！）が関西弁「マジか！」になり全国に広がった。

871 まじなう（呪う）

葡語 magia マジア「魔術」から。鈴虫の音を「阿弥陀の大呪・」（阿弥陀経の読経）《源氏物語》、「賽《さい》いみじく呪《のろ》ふ」（サイコロのよい目がでないように）《枕草子》など古来「呪ふ」は「神仏の力を祈る」（主に陰陽道用語）だったがポルトガル来航以降一般に広く使われた。

872 マジマジ

人は手品＝マジックを「マジマジと」見つめた。（↓870「マジ」）

873 まじめ（真面目）

真剣な態度「真面目」にやるのはいいが、やり過ぎて「真面目腐る」のはよくない。

東京から九州（福岡）に来て十五年、自分の生活は「真面目」が基本だが人々の真面目過ぎが気にかかる。八年前、（喫茶店にテレビ・パソコン・ステレオをつなぐだけの）ネット音楽会（無料）を主催、曲目はカラヤン指揮ベルリンフィルでベートーベン交響曲○番と書いたポスターを市内に貼った。会場の喫茶店には「カラヤンは来るのか、ベルリンフィルは来るのか」と問い合わせがあった。ベルリンフィルのライブ演奏がタダで聴けるわけもなければ、カラヤン（故人）が来れるはずもない。「そういうのは○○真面目」と思うが当人は「来《こ》んなら来んとちゃんと書かんか」と怒っていたという。東京のマクドナルド各店で「スマイル０円」と表示したことがあったが九州（地元）ではなかった。何も買わずに「笑え！　書いてあるじゃないか！」とクレームされる可能性があったのだろう。

　過度な真面目さはどこから来るのか。地元のスーパーには毎日定時（四時半）にその日産《う》みたての卵が配送される。ある日四時半過ぎても届かず、「今日のまだ？」と客に訊かれた店員は「（鶏が）産まんとやろか（産まないのでしょうか）？」と首を傾げた。東京なら「道路が混雑してるのかもね」なのに地方都市（福岡の衛星都市）では渋滞など滅多にないため原因は「鶏」としか考えられず結

局「鶏の身」を案じることになる。ベルリンフィルもスマイル0円も「一般人（客）の身」になってのこと。西日本（関西、九州）では東京より敬語を多用する。たとえば「（彼が）歩く」が「歩かはる」《関西》「歩きなさる→歩きんしゃる」《福岡》など。英語の「三単現のｓ」のように外国語は人称（主語）で動詞が変化する。動詞を見れば主語がわかるのが世界の常識。

新幹線の車輛は通常「普通車が一列五席、グリーン車だと一列四席」だがＪＲ西日本・ＪＲ九州（山陽新幹線・九州新幹線）の車輛は「普通車でも一列四席」であることと無関係ではない。

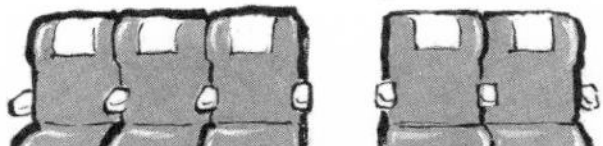

東海道新幹線ほかの普通車

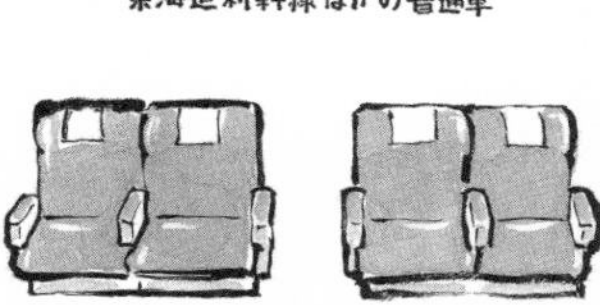

山陽新幹線・九州新幹線の普通車

874

まずい（不味い）

カトリックでは自殺を禁じている。傲慢、嫉妬、憤怒、怠惰、強欲、暴食、色欲の「七つの大罪」は、仏教でいう煩悩。煩悩は人それぞれ自覚できるもので、慎むように説諭できるが自殺願望のある人をいくら説教しても、個人の選択の問題なので、宗教上はその選択を禁止するしかない。そこで「自殺は悪い」と説く。ミサで神父は葡語で「マスイシーダ má suicida（自殺は悪）」（まずい）と言った。

875
マスト

葡語 mastro マストロは「（帆船の）帆柱」。英語は mast マストだが、イギリス人ウィリアム・アダムス（三浦按針）よりポルトガル人宣教師の方が半世紀早く来日している。

876
ませた

葡語 macerar マセラー（英語 macerate）は「ふやかす　こなれる　成熟する」から「（周囲を）悔しがらせる」意味。「おませ（さん）」は「大人びた女の子」。イタリアの自動車 Maceratti マセラッテイにはそうした語感がある。

877
まだ（未だ）

dar ダは「良い」（→520 537）、ma は「悪い」、「いつかは必ず go になるが今は not go、という場合」葡語 ma dar マダは「（今は）ダではない」で、漢文「未」を「いまだ（～せず）」は「いま」＋「まだ」。万葉、記紀の時代からあった漢字「未」を

「まだ」「いまだ」と読み下したのはいつからだろうか（↓1014）（漢字「未」は「未の刻」《源氏物語、枕草子》にあり葡音は古語「まだし」の意味を裏付けた）。

878

まちがい（間違い）

「勘《かん》違い」（↓238）を「間《カン》違い」と書き「マチガイ」と読んだ。マチがってマチガイが生まれた、嘘のような話。

879

まったく

古語「（天命を）まったうす」《平家物語》はあったが maturar マツラー「機が熟する」「マツリ」＝「時期到来」（↓880）と符合して物事を達成することを「マットウスル」と言った。完全な状態を言う「まったき」「まったく」は古語にはない。

880

まつり（祭）

毎年「祭《まつり》」の時期は神社毎に決まっている。「春祭」「秋祭」は記紀にあり、高い気温で食中毒が起きる「夏」の前後「春秋」に轟《とどろ》く雷鳴（神の祟《たた》り）を鎮《しず》めんと先祖は自然に祈りを捧げた。

葡語 maturar マツラーは「機が熟する」（英語 mature：matured woman「熟女」）。

葡語 maturidade マツリダーデは「機が熟すること」、ポルトガル、ブラジルでは「よくぞその年齢に達した」という気持ちから「還暦のお祝い」festa de maturidade（マツリダーデのフェスタ）をする。古来「祭の日、いとつれづれにて」（源氏物語）「祭ちかくなりて」（枕草子）などの「祭」は当然のように「マツリ」と読んでいるが現在「マツリ」と読むからと言って千年前の読み方はわからない。自分が「千葉のおばあちゃん」（プロローグ）になったつもりで以下続ける。

「祭」と言えば京都の祇園祭《ぎおんまつり》。千年以上遡る祇園祭も明治までは「祇園御霊《ぎおんごりょう》会《え》」と呼ばれていた。神道の「奉《たてまつ》る」を耳にしたポルトガル人神父が葡語の意味（「機が熟する」）との偶然の一致を話題にし、それまでの様々な全国の行事を「祭《まつり》」と呼ぶようになった。万葉集、竹取物語に漢字「祭」はなく、古事記の「拝祭伊勢大神宮」日本書紀の「祭此神之魂」また源氏物語「賀茂祭」、枕草子「春日

祇園御霊会

祭」はあるが「まつり」（かな）はない。（「まつり」は「たてまつり」のみ）。平安時代「祭」は何と発音されていたのだろう。「雛遊び」（源氏物語）が江戸時代に「雛祭《ひなまつり》」となり、明治になって浄土宗が「灌《かん》仏会《ぶつえ》や仏生会《ぶっしょうえ》」を「花祭《はなまつり》」と呼んだ。神道では昔から「例祭《れいさい》」「葬祭《そうさい》」「地鎮祭《じちんさい》」「新嘗祭《にいなめさい》」など「サイ」と読んでいた。桃山時代に葡語が伝わり全国に広まった「マツリ」が江戸、明治にリバイバルした可能性（「祇園祭」など）が高い。

釣り用語で、周囲の釣り人と糸がからまってオマツリした、と言う。本来釣りとは孤独に魚との対話を楽しむもの、そこに他人と糸が絡まって賑《にぎ》やかになることから。

881 まな（愛）

葡語 mana マナは本来「姉、妹などにつける親愛語」。それを聞いた日本人は「愛娘《まなむすめ》」「愛弟子《まなでし》」などに使った。

882 まぬけ（間抜け）

葡語「マンケイラ manqueira」（どこかおかしい人）が「まぬけ」と聞こえ、「間抜け」と書いた。

883
マネ（真似）

古典芸能では弟子に「師匠の手を真似《まね》ぶこと」を教え、「学《まな》ぶ」の語源は「真似ぶ」という。その「真似ぶ」の語源は葡語の「マネイラ maneira」（方法）。

884
ママレード

英語「ママレード marmalade」は葡語「marmelada マルメラーダ」から。大航海時代、ポルトガル人は世界各地に達するとまずマルメロの木を探した。その実と砂糖を熱した鍋を冷ましたマルメラーダをパンに塗ったり菓子にもした。これを日本でも作ろうとマルメロに近いカリンの実で作ったのが熊本銘菓「加勢以多《カセイタ》」（↓193）。

885
まよう（迷う）

葡語 má マ「悪い」＋(en) jôo ヨオ「酔う」＝「悪酔い（をする）」。

886
○○丸

日本船が世界の港を席巻していた数十年前、○○丸、□□丸という名前から maru と言えば日本船とわかった。この丸は葡語「船乗り」maruja マルージャが語源。よく殿様が自分の子に「○○丸」と名付けるが、わが子の将来を船の航海に喩《たと》えたのだろう。

887

まん〔がいい〕

葡語 mão マォンは「手」。運転していると道路標識に mão única マォン・ウニカ「一方通行」がある。「手」は「方向」を示す。宣教師は潮流が激しく変わる関門海峡を渡って九州から山口に入る。この地方のテレビは天気予報の時間に「西行き□

時□分、東行き△時△分」と海峡の流れが東西に変わる時刻を予報している。流れに乗れれば良いが逆らえば苦労するからだ。西日本で「運の良し悪し」を（海流の方向に喩《たと》え）「マンが良い、マンが悪い」と言う。（源氏と平氏の）「壇ノ浦」のストーリーを聞いた宣教師が潮の干満にからめて「マンが良い、マンが悪い」と言った。「あげまん」「さげまん」の「まん」もこれ、漢字で書くなら「潮《まん》」（葡語 maré マレ）。

888

まんきんたん（萬金丹）

伊勢詣の定番土産「萬金丹」、（鼻くそ丸めて）などと庶民に親しまれた和漢胃腸薬。何にでも「○○萬金丹！」と強調して使う高齢者（九州の女性）がいる。漢方の「丹」は「丸薬」の意味で葡語 tão タン「たくさん」（↓565）の語感がよかった。「萬金丹」（萬金がたくさん）、「仁丹」（仁がいっぱい）など。

889

○○○

「ちんちん」は「あっちもこっちも」（↓316「こちんこちん」590）。古語 manco は shy, awkward（葡英辞典）。「shy シャイ　恥ずかしい」。なぜシャイなのか、想像にお任せする。

890

まんじゅう（饅頭）

「饅頭」は中国語で言う饅头（まんとう、mántou）で日本にもあった。ポルトガル人が伝えた砂糖は、その後オランダが大量に持ち込んだことから長崎街道はシュガーロード（砂糖の道）と呼ばれ、沿道のあちこちで「饅頭」づくりが流行《はや》った。宣教師たちも試食させられた。その試食会でのこと。「マントウという名前では着るマントと同じで紛《まぎ》らわしい。何かいいネーミングはないものだろうか？」と思案する菓子舗（当時の和菓子屋）の主人に、ポルトガル人が（パクパクと喰いつく様子）から「まるでイタリア人が食べる（マンジャーレ mangiare）ようだね。」と言った。これ以来、「饅頭」を「まんじゅう」と読んだ（葡語も「食べる」は manjar マンジャー、一人称現在形は (eu) manjo マンジョ。また承天寺の「饂飩蕎麦発祥之地」の碑（↓100）の横には「御饅頭所」の碑もある）。

891

マント

それまで日本になかったものは、そのまま呼ぶしかない。「キリスト」しかり、「パン」しかりである。「マント manto」が葡語、ということは？　それまでの日本には布地の「外套《がいとう》」などはなかった。「蓑《みの》」だろうか。

892

みえ（見栄　見得）

相手の意見への同意を強調して葡語で「É! エ！」（イタリア語 É! エ！）と言う（↓116「ええ」）。Be 動詞 estar の三人称現在形で再帰代名詞はつかないのだが、そんな文法などお構いなしの日本人は自分（一人称）の再帰代名詞 me ミをつけ「自分を強調すること」を「me é ミエを張る」と言い「見栄」と書いた。「見合」「見当」「見返り（美人）」「見付」「見所」「見取図」「見通し」「見積」「見越」「見切」など中国人にはわからない。

893

みかじめ（料）

公序良俗（公の秩序と善良な風俗）は商売安心の条件。安定を乱す客は昔から困り者だった（誰でも客になれる小売店には「特殊顧客対策マニュアル」があり自動車販売会社などでも「マル暴対策」と称して警察OBを雇っている）。葡語 meco メコは「乱暴者《もの》（特殊顧客）」。メコを「締め上げる（音《ね》をあげさせる）」＝メコシメ」↓「みかじめ」、そのための費用を「みかじめ料」と言った。

大阪の百貨店に語り継がれるエピソード。地下の食料品売場に「この魚の干物《ひもの》食うて腹痛《はらいた》起こしたがな。どないしてくれる?」とチンピラ(↓592)の怒鳴り声。「そりゃすんませなんだ。どんな腹痛か試してみますわ」と店員はその干物をパクッ!　と口に入れた。「何すんねん」と言い残しヤーさんは退散した。この話のミソは証拠隠滅されたらクレームはできないこと。

894

みだら(淫ら)

葡語 dar-se ダルセは「生き生きと生きる→自己実現する」(↓558「だらしない」)。このseは再帰代名詞で語順を変えることができ、自分meをつけたme dará ミダラは「欲望多き自分＝みだら(淫ら)」。(↓779「ふしだら」)

895

みだりに(妄りに)

葡語 me dará「みだら(淫ら)」「わが(欲望の)まま」が葡語の意味だが、第三者的に「自己中心の行動」を戒めた。(↓894)

896

みちがえる(見違える)

葡語の動詞mitigar ミチガーは「和らげる」。Eu tenho a missão de mitigar o seu sofrimento... ミチガ…(私には汝の苦しみを和らげる使命があります)という神父の言葉を聞いて「ミチガエルように（元気に）なりました」と答えた。またmitigar a sêde（渇きを癒す）という表現もある。

897

みっともない

「イカサマ」とは「お守りの不良品」（↓75）。一六三九年キリスト教禁止令（キリシタンが潜伏する）直前、禁教をどうすれば免れる事ができるか悩んだ揚げ句「キリストは天照大《あまてらすおお》御《み》神《かみ》の使者」というお守りをつくり、これなら大丈夫と見せると神父は「そんな神話（＝mito ミト）はない」と許可しなかった。神父が「見栄えがわるいから」と言ったものと誤解した信者から「みっともない」が広まった。辞書には「みともない」が促音化したとあるが、促音化する前の「みと」は葡語の「神話」（mito ミト、英語 myth ミス）。

898

みやげ（土産）

♪アモーレ、アモーレ、アモーレ。アモーレミオ、というカンツォーネがある。「アモーレ」が男性名詞だから「私の愛人」は（たとえ愛人が女性であっても）「アモーレミオ」。同じく有名なイタリア語「私のお母ちゃん」は女性名詞で「マンマミーア」。「私の」は男性名詞に「ミオ」、女性名詞には「ミア」。

葡語もラテン語なので発音はイタリア語と同じ「ミア」。「気持ち」を表す「げ」、「気持ち」の「気」。「私の気持ち」は「ミア気」、つまり、「私の気持ち」というのが「土産」(「ミアゲ」→「ミヤゲ」)の語源。(↓25)

899

ムカつく

「ムカムカ」は患者が医者に訴える胃の症状。抗生物質などない十六世紀の医学では死にいたる深刻な感染症(葡語 mucor ムコール)だった。人々は「ムコール」に罹ったのではないか、と恐れて、何でも「ムカムカする」と言うようになった。

現代医学でも「ムコール症」は、カビなど真菌の胞子感染症で、痛み、発熱、咳などの症状があり、まれに消化器に感染すると手術を要する重病。

900

ムキ(向)(になる)

葡語 muque ムキは「筋肉」。「ムキになる」は「筋肉を見せて威嚇する」「青筋を立てる」意味。

901

ムキムキ

葡語 muque ムキは「筋肉」。「筋肉、筋肉」と繰り返して「ムキムキ」。

902

むだ（無駄）

日本人の提案を気に入らないポルトガル人が「別の案にしましょう」の意味でMuda a ideia…（ムダ…）「考えを変えて…」と言い日本人は「自分の提案が無いもの」にされ「ムダ」を「無駄になった」と思った。梅原猛は自らの創作能「世阿弥」で「無駄なことは無駄なこと」と世阿弥に語らせているが、世阿弥の時代「無駄」という言葉はなかった。

「駄」は（無駄→取るに足りない）意味で「下駄」（→285）「雪駄」（→496）「駄法螺」（→850）「駄洒落」（→534）「駄目」（→556）「地団駄」（→388）のほか「駄賃」「駄菓子」「駄馬」などに葡音「ダ（タ）」を当てた（どれも中国語にはない）。

903

むちゃくちゃ（無茶苦茶）

「無茶《むちゃ》」も当て字。葡語の「ムチャチャーダ muchachada」（若者のバカ騒ぎ）から「無茶」は「年寄りが若者のようにふるまうこと」。「年寄りが若ぶって若者のようにふるまってると、苦茶《にがちゃ》を呑むはめになる」と知恵者が「苦茶」を当てたが、この「苦茶」の語源は葡語「クチャ curtia」（水に浸した）。シワクチャも濡れてシワがよった状態（↓267）。

904

むとんちゃく（無頓着）

「頓着」（↓662）の反対語で「頓着」（トン tāo ＝たくさんの執着）を否定し「無」をつけた。「頓着」も「無頓着」も中国語にはなく、「護摩」同様（↓330）葡語から生まれた日本固有の仏教語（最澄・空海の密教には「護摩」も「頓着」もなかった）。

905

ムラムラ

「ムラムラ」は男性の下半身の状態、葡語「ムラ mula」は当時日本で流行《はや》っていた性病（横根《よこね》）のこと。何でも鼠径部《そけいぶ》などから細菌感染する。日葡辞書にも「横根とはmulaのこと」とある。故人に対して甚だ失礼だが、ベートーベンが自身で作曲した「第九」の初演が何も聴こえなかったのは梅毒の症状、スメタナも梅毒、チャイコフスキーにいたっては忌まわしい自分の下半身を何とかしようと厳寒の凍てるモスクワの河に入った、という。チャイコフスキーのはこれだったのかも知れない。

906

ムンムン

「ムンムン」は「熱気で息苦しい様子」。葡語mundano ムンダーノ「世俗的快楽」から。

907

めがね（眼鏡）

ポルトガル人が水を飲むcaneca カネカ（取っ手付きコップ＝金属製）から金属一般（通貨など）をカネと呼ぶようになり（↓131「おかね」）、「眼にかける金属」なので「メカネ（目金）」「メガネ」、漢字で「眼鏡」と書いた。

一五五一年ザビエルが周防（山口）の大内義隆に面会した際の「贈り物（十三品目）の中に含まれていた眼鏡が最初」（ルイス・フロイス『日本史』）とされる。

908

めげる

客に出せない不良品は「ダメ」（→556）、ポルトガル人に「Dar me ダメ…」（私に貸しなさい）と言われた日本人は「（自分の出来が）悪い」と勘違いした。名工にも不出来の「（ダ）メげ」（ダメに近い作品）はあった。「めげ」が京都近辺に残る方言だったことから公家・貴族（顧客）が要求する完成度に至らぬものを職人自ら刎《は》ね不良品を「めげ」と呼び、周りの者は「（職人が）めげた」と言った。

909

めしい（盲）

テレビドラマ『逃亡者』（The Fugitive）の原題は An innocent victim of blind justice（盲目の正義による無実の被害者）だったが、日本で「正しかるべき正義も時として盲《め》しいることがある」と訳し名文句になった。「盲《め》しいる」と読むのはなぜか？

イエスが盲人の目に塗った泥を洗い落とすと目が見えるようになった話が聖書に

ある。O cego viu em Jesus o messias.（盲人はイエスにメシアを見た）という神父の言葉から「救世主《メシア》=盲人」と思った。託宣（お告げ）を述べるとき目を閉じる占い師が日本に多いのは（周囲の視界がなければそれだけ集中して）「見えないものが見える」と信じられるからだろう。

910

メス（雌）

葡語 mestra メストラ「女教師」から。当時「お師匠さん」と呼ばれたのは「芸事（踊り）の師匠」だろう。古来「女《め》」と言ってきた日本語に（男性定冠詞 os オスに呼応した）「メス」が定着した。

911

めちゃくちゃ（滅茶苦茶）

「滅茶苦茶《めちゃくちゃ》」は当て字。「めちゃ mecha」は「ランプ、ロウソクの芯、導火線」。「くちゃ curtia」は「水に浸っている」、だから「火をつかうものが冠水して台無しになった状態」がもとの意味。それを拡大解釈して、何でも「台無し」になった状態、また「火遊びしてると、苦茶を呑むはめになる」と戒めた。

912

メッキ（鍍金）

どうしても「メッキ」とは読めない「鍍金《ときん》」。葡語 medalha メダリャ「メダル」が「キン（金）」で鍍金されていたことから中国語「鍍金」を葡音で「メッキ」と読んだ。

913

めった（滅多）

葡語 meta メタは「ゴール　目標」。「滅多切り」は「標的（＝狙い）を定めて切ること」、「滅多にない」は「目標《めった》」を高く掲げ過ぎると届かず「そこ（目標《めった》）までにはいたってない」が原義。

914

めでたい（目出度い）

「目出度い、芽出度い」も当て字。「愛《め》づ」「愛でたし」はもともと日本語で、平安時代から「花鳥風月を愛づ」（感動する、慈《いつく》しむ）のように用いられたが、ポルトガル来航以降、慶事（祝い事）にも用いるようになった。それは、ミサで神父が「メディタイ… Meditai a Palavra de Deus...」（神の言葉を心に留めよ）と繰り返したことによる。「神様の言葉」だから「おめでたい」となった。「ありがたし」「をかし→おもしろし」と同様、「めでたし」も意味が変容したが、「有難し」「面白し」「目出度し、芽出度し」などと当てた漢字には先人の知恵と苦労の跡が見られる。

また古語の形容詞語尾「…し」が、現代語で「…い」に変化したことについても「めでたし」が「めでたい」となったことが影響した。「神様の言葉」の影響は甚大だった。

「メディタイ…Meditai」（心に留めよ）は「けったい Quietai」（お静かに）と同じく、二人称複数の命令形（→291）。

915

メリハリ（減張　乙張）

「メリハリをつける」の「メリハリ」。葡語 mérito メリト（英語の merit メリット）は日本語「利点」だが本来は「価値」。「ハリ」は「バる」（↓738）＝「張る」。「メリハリをつける」は「そのものの価値を十分に主張する」こと。「減張　乙張」は当て字。勿論中国語にはない。

916

メリヤス

日本では細目《ほそめ》の木綿糸や毛糸で編んだ布地を指すが、もともと葡語 meias メイアスは「靴下」。因みにブラジルでは「6《セイス》」を「メイア」と数える。「靴下」がダース売りされた名残で半ダース meia-dúzia が語源。ポルトガルで「6」を「メイア」と言うとブラジル出身だとわかる。

917

めんこ（面子）

中国語「面子《メンツ》」を「面子《メンコ》」と読めば日本語で男の子の玩具。葡語 menino メニーノ「男の子」の遊び。（↓711「パッチン」）

918

めんどう（面倒）

人間は生きていく上で多くの不安に晒《さら》される。不安や恐れ、心配事に直面する人間に安らぎを与えるのが宗教。本田瑠津子は『アメイジング・グレイス』（何と美

しい響きでしょう　私のような者まで救ってくださり、道を踏み外しさまよっていた私を救い上げてくださった　見えなかったものが今は見える）を美しく歌う。神父は説いた。No amor não existe medo. Não Tenha Medo.（御大切＝愛に心配はありません。心配しないで）。

葡語 medo メドは「恐れ　不安　心配」の意味だったが、「心配しないで」の「心配＝メド」に漢字を当て「他人に面倒をかけてはいけない」としたのはいかにも日本人らしい。

（→413「じゃま」）

919

もあい（催合）

九州では「他人と分け合うこと」を「もあ（や）いする」「もやう」と言う。葡語 moagem モアージェンは「製粉」、動詞 moer モエー「粉を挽く」の名詞。粉にすれば分け合うしかない。

ジョン・レノン（&ヨーコ・オノ）のイマジン（Imagine）、Imagine, there's no country/possession…（国家／所有が無ければ…）も「みな粉にしてしまえば分け合うしかないわけで」理想に一歩近づく。この曲は発表当時「国家否定は共産主義で前線兵士の厭戦気分を増大させる」と見做され、放送禁止になった。

船と船をロープでつなぎ合わせる「舫《もや》う」も共働することだが、台風襲来などに際し運命をともにする（互いの損害を防ぐ）意味になった。

920

もうかる（儲かる）

葡語 moca モカは「頭」。関西弁「もうかりまっか?」は「頭使ってますか?」。

921

もうろう（朦朧）

「朦朧《もうろう》」は葡語「モローゾ moroso」（のろい、遅い、はかどらない）から。英語の

morose。中国の古語「朦朧」は（ぼんやりとした）風景、「精神状態」には使わない。

922

もくもく

煙が立ち上《のぼ》る様子を「もくもく」と言う。

北九州の冬は寒い。長崎～福岡は裏日本気候で例年雪が降る。遠くに見える山の中腹から炭焼きの煙が風に流れている。これを見たポルトガル人、魚を燻製にしていた故郷の山（の moquear モケアー「燻製の煙」）を思い出し、日本人はそれを繰り返して「もくもく」と言った。

923

もげる、ほげる

「もげる、ほげる」も西日本の方言。関東でも「(梨を）もぐ」と言う。「もげる」はその自動詞なのだが、関東で「もげる」とは言わない。

九州では「(穴が）ほげる」とは言うが、「(穴を）ほぐ」とはあまり言わない。これも葡語か、と思いきや、ともに日本語。理由は両方とも日葡辞書にあるから。ポルトガル人がわからない日本語だからこそ日葡辞書に記載された。

924

もじもじ

「人前で、はにかんだり、躊躇《ためら》ったりする様子」を「もじもじ」と言うが、葡語 módico モジコ「質素な　ささやかな　つましい」から。

925

もそもそ

葡語 môço モソは「若者、青年」。女の子は môça モサ（↓851「ほれる」）。「もそもそ」はウブ（未経験）で世慣れていない様子。マセた（↓876」）女の子が増えた分、「もそもそ」している男の子も多くなった。

926

もちろん（勿論）

「勿論」は「当然」と同義。葡語 motivo モチーヴォ「動機、理由」（英語 motive）から「（道）理にかなった論理」を「勿論」、「議論する余地の無い（当然の）論理」を「無論」と言った。「勿論」は中国語にはない。

927

もっこす〈熊本〉

熊本弁「（肥後）もっこす」は「頑固者、偏屈者」。「（土佐）いごっそう」、「（津軽）じょっぱり」とともに、日本三頑固の一つとされるが、葡語の「モッコス mochos」（交際嫌いな人）そのまま。

928

もったいない（勿体ない）

漢字「勿」は漢文の訓読み「勿《なか》れ」から勿論《もちろん》、勿体《もったい》、事勿主義《ことなかれしゅぎ》、勿忘草《わすれなぐさ》などと使われる。

「勿体ない」と否定される「勿体」とは何か？ 葡語 moto モトは「行動」（英語 motion モーション）、その強調形 motão モタォン＝「勿体《もったい》」は「大袈裟な行動・態度」だから「勿体ぶる（をつける）」「勿体顔」などもよくわかる。

日本語特有といわれ、英語にもなった「勿体ない mottainai」は「何事も大袈裟にしない」と戒めた先人の知恵。それが洋の東西を超えて美徳に感じられている。

929 モテる

葡語 mote は tema ou assunto de algo「（何かの）テーマ　話題」。「モテる」は「話題になる」こと、「モテモテ」は「何度も話題になる」。

930 もどかしい

葡語 modôrra モドーラは医学用語で「嗜眠《しみん》状態」（↓393「しどろもどろ」）から「（相手が）眠っていてラチが明かない（↓977）状態」。

931 もなか（最中）

ポルトガル伝来の砂糖でつくった南蛮菓子は立派な容器（カシホ）（↓129「おかし」）に入れて各地の殿様に献上されたが、宮中ではとくに熊本（細川藩）のカセイタ（↓193）の評判が高く、各藩ではそれに似せて餡をもち米の皮で包んだ菓子をつくった。主に皇室向けのものをポルトガル人が皇室御用達の意味で monarca モ・ナ・ー・カ「皇帝」と呼び、その音に漢字「最中」を当てた。

932

もはや（最早）

株式相場で「もうは未だなり、未だはもうなり」と言う。英語では「already は not yet なり、not yet は already なり」。葡語 já ヤ「すでに（already）」は「もう」＋「はや」、一言で「もはや」になる。

933

もみくちゃ（揉みくちゃ）

「くちゃ」は「くちゃくちゃ」（↓267）の「くちゃ」。葡語 curtir クルチール「洗う」は洗濯板で衣服を「揉み洗いする」。

934

もやもや

漢字「靄」（霧《きり》の一種）」は源氏物語にも枕草子にもない。「もやもや」は「もう」か「はや」かわからない曖昧な様子。（↓932）

935

モンスーン

葡語 monção モンソンは「貿易風《モンスーン》」。ポルトガルの帆船はインド洋の貿易風に乗ってやってきた。いかにも大航海時代らしい用語。

936

○○屋

屋号は「○○屋」のように店舗名○○の最後に「屋」をつける。これもポルトガル来航以後の流行。ポルトガルでは店舗であることを示し「…の店」＝「…ria（リア）」と言う。お菓子屋（「金平糖 confeito」を売るキャンディーショップ）は金平糖屋「コンフェイタリア confeitaria」、パン屋は「パダリア padaria」。香水ショップは「ペルフマリア perfumaria」、薬局、ドラッグストアは「ドロガリア drogaria」など。「そちもワルよのう」と言われた越後屋は江戸時代（↓511「そち」）。ヤは日本語（屋号、屋台、屋根、屋敷など）。

937

ヤーさん

「ヤーさん」は「やくざ」の「ヤー」と誰しも思う。（↓942）しかし「テキヤ（↓605）」や「野師（↓947）」から「ヤーさん」と言った可能性もある。

938

やおちょう（八百長）

「八百長」の語源は明治時代に八百屋長兵衛が相撲の年寄「伊勢海五大夫」と碁仲間で商売上の打算からわざと負けたことが由来とされる（通説）。しかし八百長が付物《つきもの》の相撲が全国に広まったのは信長の時代で、江戸時代にも「拵《こしら》え相撲」（英語fixed match）＝「八百長」はあった（落語・講談の演目にも寛政時代の「谷風の情け相撲」がある）。十四日目まで七勝七敗のカド番大関に（わざと、判らないように）負けてこその日本人の感性「惻隠《そくいん》の情」は容易に想像できる。

「八百」は古事記「八《や》百《お》萬《よろず》神《のかみ》」より「たくさん」の意味で「嘘八百」「八百屋」などと言い、「蝶番」の「蝶」（二枚の翅《はね》があり、二匹の蝶が番《つが》うので二の倍数）を「長」と書いた（↓581「ちょうはん」）。

何度サイコロを振っても「丁」になり「八百丁」と言う人もいるが、実際の賭場でそんな細工はあり得ない（何度振っても同じ目が出たらバレバレ）。

939

やおら

「そろそろ」「不意に」の意味。辞書には「静から動へ移る動作が悠然と見える形容」とある。葡語 já hora ヤオラは「もう時間です」（スペイン語「ya hora ヤオラ」「タナオラ」や #Time is up!—ハリウッド女優の喪服での抗議—も同じ意味）。

オラショ（祈り）を唱えたキリシタンは最小単位（二、三人）の「コンパンヤ」

（companhia）、もう少し大人数（せいぜい十、二十人）のコンフラリア（confraria）＝「講」（↓301）で祈る姿を神父も静かに見守っていた。あるとき別件の用事を思い出した神父が「ヤオラ（時間だ）」と言ってその場で立ち上がった。それを見ていた日本人の間で「やおら（～する）」（悠然と静から動へ移る）が慣用句になった。

古来「やをら」は（そっと　しずしずと）の意味だったが（時間に追われ　あわただしく）の用法が加わった。

940

やかましい（喧しい）

「やかましさ」の反対は「静寂」。定番のクリスマスソング「聖夜」、英語は♪サイレン（ト）ナイ（ト）ホォリィナイ（ト）オールイズカームオールイズブライト。この「カーム calm」のlは発音しないと習う。ラテン語では発音して「カルモ calmo」で、葡語の動詞「アカウマー acalmar」は「静かにする」、命令形「静かにしなさい」は「アカウマセ

acalma-se」。

　ポルトガルは日本に砂糖をもたらした。宣教師は殿様に高級菓子を献上、布教の許可を得たが、民衆にはコンペイトーを大量につくり一粒ずつ配った。何しろ初めての砂糖の甘味に人々は「俺にも！」「ウチ（私）にも！」と殺到した。宣教師はキリストの言葉「静かに、静まれ」を引用するかのように、「アカウマセ！＝Acalma-se!（みなさん、落ち着いて！）」と大声で群衆を制した。これが日本人の耳には「ヤカマシイ」に聞こえた。

941

…（や）き

↓945「…（や）けん」。

942

やくざ

「やくざ」は「三枚めくるカルタ遊び」が合計が二十になるとゼロになって負けるため、「八《や》、九《く》、三《ざ》は最悪なのでヤ・ク・ザ」となった（通説）。それなら七《な》・九《く》・四《よ》や六《む》・五《ご》・九《く》でも合計が二十になる。

　葡語「アクザド acusado」（非難・批判、される者）に由来する。「八九三」は、後世彼らがカルタの最中思いつき、札を片手に仲間内で面白可笑《おもしろおか》しく語って、それが「なるほど」と思われて通説になったもので、「やくざ」は葡語。

943

やけど（火傷）

葡語 já cedo ヤセドは「すぐに」。熱湯が手にかかったときポルトガル人が「ヤセド」（すぐに、早く）と叫び冷水をかけるように言ったことから、「火傷《やけど》」と訓読みした。

944

やけに〜する

「やけに〜する」は「程度を超えて〜する」。ザビエルにはスペイン語に近いバスク語の訛りがあり本来葡語「j（ジュ）の音」がスペイン語では「y（ユ）」や「h（ホ）」になる。人名 Jorge ジョージや Jose ジョゼをホルヘ、ホセと発音し Jesus ジェズスの発音がイエス＝ヤソ、「耶蘇」に聞こえた。

したがって因果関係を表す「じゃけ」（↓404）は「やけ」。「新鮮じゃけ、魚が旨い」「新鮮やけ、魚が旨い」はいずれも「新鮮」（原因）だから「旨い」（結果）。（仏教の「因果応報」とまでは言わなくても）世の中の事象にはすべて何らかの原因があり、裁判でも「因果関係説」で犯罪行為が立証される。しかしそれは「説明できる」範囲での話であって、その範囲を超えてもなお（無理に）因果関係に拘《こだわ》る行為を「やけ（＝因果関係）に～する」と言った。「やけっぱち」「やけくそ」など。

945

…（や）けん

「じゃけ」が断定の「じゃ」と「け」に分かれ、さらに、「け」も「き」に変化して理由を表した。「…（や）けん」の方が「…（や）き」よりも強い。「…じゃけ、…じゃけん」は男性的、「…（や）き、…（や）けん」は女性的。瀬戸内沿岸の「じゃ」が関西弁の「や」（男女兼用）になった。

「高度信用社会」の郷里（直方）に帰ると驚きの連続。数年前、税務申告（建物の減価償却）に添付する購入金額がわかる建築契約書コピーを建設会社で貰うときの話。

女性事務員が「はい、コピー。お隣のも持って行ってくださいね」「えっ！　それってプライバシーの侵害じゃないの。なぜ他人のボクが?」（事務員、しばしポカンとして）「直方の人やき」（地元の人だから、悪い人はいない、という意味）。

床屋でこの話をして、「直方はほんとに『高度信用社会』だね、近くの飯塚や田川のように殺人事件もないし」と言ったら、マスター曰く「ドロボーがあっても、どこどこのだれか、すぐわかるき」とのこと。

946

やさしい（優しい）

葡語 ia saciar イアサシアーは「(相手を) 満足（堪能）させていた」。これを聞いて「優」をヤサシイと訓読みした。文法的に言えば、ia は動詞 ir (=go) の不完全過去、「ir＋動詞」で「過去の習慣」を表す。「やさしい試験問題」また「やさしい彼(女)」と言う場合、受験生も恋人も満足している。

947

やし（野師）

「テキヤ」（↓605）を「野師」と言う。露店（↓991）の大半はイカ焼き、お好み焼きなど火を使う。「火で炙る」の葡語は assar アサー（↓47「あっさり」）、その三人称現在が assa アサ、これが「アッサン↓ィアさん↓ヤシ」になり「野師」と書いた。

948

やじ馬（野次馬）

「アジト」は動詞の過去形 agitou アジトゥ「扇動した」（↓33）だが、扇動する≠挑発する。age uma (pessoa...) アジウマ（…人をアジる）から、本人でないのに本人の周囲に集まり批判・挑発する人を「アジウマ」「野次馬」と書き、挑発する言葉を発することを「野次を飛ばす」と言った。

949

ヤジロー

一五四三年鉄砲が種子島に伝わり、一五四九年にはザビエルが鹿児島にやってきた。ポルトガルは日本が初めて出会った西洋の国で、西洋文化はポルトガル人が伝えた。日本人は砂糖の甘味を初めて知る。その他おびただしい文物については歴史書ほかの文献をごらんいただくこととして、ここではザビエルの話。

ザビエルら宣教師がキリスト教を伝えた。が、学校ではそれ以上詳しく教わらない。フランシスコ・ザビエルはポルトガル王の命を受け、カトリック布教のためインドのゴアに赴く。当時マラッカ海峡近辺を荒らしていた倭寇《わこう》（日本人の海賊）がポルトガルに捕らえられ、ゴアに連行・収監《しゅうかん》されていた。その倭寇がカトリックに改宗して、日本（鹿児島）までザビエルを先導した、という。

彼の名前についてヤジロー説とアンジロー説があるが、正しくはヤジロー。そのわけは葡語にある。葡語にはアルファベットのyがなく、ヤジロー（Yajiro）はイアジロー（Iajiro）と表記する。葡語の文献を調べた日本人の学者がこれをアンジローと読み誤った。

ちなみに、kも使わない葡語では横浜（Yokohama）もIocohamaと表記する。三百年後ジョン万次郎が漂流したアメリカ（英語圏）にはyもkもあった。

フランス語もkは使わない。ヨーロッパのレストラン定番の食前酒「キールKir」はなぜフランス産かというと、キール（カシスの白ワイン割り）は、カシスの産地ディジョン市の市長が客にふるまったことで知られ、その市長の名前「Kir」がついた。現在はフランス人でも祖先が外国人（ヨーロッパには多い）。母国語を大切にするフランスでも、固有名詞は外国語のまま表記している。ブルーチーズのロックフォールは英語にも聞こえるが、レッキとしたフランス語Roquefort。レッキとは何か、後述する（→**984**）。

950

やたら（矢鱈）

托鉢は仏教国ならではの風景、「南蛮の坊さん」も米を食べると聞き宣教師が通りを歩くと村人は米を喜捨した。不慣れな宣教師にある日本人が袋を手渡し善男善女がつぎつぎとその袋に米を入れたので、袋はたちまち一杯になり宣教師は「もう入《はい》りません」「já tara ヤタラ（もう袋一杯）」と言い漢字「矢鱈」を当てた。「鱈」は国字（↓559「たらふく」）。

重量にはグロス、ネットがあり、それぞれ（全体の）総重量、（中身の）正味重量の意味。そしてグロス（総重量）－ネット（正味重量）＝風袋（包装物）重量、この風袋が葡語で tara タラ（英語 tare weight テアウェイト「風袋重量」は物流用語）。

951 やっかい（厄介）

葡語 ia cãibra イアカイブラは「こむら返りがしている」。「こむら返り」は腓《こむら》（ふくらはぎ）の痙攣《けいれん》で、その激痛は本人にしかわからない。陰陽道由来と思しき「厄」のつく熟語（「厄日」「厄年」「厄除」「厄払」）が主に神社用語なのに対し「厄介」は神道に限らず使う。仏教徒が「悉皆《しっかい》成仏」に語呂を合わせたのではないだろうか。「厄介」など「厄」のつく熟語は中国にはない。

952 やっつける

葡語 já ジャ「もう　すでに」（スペイン語「ヤ」）から。ヤクザが「手短かにケリをつける」（↓295）「早く片付ける」意味で「やっつける」を多用した。

953 やっと

葡語 já ジャ「もう　すでに」（スペイン語「ヤ」）は英語 yet イェット、日本語で「ようやく」の意味になった。

954

やっぱり（矢張り）

「やはり（矢張り）」が音便化したものだが、葡語 já pariu ヤパリ（ウ）「もう子供ができた」が「やっぱり」に聞こえた。あの二人は「できている」（噂）より「もう子供ができた」の方が確定的（一目瞭然）、お腹《なか》が膨らんでから「相手はだれだ?」と詮索し「やっぱり、あの男か」と判明した。不倫も含めあの二人は「できている」と報道される昨今だが、昔は目に見えるまでわからなかった。

葡語 puta que pariu! プータケパリ（ウ）は「淫売《いんばい》が孕《はら》んだ!」（商売女のお腹《なか》が膨らんだ）。「そりゃ大変!」「何てこった!」といった意味でよく使われるが、いくら彼らの口から出るからといって、日本人にはとてもおすすめできない（「糞ったれ!」のレベルで、通常の人間関係だと人格が疑われる）。

955

…（や）ねん

葡語「néネ」は会話の区切り（句読点）で軽く相手の同意を求める。「…ね」（↓683）「…じゃ」（↓399）が商都大阪風に「…や」となるがいずれも一方的断定なのに対し「…やね（ん）」は相手の同意を前提にした断定（↓685）。「そうや」「そうやね（ん）」（葡語「néネ」）は関西弁（「そうじゃ」は中国・四国・九州の瀬戸内地方の方言）。

956

ヤバい

神父の希望に応じて動いた便利な日本人の仕事にも巧拙があり、神父の思惑がはずれて「（お前は）救いようがない奴だ」と激怒（↓815「へま」）。さらに怒りが頂点に達して「失《う》せろ！」「ジャバイ！　Já vai!」（すぐ、あっちへ行け！）と怒鳴られた日本人には「ヤバい」と聞こえた。「神父様を怒らせてしまった状態」を「ヤバい」と言い、だれであれ、権威を怒らせて自分が困った状態が「ヤバい」。最近は有名人に出会っただけで「ヤバい」と叫ぶ若者もいる。

957

やぶさか（吝か）

宣教の甲斐あって信者の信仰心は高まり「どうしてもポルトガルのマリア像に祈りを捧げたい」と願う信者が出てきた。これに対し神父は「ia buscar ヤブスカー（持ってこれるものなら）取りに行くところ」と言ったことから「やぶさか」＝「（してあげたいのは山々だが）できない」また可能な場合「やぶさかではない」となった。

958

やぼ（野暮）

ボボ・ブラジルというブラジル人プロレスラーがいた。bôbo ボボは葡語で「馬鹿、まぬけ」、「馬鹿なのだから何をしでかすか分からないぞ！」という意味。それに já ヤ（=already）「もう　すでに」を付け já bôbo ヤボボ「既に馬鹿」をヤボと言い「野暮」と書いた。「野暮ったい」「野暮天」「野暮用」などどれも中国語にはない。

959

やましい（疾しい）

葡語 já amasser ヤマッサーは「（不純物を）混入する」。昔から「見ぬこと清し」と言うが、一般に混ぜ物が怪しいのは、何かを混入される余地があるから。

輸入ワインも生産地で瓶詰めされボトルで輸入されればいいがバルク（液体コンテナ）で輸入され日本で瓶詰めされたものは要注意。輸送費低減のためワインの水分を蒸発させたドロドロの液体（Grape must グレープマスト）が世界中で流通しコンテナで運搬され現地工場で（水で）希釈される。最大の問題はそのコンテナの前の積荷がどんな液体だったのか不明なことだがボトルワイン（生産地で瓶詰め）が安くなるまでの「アダ花」（メリットがなくなる）。生産地で粉に（スプレードライ）し瓶詰めするインスタントコーヒーはいいが消費地まで乾燥生豆を船で輸送するレギュラーコーヒー（一袋六十キロの麻袋）の場合船積み前に麻袋の上から殺虫剤をかけ、冷凍エビも尾の先が変色しないよう薬品を使う（↓**195**「カタギ」）。どれも「見ぬこと清し」で健康を害すが、いくら「疾しく」ともそれで経済が成り立っている。清流に魚住まず、という環境では消費者個人が選択して防衛するしかない。

960

やや（稍々）

葡語 já ジャ「もう　すでに」（スペイン語「ヤ」）を jájá ヤヤと繰り返し「もう」なのか「すでに」なのか、正確にはわからないがそれに近い、という意味で「やや」、漢字「稍々」を当てた。中国語でも「稍稍《ショウショウ》」はある。問題は「それをなぜ《やや》と発音するか」で、葡音《ヤヤ》を聞き同義の中国語を訓読みした。

961

ややこしい（稚児しい）

「ややこ」らしいことを「ややこしい」と言う。では「ややこ」とは何か？

葡語 já ヤは、英語の「yet（もう）already（すでに）↓早く」。火がついたような泣き声は大人に「早く早く」と要求している（↓537「だだ」）ように聞こえるので赤ん坊を「稚児《ややこ》」、論理的に理解できないことを「ややこしい」と言った。

962

やんちゃ

「目立ちたがりの若者」を「やんちゃ」、また若者が「目立ったことをすること」を「やんちゃをする」と言う。葡語 ante アンテは「前」を表す接頭辞。「（何でも）前面に立つ目立ちたがり屋」を「アンテ屋」↓「やんちゃ」と言った。

963

ゆいしょ（由緒）

今でもポルトニオール（ポルトガル語とスペイン語＝イスパニオール）という言葉（合成語）があるように当時はザビエルはじめバスク地方出身者も多く両言語の中間言語を話していた。「裁判所」juizo は葡語のジュイーゾはスペイン語ではユィーソと発音する（↓968「由々しき」）。

当時の日本に三権分立などあるはずもなく、司法・立法・行政はどれも「お上《かみ》」の一言《ひとこと》、お上の言葉は絶対で、「お上のお墨付きがある」ことを「ユイーショある」と言い「由緒」と書いた。中国語では「正宗」。

964 ユーモア

英語 humor ユーモアから日本語になったが、葡語もスペルは同じ humor。

965 ゆすり（強請）

葡語の動詞 usurar ウスラーは「暴利（高利）で貸す」。暴利での返済を強要することを「ゆする」と言った。（↓525「たかる」）

966 ゆだん（油断）

「油断」の語源については「根本中堂（比叡山延暦寺）の不滅の法灯」説・「涅槃経」説・「古語《寛《ゆた》》」説・「四国の方言」説などあり、いずれも一長一短で、「油断」の文字は涅槃経どころか中国語にもなく、四国の方言「ゆだんなされ（ゆっくりなされ）」は「油断」が日本語になってから四国弁になっている。その日本語化した経緯を考えると、銀貨三十枚でキリストを裏切り接吻することでイエスを敵に教えたユダが（キリストの）大敵であることからキリシタンが言う「ユダは大敵」が「ユダん大敵」「油断大敵」になった。（↓713「ばってん」末尾）

中国人応援団が自国の選手に「ガンバレ！＝加油《ヂィアイウ》！」と声を合わせる。「加油！＝油断するな！」にも思えるが「油断」の語源ではない。台湾で書かれた「京阿尼加油！」は京都アニメーションへの応援メッセージ。

967 ゆたんぽ

「ゆたんぽ」の「タンポ tampo」は「金属製の楽器の胴面」。これに「お湯」を注いだ。

968 ゆゆしき（由々しき）

裁判官 juiz の葡語はジュイースだがポルトニオール（↓963「由緒」）ではユィー

スと発音する。和を以って貴《たっと》し、の日本人は昔から争いを好まずお互い落とし処を探し何事も「手打ち」して矛《ほこ》を収めた。今でも民事裁判の大半が和解している。「裁判沙汰」になるのは一大事件、「由々しき」問題だった。

969

よいしょ

ポルトガル人が数人で力を合わせ「それ!」と重い物を持ち上げるときの掛け声 oh! isso! オー! イッソ! が「よいしょ」に聞こえた。

970

よた者（与太者）

葡語 ota オタ「あやふや」*。otário オタリオ「オタオタする 愚か者」から。いまでもブラジル語に残る。

*「アバウト」（人間の性格）

971

よっしゃ

マクドナルドのカナダ人前社長はホームページに「よっしゃ、行きまっせ。」と書いた。この「よっしゃ」も葡語の oxalá オシャラ「何かを決意し行動するとき発する（願いの）掛け声」から。

972

よろこぶ（喜ぶ）

沖ノ島（福岡県）の金製指輪（国宝）は六世紀。八世紀全国の採銅所から銅を集めて大仏建造した。十六世紀*には黄銅・真鍮の製法が中国経由（↓651「銅鑼」）で伝わり豊富な銅が金になると大喜び。「よろこぶ」は葡語でouro cobre「オウロコブレ」（金になる銅）で漢字「喜」を訓読みした。

*「大航海時代」金で先行したポルトガル（↓684「ねじ」750「ビス」）は、一五四五年スペインが南米ポトシ銀山を発見すると日本（石見）の銀で対抗した。金銀に対し銅は豊富だったため安い銅が貴重な金に見えたときの喜びが伝わる

973

よろしく（宜敷）

葡語jôrroヨーロ「噴出、ほとばしり」がヨロに聞こえた。手紙の最後に「ご鳳声の程よろしくお願いします」と書くが、「鳳の鳴き声のように華々しく」と中国語で「よろしい」意味の漢字「宜」を「よろしく（宜敷）」と訓読みした。

974

ラード

葡語lardo（英語lard）ラードは「豚脂」。日本人は四つ足（牛、馬、豚など）を

食べなかったことから明治時代の英語だが葡語も同じ。

975

らく（楽）

葡語 raque ラクは「脊髄」。ポルトガル人宣教師が大分に建てた日本初の病院には大勢の患者がやって来た。腰の曲がった老人が「背中が痛い」と訴えるのでベッドに仰向けに寝かせ「ラク（背中）は痛いですか?」と神父が訊くと、初めてのベッドに驚いた老患者はそれだけでも痛みが軽減したように感じ「（もう）極ラク、極ラク」と言った。

五十歳を超え布団（↓782）からベッドに変えると寝起きが楽と言うのは着座姿勢がとりやすく腰の負担が軽減し「ラク」に感じるから。ポルトガル来航前から「極楽浄土」や「快楽《けらく》」などの仏教語*に加え「うたまいの楽《がく》」（歌舞音曲：源氏物語「楽の音《ね》」枕草子

「神楽　猿楽」など）はあったが、「心身がのびのび」して「楽」になる、という意味・用法は葡語以降（中国語に「気楽」「道楽」はない）。「楽市・楽座」は（「仏教の極ラク」にせよ「葡語のラク」にせよ）斬新だった（↓422「聚楽第」↓547「楽しい」）。「極楽」を中国では「天堂」と言う。

＊「諸楽を受くるが故に極楽と名づく。」《阿弥陀経》

976

らしゃ（羅紗）

葡語 raxa ラシャは coarse cotton fabric（厚手の綿）《葡英辞典》だが日本では「厚地の毛織物」を指し陣羽織や合羽になった。

977

ラチ（埒）（が明く）

「埒《らち》が明く、明かない」と言う。この「埒」は葡語「ラチフィカソン ratificação」（承認）。日本人が宣教師の代理をするとき宣教師の承認の有無を「埒が明く、明かない」と言った。「ラチフィカソン ratificação」（承認、是認、追認、批准）は英語の ratification。現在も国と国で結んだ条約は国内で批准 ratify され、ratification ＊がなければ無効。いくら貿易交渉が国家間で妥結しても各国議会が承認しなければ効力を発しない。

＊ BREXIT（英国のEU離脱）問題は好例（いかなる国際条約も議会の承認がなければ発効しない。）

978

ランビキ（羅牟比岐）

琉球、南九州には鉄砲・キリスト教とともに蒸留酒の製法も伝わっている。ワイン（醸造酒）からブランデー（蒸留酒）をつくると同じく濁酒《どぶろく》（醸造酒）から焼酎（二〇一九年日本遺産に認定された沖縄の泡盛ほか蒸留酒）をつくる蒸留器（葡語alambique アランビッキ）が「ランビキ」の語源。温暖で穀物の豊富な沖縄・南九州は条件が揃っていた。「知覧の涙」という名の焼酎は若い特攻隊員を思うと涙なくしては飲めない。

979

ランプ

葡語で「ランパダ lâmpada」は「灯火、ランプ」。オランダ語・英語で lamp だが、これも葡語が先に日本語になった。

980

りくつ（理屈）

あるとき信者同士が教義について激しく議論していた。その様子を見ていた神父が「Estão em rictus.…リクッス」（口角泡を飛ばしてる）と言い日本人が漢字「理屈」を当てた。「理屈」も「屁理屈」も中国語にはない。

981

りっぱ（立派）

葡語 reparar リパラー「修繕・回復する」から。
航海中宣教師が祈った聖母像の額縁修理を日本の職人に依頼したら、綺麗（→261）に補修して戻ってきた。その見事な出来栄えに Reparam! リパーラム「修復できた！」と喜ぶ彼らの様子を見て「立派」と当てた。
英語でも repair リペア = make perfect「完全（パーフェクト）にする」。「立派」（和製語）は中国語にはなく仏教に語源を探す従来説にも無理がある。

982

りんりん（凛凛）

葡語 rincho リンショは「（馬の）いななき」。「凛とした」「勇気凛凛《りんりん》」など。馬油《ま〜ゆ》でつくった馬凛《まりん》という化粧品もある。

983

ルタール

「相撲 sumo スモ」は葡語「頂点、最高」（↓480）。信長が相撲を観覧し力士が「ルタール」する絵が両国国技館のロビーにある。葡語 lutar ルタールは「闘う 取っ組み合う」。スペインの「闘牛士」は最後に牛を殺す（matar マタール）ので matador マタドール（殺牛士）だが、温和な性格のポルトガル人「闘牛士」は殺さないので厳密に言えば相撲、柔道、レスリングの選手と同様格闘家 lutador ルタドール。「相撲の語源はヘブライ語」（元横綱貴乃花）と言うがラテン語、葡語を経て日本に伝わった。

984

レッキ〈とした〉

「レッキとした」の「レッキ」は、歴史の「歴」だろうか。その用法・意味を考えると、歴史の「歴」でも歴然の「歴」でもない。葡語「レキンタード requintado」(highly developed：とことん完成された）は「完成度が高い様子」を言う。「御歴々」は「身分・格式の高い人々」。

985

レモネード

ママレードは葡語マルメラーダ（↓884）で、レモネードの葡語は limonada リモナーダ。レモンにリスボンという主力品種があり大航海時代（ポルトガル人）船乗りは壊血病予防に（砂糖水にレモンを垂らした）リモナーダを飲んでいた。日本人が飲んだかは不明だが、明治時代レモネードはラムネとして広まった。

986

ろ（艫）

葡語 ló ロは「艫」。

ポルトガル人の「ロ（ló）」は「（風を受ける）帆船の舷側」、風向きにより違う舷側を呼ぶので日本人は混乱し、船の前部（みよし）も後部（とも）も「艫」と言った。漢字「艫」は漢和辞典にあり船首・船尾のいずれかを指す。

987

ろうと（漏斗）

葡語 rôto ロト「壊れた」（↓988）には enburacada「穴あき」の意味がある。「漏斗」は「じょうご」（↓424）とも読む。ポルトガル人の発音「rôto ロト」を聞き「漏斗」と書いたものの古来の日本語で「じょうご」と呼んだ。

988

ロートル

「年寄り、老人のロートル」は漢字で「老頭児」と書くが中国語にはない。葡語の「ロト rôto」（やぶれた、こわれた、役に立たない、みすぼらしい）から。

989

ろくでなし

葡語には「王様も城の尖塔もなく」という表現があり、「王制（＝秩序）が崩壊する」を「無秩序に、でたらめに」と訳すが、この「城の塔もなく」が葡語の「ロクなし sem roque」（→**829**「ほかす」）。「ろくでなし」はこの「ロクなし」から。

990

ろくろ（轆轤）

国宝「曜変天目茶碗」が中国から伝わったのは室町時代、信長の時代になって千利休が茶の湯を完成、秀吉の朝鮮出兵で朝鮮人陶工が北部九州「内ケ磯窯」などで茶碗を焼いた。唐津焼には朝鮮の「蹴《け》り轆轤」が伝わっており、陶土を成型する様子は「ものづくり日本」の原点とも言える。

葡語 roque roda ロクローダ「roque は塔（→**989**）、roda は回転する輪」「回る塔」から「ロクロ」と名付けた。本来「轆轤《ろくろ》」とは「船の錨の（回転式）巻き揚げ機」

で、中国語ではルールー、韓国語ではノンノまたムルレと言うが日本では葡音で「ロクロ」になる。大航海時代帆船出発の合図で「ロクロ」（錨）を二人で巻き上げるポルトガル人の姿は『気高き民、海の英雄』〈国歌〉の象徴だった。「茶の湯」で「上野焼《あがの》」「高取焼」などの窯元が栄え葡語が流行の最先端（↓795「へうげもの」）。「轆轤首」（江戸名物の轆轤に巻いた首）はお化け屋敷で人々を怖がらせた。

代表的な焼き物「上野焼」は緑色の釉薬が特徴だが、同色同様の茶碗が韓国仁《イン》川《チョン》空港の土産物店にある。加藤清正、秀吉ら武将が権威・権力の象徴として大陸の名碗を求めた。

なお「ロクロは五、六世紀にあった」ことは考古学の常識の由（某学芸員）だが、正確には「ロクロの跡と考えられる穴が五、六世紀の遺跡にあった」ということで、その時代「ロクロ」と呼ばれていた事実はなく、「轆轤」の文字が遺っている訳でもない。

991

ろてん（露店）

神社のお祭りには境内に夜店（露店）が並び、整然と区画が決められている。葡語 lote ロテは「区画」。神社から「区画」を割り当てられた店を「ロテン→露店」と言った。ロシアの店でもなければ露《つゆ》を売っているわけでもない。

992

ろんぱ（論破）

葡語 romper ロンパーは「(敵を) 破る　打ち負かす」。中国語に「論破」はない。

993

わざわざ

「態々《わざわざ》」も当て字。葡語「アザー azar」は（巡り合わせ、運不運）の意味。相手に何か不運・不幸なことがあるとき「ケ・アザー！　Que azar!」（何ということでしょう、がっかりですね！）と慰め励ましの言葉をかける。「万難《ばんなん》を排して」「みなさま、いろいろなことがあるのに」という気持ちが、本来「アザアザ」というところ訛って「ワザワザ」になった。

994

わし（私）

葡語 vassalo ワッサロは「臣下」。殿様は自分を「余《よ》」と呼び、家来は自分を「わし」と呼んだ。

995

わずらう（患う）

葡語 asilar アジラー「救護される　養老院に入所する」から。過去形 asilou アジロウが「患う」に聞こえた。

996

わっしょい

東日本大震災への義援金にお礼したところ、ドイツで神輿担《みこしかつ》ぎがあり、ドイツ人の屈強な男が「わっしょい、わっしょい」とお神輿を担いでいた。数十年前まで日本では女人禁制で男の独擅場だった。男女共同参画の成果か、最近では粋《いき》な女性も担ぐ。彼女の掛け声も「わっしょい、わっしょい」だが、これは「男っぽい、男っぽい。」つまり「マッチョい、マッチョい。」葡語の「マッチョ macho」。ポルトガル人の掛け声「マッチョ」が「わっしょい」に聞こえた。

これに関して思い出されるのは、運動会の綱引きで「オーエス、オーエス」と掛け声をかけている。なぜか。全国の学校で一斉に、ということから当時の文部省から通達が出たことは明らか。フランス語の「掛け声 oh hisse」からとったものとされる。

997

わび（侘）

「わび・さび」の「わび」。「わびた茶碗」と聞けば何となくわかるが「さびた茶碗」だと鉄器かと思う。「わび茶」はあるが「さび茶」はない。「わび茶」の「わび」から「さび」を蕉風の境地とした江戸時代中期「武士道と云ふは死ぬ事と見つけたり」（葉隠）以来（形《かたち》＝形式から心《こころ》＝本質を求める）（↓**361**）「道」が流行《はや》り「茶の湯」も「茶道」になった。

万葉集の「今吾は和備《わび》にぞしにける」「ものを思ふとわびおる時に」「思いわぶらむ」から、その後「古《いにしえ》はをごりしかど侘びぬれば」や須磨に蟄居を命ぜられた在原行平の「問う人あらば須磨の浦に藻塩たれつつ侘ぶと答へよ」もある。「侘びて澄め月侘斎が奈良茶歌」の「月侘斎」は芭蕉自身。「わび」は「世間の栄華（俗塵）を離れ奢らぬ自ら」を指した言葉で「茶の湯」究極の世界を「わび」と名付けた。

足利義政も栄華から離れ、というより側近の死とともに正室日野富子から逃れるように東山別邸に移り、銀閣寺を上棟するも完成前に亡くなっている。その銀閣の書院造（唐様の座敷四畳半）での茶事と茶の湯（草庵）の系譜（村田珠光、武野紹鷗、千利休）が信長の茶会で一体化する。キリスト教が伝わった一五四九年は武野紹鷗の時代。その三十年後には教会内に茶室を設ける（↓エピローグ）ほど「平和」が浸透したがその理念をわかりやすく伝えたのは讃美歌だった（仏教の声明《しょうみょう》も讃美歌も斉唱）。それも世界中で多く歌われている「カトリック聖歌三二二番」のようなわかりやすい曲だったに違いない。歌詞は「♪アヴィ*、アヴィ、アヴィマリア〜アヴィ、アヴィ、アヴィマリア。」（♪ミファ、ファミ、ミレレソ〜、ミファ、ファミ、ミレミレド）を繰り返す。初めて聞く日本人に「アヴィ」は「いのりの言葉」に聞こえた。

＊葡語名詞の語尾——e エは【i】イと発音される地域が多い。ponte ポンチ・「橋」noite ノイチ・「夜」など。Ave アヴェは「アヴィ」

江戸時代の茶人・俳人に「わび茶」の開祖とされる紹鷗は讃美歌の「アヴィ」を聴き「茶の湯」究極の理念と直感する。お寺の門徒・檀家に高齢者が多く、五木寛

之や瀬戸内寂聴が五十歳過ぎて仏教に向かったように、「わび」た（世間の栄華・俗塵を離れ奢らぬ境地に至った）紹鷗がキリスト教の祈り「アヴィ」を聞き「わび茶」を始め千利休が「侘の本意は塵芥を払却した清浄無垢の世界」（『南方録』）とした。

一方sabio「サビ（オ）」は葡語で「智慧《ちえ》（者）」。教会内の茶室で静かに瞑想に耽っていると、飛び道具（鉄砲）など「智慧＝技術」（＝「できること」）は際限なく進歩するが、この世には「できることとできないこと、してもよいこととしてはならぬこと」があり茶の湯の境地から見て「してはならぬこと」たとえば殺戮、破壊などが不条理の根源で、それを防ぐにはひたすら「祈る」しかない。「人の然るべき姿＝いのり＝わび」が「茶の湯の精神」とされるのは「アヴィ」から。「わび」の語源は「アヴィ」で、古来の「世間の栄華（俗塵）を離れひっそり暮らす」意味に「いのり」の意味が加わった。葡語Ave アヴィは「Ave Maria アヴィマリアのAve」で、カトリックの祈りの言葉（ラテン系言語では「幸《さいわい》あれ！」から「何てこった！」まで生活の折々に使う）。クリスマス定番の名曲「Ave verum corpus アヴィベルムコルプス（モーツァルト）」も祈りで始まり、アヴィ　アヴィ　ベルムコルプス　ナツム　デ　マリア　ヴィルジネ（めでたし　処女マリアより生まれ給いしまことのお体よ）と指揮者バーンスタインはしばらく両手を合わせ「い

998

のり」を捧げてから静かに前奏に入り合唱の祈りに移る（古来の「在り難い」（存在）が「有難う」（感謝）になった（↓71「ありがとう」）ように「わび」の意味も「茶の湯」用語になり古来の「わびし」《源氏物語》「侘し」《枕草子》に「いのる心」が加わった）。

お寺の本堂でも「アベマリア」と同じ五音「なもあみだ（南無阿弥陀）」をオルガン伴奏で繰り返し歌い（キリスト教徒と同じく）食前に祈るのは、いつのころからだろうか。

わや

「わやになる」とは関西弁で「無駄になる」こと。語源は「枉惑《おうわく》」「わやく」が訛ったもの（『広辞苑』）とされ、「枉惑」とは「ごまかしだますこと」。他人が「わいわいがやがや」と騒ぎ「わや」を入れるから自分がやるべきことができず「無駄になった」と説明されている。

聖書の「はじめに光あれ」〈創世記『天地創造』〉は葡語で「ハヤルス…Haja luz」。これから「今までのことは無しにしてはじめに戻ること」を「わやになる」と言った。

999

わらじ（草鞋）

葡語 aragem アラージェンは「風通しのよい」。高温多湿の日本ならではの履物に感心して「アラージェン」とポルトガル人が言ったのが「わらじ」に聞こえ漢字「草鞋」を当てた。

1000

わんぱく（腕白）

聖書の中では「契約」（um pacto ウンパクト）という単語が頻繁に出てくる。たとえば Deus faz um pacto com Abraão（神はアブラハムと契約を結ばれた）。西洋社会が契約社会たる所以《ゆえん》だが、東洋ではそうではなかった。日本が契約社会になったのは明治以降、昭和になってからで、桃山時代の日本人は「約定」と訳した。

神父が繰り返す聖書の言葉「ウンパク（ト）」に日本人は漢字「腕白」を当て「一人前に振る舞う（権利を主張する）子ども」を「ウンパク→腕白少年」と呼び自己主張の多い（小生意気な）子どもを「ワンパク」と言った。中国語に「腕白」はなく「腕白少年」の腕が白いわけでもない。

エピローグ

ここまで書き終えてみるとポルトガル文化の影響の大きさにつくづく驚かされる。長崎街道開通四百年記念行事が故郷（福岡県直方市）であり、そこでの講演が契機になって本書に至るが、その発表の折「長崎街道の時代はオランダだからポルトガルは関係ないのでは？」との指摘があった。

これに対して「ポルトガルはヒトに布教、オランダはモノを通商」したので、身近なポルトガル語が多いのではないか、と憶測で答えた。果たしてそうか。ポルトガル語がこれだけたくさん残っているのにオランダ語の少なさはヒト・モノの違いだけでは説明がつかない。

キリシタンの台頭を恐れてキリスト教を禁じた江戸幕府は、諸藩に一国一城・参勤交代を強いた上、通商窓口を「出島、オランダに限定」した。その真の目的は「海外情報の独占」にあった。「海外の情報を独占して国内に君臨したい」のは為政者の常。幕府はオランダ通詞を養成し、船が寄港するたびに船長（カピタン capitão）の口述を聞き取らせて「オランダ風説書」を書かせた。この仕組みで各藩の情報源は出先の江戸屋敷だけに絞られ、情報発信地としての江戸・東京が明治維新・戦前戦後を経て今日に至る。オランダ語が通詞・蘭学者の言語（文語）だったため、ポルトガル語がかくも多く巷間《こうかん》（口語）に残った。

「鎖国」は歴史学者の用語で、江戸幕府は島原の乱を機にカトリック国（スペイン、ポルトガル）からの入港を禁じるが、「鎖国」の二文字が史料にあるわけではない。「聖徳太子」は生前「聖徳太子」とは呼ばれたことはなく、お大師様（「伝教大師」「弘法大師」）も没後、天皇からの贈り名である。厩戸皇子《うまやどのみこ》、最澄、空海は、自分が将来そう呼ばれようとはつゆ知らずに亡くなった。十五代続いた徳川家のどの将軍も幕府の方針が後世「鎖国」と呼ばれようとは思ってもみなかった。

本書の千語はこうした歴史をも物語る。


千語をまとめると……

(一) 茶の湯系

「お菓子《かし》」「お接待《せったい》」「お点前《てまえ》」「おもてなし」「お辞儀」「数寄屋《すきや》造」「白湯《さゆ》」「点《た》てる」「粗相《そそう》」「躙《にじ》り口」「へうげもの」「侘《わび》・寂《さび》」

（二）服装・芸能系

「襤褸《ぼろ》」「だらしない」「カーキ色」「パリッと」「艶《あで》やか」「デブ」「法被《はっぴ》」「花魁《おいらん》」「オカマ（お釜）」「お洒落《しゃれ》」「三味線《しゃみせん》」「台詞《せりふ》」「殺陣《たて》」「足袋《たび》」「下駄《げた》」「雪駄《せった》」「草履《ぞうり》」「丹前《たんぜん》」「草鞋《わらじ》」「鼻緒《はなお》」「別珍《べっちん》」「サテン」「七夕《たなばた》」「歌舞伎《かぶき》」「滑稽《こっけい》」「囃《はや》す」「半天《はんてん》」「野暮《やぼ》」

（三）裏社会系（後に一般化したものも含む）

「合口《あいくち》」「足掻《あが》く」「灰汁《あく》」「齷齪《あくせく》」「欠伸《あくび》」「あぐねる」「胡坐《あぐら》」「嘲《あざけ》る」「欺《あざむ》く」「嘲笑《あざわら》う」「アジト」「遊ぶ」「綽名《あだな》」「アダな」「あっけらかん」「あばずれ」「暴れる」「あばよ」「あぶれる」「アホ」「あま」「抗《あらが》う」「荒くれ者」「イカサマ」「イジメ」「悪戯《いたずら》」「威《い》張《ば》る」「歪《いびつ》」「インチキ」「ウザい」「胡散《うさん》臭い」「鬱陶《うっとう》しい」「ウハウハ」「有耶無耶《うやむや》」「ウルサイ」「ウロチョロ」「ウロつく」「ウンともスンとも」「エグい」「えげつない」「似《え》非《せ》」「得体《えたい》」「エンコする」「おい！」「横着《おうちゃく》」「横柄《おうへい》」「お亀《かめ》」「御侠《おきゃん》」「螻蛄《おけら》」「おジャン（パー）」「お終《しま》い」「お世辞《せじ》」「おたおた」「お達者」「おたんこなす」「おたんちん」「おっぱい」「おっぺしゃん」「おてんば（転婆）」「脅《おど》す」「驚《おどろ》く」「囮《おとり》」「おべんちゃら」「御《お》飯《まんま》」「御襁褓《おむつ》」「屈《かが》む」「ガサ」「滓《カス》」「ガセ」「カタギ」「堅物」「騙《かた》り」「ガチ」「かっぱらう」「がめつい」「がめる」「からかう」「勘ぐる」「気障《きざ》」「汚い」「きつい」「仰《ぎょう》らしい」「くだらん」「諄《くど》い」「くるくるぱー」「廓《くるわ》」「グレる」「下衆《げす》」「ケチ」「けちょんけちょ

ん」「ゲッソリ」「けったい」「ケロッと」「喧嘩《けんか》」「こく」「コケにする」「腰巾着」「こちんこちん」「こてんこてん」「こてんぱん」「御法度《ごはっと》」「誤魔化す」「こます」「塵《ごみ》」「ごろつき」「詐欺《さぎ》」「サクラ」「雑魚《ざこ》」「しがない」「扱《しご》く」「尿糞《シシババ》」「地団駄《じだんだ》」「しどろもどろ」「シノギ」「シバく」「舎弟《しゃてい》」「シャブ」「邪魔《じゃま》」「戯れる」「白《しら》を切る」「焦《じ》れる」「素人《しろうと》」「しんどい」「スカ」「すけ（こまし）」「助平《すけべ》」「凄む」「スッパ抜く」「すっからかん」「ズバッと」「ズブ」「ずべ公」「図星」「ずぼら」「ずらかる」「狡い」「贅沢」「せからしい」「せっかい」「せっかち」「ぞっこん」「集《たか》る」「蛸部屋《たこべや》」「ダサい」「祟《たた》る」「タナボタ」「ダフ（屋）」「誑《たぶら》かす」「たまがる」「駄目《だめ》」「啖呵《たんか》」「チクる」「チビ」「チャカ」「チャラ」「チャランポラン」「チャリンコ」「チャルメラ」「チャンとする」「チャンバラ」「チャンポン」「丁半《ちょうはん》」「痴話喧嘩《ちわげんか》」「ちんちくりん」「ちんちん」「チンプンカンプン」「面《つら》」「刑事《でか》」「的《てき》屋《や》」「デコ〔師〕」「出鱈目」「デッチあげ」「てんやわんや」「ドケチ」「ドジ」「ドス」「とちる」「とっとと」「とっぽい」「とどのつまり」「ドベ」「トロい」「泥棒」「トンズラ」「トンチンカン」「とんぴん」「頓馬《とんま》」「なまくら」「ならず者」「ナンパ」「ニッチもサッチも」「鈍《のろ》い」「鈍間《のろま》」「馬鹿《ばか》」「博打《ばくち》」「パクる」「ハジキ」「ハッタリ」「発破《はっぱ》」「ハマる」「破目」「ばらす」「バる」「破廉恥《はれんち》」「ハンパない」「パンパン」「贔屓《ひいき》」「ひったくり」「びびる」「ピンからキリまで」「ふざける」「ふしだら」「プータロー」「不埒《ふらち》」「ペケ」「ペテン」「ポカ」「ボケる」「ほざく」「ぼったくり」「法螺《ほら》」「惚《ほ》れる」「ボロい」「盆暗《ぼんくら》」「ぽんこつ」

「ぼんち」「ほんま」「まぐれ」「マジ」「間抜け」「みかじめ（料）」「淫《みだ》ら」「ムラムラ」「めげる」「滅茶苦茶《めちゃくちゃ》」「面倒《めんどう》」「儲かる」「勿体《もったい》ない」「ヤーさん」「やかましい」「ヤクザ」「やけに～する」「野師《やし》」「野次馬」「厄介」「やっつける」「ヤバい」「ややこしい」「強請《ゆすり》」「与《よ》太者《たもの》」「ラチがあく」「ろくでなし」「露店《ろてん》」「わや」

（四）喜怒哀楽系

「あいたっ！」「呆（あき）れる」「あっちっち」「焦《あせ》る」「あらま」「イライラ」「うっかり」「嬉《うれ》しい」「エイヤ！」「面白《おもしろ》い」「可笑《おか》しい」「がっかり」「悲しい」「きつい」「けしからん」「こら！」「寂《さび》（しい）」「焦《じ》れったい」「しんどい」「ソワソワ」「楽しい」「辛《つら》い」「ドキドキ」「どっきり」「燥《はしゃ》ぐ」「びっくり」「ヘタる」「へとへと」「へばる」「へらへら」「惚《ぼ》ける」「ホッとする」「惚《ほ》れる」「ムカつく」「ムラムラ」「面倒」「やかましい」「よいしょ」「喜《よろこ》ぶ」「侘《わび》（しい）」「わっしょい」

（五）キリスト教系

「愛」「イカサマ」「お辞儀《じぎ》」「媚《こび》（を売る）」「サクラ」「地団駄《じだんだ》」「世知辛《せちがら》い」「油断（大敵）」「めしい」「しつこい」（↓1002）

（六）仏教（僧侶）系
「挨拶」「閼伽《あか》棚」「億劫《おっくう》」「しっぺ」

（七）隠語系
「先斗町《ぽんとちょう》」「廓《くるわ》」「〇〇〇」「オシッコ」「屁」「屁こき比丘尼」「〇〇〇〇」「ちんちん」「〇〇〇」

（三）裏社会系が目立って多い。

キリスト教が反社会的であるはずはない。教理「愛と平和 Love and Peace*（葡語 Amor e Paz）」の Amor を戦国時代の日本人にわかるよう「御大切」（↓1「愛」）と訳出した宣教師はキリストの言葉 Paz seja convosco.（あなたがたに平和があるように）の「平和 Paz」を「茶の湯」に求めた。**

* 青山学院大学は建学の精神 John Wesley preaches love and peace in Christ for the world.（ジョン・ウェスリーは世界へのキリストの愛と平和を説く）を正門に掲げている。キリスト教の理念「愛と平和（Love and Peace）」は当時も今も変わらない

** ミサでの司祭の所作（聖体皿、また盃の飲み口を拭いて順次手渡す仕草）が茶の湯の作法（菓子皿、濃茶）と酷似するが、「茶の湯は極めて一般に行われ、日本では不可欠のものであって、我等の修院において欠かすことができない」とすべての教会内に茶室を設け来訪者に茶の湯を接待するよう指示している（ヴァリニャーノ神父『日本巡察記』）

米中貿易戦争の三十年前、日米間に貿易摩擦があり日本の輸入拡大が至上命題だったある朝ＮＨＫのトップニュース（商社の車輌輸入）を見た某社会長（裏社会の天皇との異名をもつ人物）から電話が鳴り、数日後九州へ向かう。初対面なのに（当時の）総理大臣直筆の手紙を見せられたりしていると携帯が鳴り何かを呟《つぶや》く、聞けば九州某県庁所在地で勃発した暴力団抗争の始末を指示（裁定）した由。

「天皇」の面通しが済んだからか、Ｎｏ．２の専務が上京し指定の川崎の飲み屋で会う。焼酎のお湯割りのせいか饒舌に語る。「正確な統計があるわけじゃなかばってん、ヤクザとか暴力団員の七、八割は被差別の出身ですけん。東京の人には分からんでしょうな。多感な中学時代、差別されイジメられてきた者《もん》はまともな大人にはなれんとですよ！」

差別は現代もあり、被差別の人々のお寺とそうでないお寺に分かれている地域さえある。国家宗教（憲法）として始まり檀家制度（戸籍法）などに利用された日本仏教*の現姿《ありすがた》でもある。

＊日本の仏教が原典（サンスクリット語・パーリ語）を暗誦した難解な漢訳仏典を僧侶が解釈（法話）しているのに対しキリスト教聖書（原典へブライ語）はギリシャ語、ラテン語を経て各国語（あらゆる言語）―だれでもわかる平易な口語体―で書かれ二十四時間朗読（放送）されている。（仏教に限らず宗祖・開祖は「真理」を語るがキリスト教はイエス自身を信仰の対象としその存在が教義となり聖書は（奇跡の真偽は別として）イエスの言葉ないし行動の記録。たとえば「貪・瞋・痴」（↓**509**「そそう」）の「瞋」も「人のあやまりをかんにんすべき事」（こんてむつすむん地）の方が具体的でわかりやすい

そこに（国家宗教と檀家制度の合間に）キリスト教＊がやってきた。仏教とキリスト教の接点は、イエスが誕生した厩《うまや》から厩戸皇子《うまやどのみこ》と命名した聖徳太子に景教（中国に伝わったキリスト教）の影響という説もあり、日本仏教の歴史は法華経を漢訳した鳩摩羅什の時代に遡る（↓**1**「愛」）。

＊「この時代の総人口二千万に対し七十万（三・五％）もの信徒を擁するに至ったのは（神から与へられた啓示を信仰の基礎とするものの、できるだけ人間の理性に訴えて議論を進めて行った）キリスト教の（それまでの日本に欠けてゐた）合理的精神が時代的に人間解放を求めていた人々にとって魅力に感じられたことによる。この合理的精神は禁

教、鎖国により道をふさがれて明治維新以来の単なる物質文明の輸入では補えず、科学的精神の欠如があらゆる面に見られ、日本の破滅の原因となった」（『吉利支丹文学集Ⅰ』）とは、外形的（物質的）規範である法律に対し、信仰や道徳が内面的（精神的）規範であることを考えればわかりやすいが、のちに「（キリスト教を禁ずることで）日本は清新な合理的精神文化をとりいれることができず世界の進歩に立ち遅れた結果、第二次世界大戦による日本の没落となり、我々は今その決算書をつきつけられてゐる」と敷衍している（同文学集Ⅰ）

キリスト教の理念はザビエルの時代から青山学院まで変わらず、大名から一般大衆まで一斉に改宗した理由《わけ》は聖書の「善きサマリア人」＊「捨石《すていし》と要石《かなめいし》」＊＊のたとえに見ることができる。

＊　「善きサマリア人のたとえ」（イエスの「隣人愛」）《ルカによる福音書》
強盗の被害者（半殺し状態）を見ても通り過ぎる同民族の祭司らより、被害者を手当し宿屋まで運び金銭的にも面倒をみた異民族のサマリア人の話

＊＊　「捨石と要石のたとえ」（社会的弱者へのメッセージ）《マルコによる福音書、ほか》
ある建物をつくるのに役に立たず捨てられた石でも、別の建物の重要な要石《かなめいし》（＝頭石《かしらいし》、

礎石）として役立つ話。（A pedra que os construtores rejeitaram tornou-se a pedra angular.『家を建てる者の捨てた石、これが隅の親石となった。』） 社会への疎外感（ひきこもり、自殺、無差別殺人などの要因）を感じた人々を勇気づけた

宗教には「政治では解決しえない不平等・不条理」*に苦しむ人々**を救う社会的使命がある。九州の諸大名はじめ一般人***は「善きサマリア人のたとえ」（隣人愛）に共鳴し、差別・搾取された社会的弱者は暗闇にあったからこそ「捨石・要石のたとえ」に「光明」をより強く感じた（復活したイエスに救いを求め癒《いや》されたのは差別されていたライ患者だったし、《ハンセン病国賠訴訟：熊本地裁》で勝訴し政府が控訴せず確定した二〇〇一年判決の原告団弁護士も聖書のことばがこの裁判にかかわる動機になったと言う）。

*　人間社会に不平等・不条理はつきものなので「法の下」だけでも平等に、というのが政治

**　「《神の前に人はみな平等》がキリスト教の理念で、教会内では武士・庶民・男女は同列に並び、時代的に人間解放を求めていた庶民はひきつけられた」（『吉利支丹文学集Ⅰ』）

***　日本は（人間的な思慮・利益で考える）東洋の他の地方とは異なり、

1　日本人はきわめて礼儀正しく、深い思慮と理解力があり、道理に従う白色人であること

2　日本人は自らの意思で（霊魂の）救済を希望し、教義や秘蹟を受ける能力を短期

3　身分の低い下層のみならず、武士や身分の高い領主並びに国王さえ我等の聖なる信仰を進んで受け入れること

4　天性として宗教に関心が深く、超自然的な道理、恩寵、慈愛に援けられた我等に対し秀でた態度で接すること

5　仏僧や異教徒の反対はあっても、日本中どの土地でも聖なる福音と改宗への扉が開かれていること

6　日本人は聖職者になる能力を備えており日本人修道士も日本人信者から深い尊敬の念を持って見られていること

7　単一な言語の日本と他の東洋では、理性ある高尚な人々と獣類のような低級な人々との差異があること

8　神の為の我等イエズス会にとって日本人は司祭となって立派な人材の供給源となり得ること

9　多額の資産を投じて修院、教会、日本人修道士を有するイエズス会は異教徒の信頼を博していること

10　神はイエズス会にのみ日本への布教を残し給い、イエズス会が日本人の霊魂の救済を成就できること

（ヴァリニャーノ神父『日本巡察記』）

幾多の歴史の不条理を経たキリスト教は日本で差別されていた人々の救いとなった。ローマ法王は五島列島出身の日本人枢機卿（隠れキリシタンの子孫）とともに二十六聖人（↓124「おいしい」）ほか犠牲になった隠れキリシタンそして原爆被害者を鎮魂された。

千語はわれわれの日常会話の中でいまなおそうした歴史を傍証している。

あとがき

千語書き終えて編集（校了）までの数か月間に気がついた葡語は…

1001

ピリピリ

「皮膚や粘膜に感じる痛みや辛味、ひいては緊張で張り詰めた様子・雰囲気」をわれわれ日本人は「ピリピリ」と表現している。いつどこからそう言い始めたのだろう。

ヨーロッパ各地の高級レストランでエビなど魚料理を注文すると辛口ソース（peri-peri marinade sauce）の容器がついてくる。ポルトガルの molho de piri-piri（ピリピリ・ソース）なのだが、piri-piri とはアフリカ、アンゴラ・モザンビークの唐辛子で、大航海時代（桃山時代）日本に伝わった。（↓371「さらば」）

1002

しつこい

「あなたがたの戒めるべきことは六個ある。いや七個 = sete coisa セテコイザある」*（↓491「せちがらい」）と聖書のことばを神父が説明すると、仏教では「六根」なのにキリスト教には「七個」もあって「セテコイ」⇓「しつこい」と日本人仏教徒は思った。

＊入門書「こんてんつすむん地」にも「六こん」とありその方が日本人にわかりやすかった（↓**491**）

正しく（聖書）は序数 sétima（以下下線部）なのだが、（印刷機がなく）聖書もない環境で信者がわかりやすく「七個」を sete coisa セテコイザ（七つのこと）と言ったことによる。

《聖書―箴言 6:16-19》
16主の憎まれるものが六つある、否、その心に、忌みきらわれるものが七つある。
17すなわち、高ぶる目、偽りを言う舌、罪なき人の血を流す手、18悪しき計りごと
をめぐらす心、すみやかに悪に走る足、19偽りをのべる証人、また兄弟のうちに争
いをおこす人がこれである。

Provérbios 6:16-19
Estas seis coisas o Senhor odeia, e a sétima a sua alma abomina:

Olhos altivos, língua mentirosa, mãos que derramam sangue inocente,
O coração que maquina pensamentos perversos, pés que se apressam a correr para o mal,
A testemunha falsa que profere mentiras, e o que semeia contendas entre irmãos.

夏目漱石は「執濃《しつこ》い」と書き、「冷笑《あざ》ける」（↓**27**）「五月蠅《うるさ》い」（↓**105**）「御切《おせっ》買《かい》」（↓**149**）「饒舌《しゃべ》る」（↓**411**）「疎忽《そそっか》しい」（↓**510**）「不体裁《ふしだら》」（↓**779**）など文豪だけでなく漢学者も、ザビエル以来の葡語に当てる漢字には苦労した。

1003

あした（明日）

日本語には「字訓《じくん》」（たとえば五月雨《さみだれ》など漢字の意味と異なる訓読みをする約一一六種）があり、これもその一つ、明日を「あした」と読むのは不自然。だが、スペイン語でならよくわかる。別れの挨拶「また、あした。」はスペイン語で“Hasta mañana”（アスタ　マニアーナ）。

宣教師たちの毎日の別れの挨拶を聞いた日本人の間で明日を「あした」と読むようになった。プロローグほか本文で繰り返したようにザビエルはスペイン人（バスク出身）だった。西洋音楽史の皆川達夫は長崎のキリシタンに伝わる独特の西洋音階の原点を探し求めローマ、バチカンをめぐりバスク地方に行きついている。

1004

ぎおん（祇園）

祇園精舎《ぎおんしょうじゃ》の鐘の聲《こえ》、諸行無常《しょぎょうむじょう》の響あり、沙羅雙樹《さらそうじゅ》の花の色、盛者必衰《しょうじゃひっすい》の理《ことわり》をあらはす（平家物語冒頭）は仏教的無常観を表す名文。琵琶法師が語り継ぐ祇園精舎とは、平安貴族に阿弥陀経冒頭*の意味を解説する高僧が「祇樹給孤独園」をわかりやすく「祇園精舎（釈迦の説法した寺院）」と名付け、それが京都一の花街に、その地名に近い八坂神社を「祇園さん」、さらに「祇園会《え》」「祇園祭」と呼ぶようになった。

＊ 鳩摩羅什《くまらじゅう》が漢訳した阿弥陀経は平安時代に日本に伝わり法然、親鸞の浄土宗、浄土真宗では現在でも次のように読経されている

佛説阿彌陀經《ぶつせつあみだきょう》

如是我聞《にょぜがもん》（私はこのように聞きました。）

一時《いちじ》　仏《ぶつ》　在舎衛国《ざいしゃえこく》　祇樹給孤独園《ぎじゅきゅうこどくおん》（ある時仏さまは、古代インドの王国舎衛国のある「祇樹給孤独園」という精舎にいました。）

「祇園」の文字は源氏物語、枕草子には見当たらず、鎌倉時代の平家物語が最初だが、八坂神社の山鉾巡行は室町時代にもあった。その当時「祇園さん」は何と呼ばれていたのだろう。（神社なのに仏教用語で「祇園」と呼ぶのはなぜか？）

葡語 gião ギオンは「指導者、エリート」。「祇園《ぎおん》」が「京都一の花街」とすると「エリートの花街」として地名になりそこにある八坂神社が「祇園さん」になった。gião ギオンと聞いた日本人は祇園精舎を連想した。

「セカンドクラスの花街」が「先斗町《ポントちょう》」（↓**861**）だったのだろう。東京で言えば「祇園」が「銀座・赤坂」で「先斗町」は「歌舞伎町」のイメージか。

1005

えくぼ（靨）

「痘痕《あばた》（↓**55**）も靨《えくぼ》」とは、惚れた（＝好きになった）相手なら天然痘の痕（痘痕《あばた》）さえひいき目で笑顔の可愛らしい靨《えくぼ》に見えるという意味。葡語で靨は covinha コビニャ、これがエクボに聞こえた。

よりわかりやすく状況を考えると、宣教師の「ジャガイモは立体感がある。」

A batata é cubo. アバタタエクボが「痘痕《あばた》も靨《えくぼ》」になった。

1006

かわせ（為替）

手形には「支払人が直接支払いを約束する」約束手形と、「支払人より信用が高い人の支払いを確約する」為替手形がある。不渡り（債務不履行）を防ぐ大阪商人ならではの知恵で、為替手形であれば受け取る人は安心して取引できる。受け取る側からすれば確実な第三者が支払人となるので取引相手が倒産しても支払いは間違いなく保証される。だから売り手は買い手が第三者を手配できるかどうかが問題となる。「手配」の葡語が cavação カワソン。これが「かわせ」に聞こえ中国語にはない漢字「為替」を当てた。

動詞「知らせる」から名詞「知らせ」(news）があるように「交わす」が「かわせ」の語源とする通説だが、「為替」の語源は葡語で信用ある両替商が取り扱うことから外国通貨への両替も外国為替と呼ぶようになった。

1007

とりあつかう（取り扱う）

葡語 triagem トリアージエンは「（病院で患者の）病状により取り扱う優先順位

を決めるプロセス」（o processo pelo qual se determina a prioridade do tratamento de pacientes com base na gravidade do seu estado.)

大分にできた日本初の病院には様々な病状の患者が駆け込み、宣教師は手当ての順番（取扱優先順）を決めるとき「トリア……」と言った。

現在、日本の大病院に行くと患者はトリアージ・センターで受け付け、内科、外科など各科に振り分けられるが、「トリアージ」（triage）は葡語 triagem のフランス語。

1008

ばり（尿）

「蚤虱《のみしらみ》馬の尿《ばり》する枕もと」

「奥の細道」の道中、芭蕉が東北地方で詠んだ句。本文（↓738）で「俗語で排泄することと」と書いたが、江戸時代は全国に通用した標準語だったことがわかる。

1009

ぽん

「（あの人は）ポンやが」（九州弁）は「（あの人は中身のない）マヌケだよ」とい

う意味。たしかにパン（↓741）は餅に比べ空洞が多い。日本人は初めてパンを見てマ（ン中が）ヌケていることに驚き、マヌケ者を（中身が空《カラ》の）パンにたとえた。パンの葡音はポンに近く、リオデジャネイロ湾口（キリスト像の向こうに見える円筒形）の岩を「砂糖塗《まぶ》しパン」ポン・デ・アスーカルという。ポン菓子は中が空洞になっているお菓子。骨粗鬆症《そしょう》より「ぽん骨」の方がよくわかる。

1010

あばら骨

肋骨《ろっこつ》を巷《ちまた》で「あばら骨」と呼ぶ。これは宣教師（医者）の言葉を聞いた日本人がそう呼び伝えた。

というのは、本文（↓56「あばれる」をご覧いただきたいが、葡語 abalar アバラーは自動詞「揺れる」にも他動詞「揺らす」にもなる。だから「日本で地震」という場合「地震が日本を揺らす」（他動詞）であり、「揺れる」（自動詞）骨が「あばら骨」なのである。

呼吸するとき「動く骨」を「あばら骨」と呼んだのは大分の病院の宣教師（の言葉を聞いた日本人）だろう。

1011

とう（塔）

宗教（バベルの塔や五重塔）からランドマーク（東京タワーやスカイツリー）まで、モニュメントが空高く聳《そび》えるのは古今東西変わらない。エッフェル塔（Tower of Eiffel）をフランスでは Tour Eiffel と呼ぶ。

中国語でも塔＝トウと発音するのは、tour（フランス語）torre（イタリア語＝スペイン語＝葡語）などラテン語との接点が考えられる。転ぶ（↓345）のコロ（訓読み）は日本の宣教師時代とみられるが、トウは漢字成立、旧約聖書創世記の時代にまで遡る。

1012

とんでもない

自分の行為を謙遜（過小評価）して打ち消す場合、「とんでもありません」と言う。相手の評価の過大さを否定する表現だが、この「とん tāo」は「たんと（↓565）」の「たん tāo」と同じで「とても（大きいこと）」という意味、まず「たいしたモノではありませんが」と差し出したモノに対し相手の過剰なお礼を打ち消すのに使うのが本来の用法だが、単に程度が想像を超える場合、単独で「とんでもない（程度＝

大きさ)」とも言う。

「とん tão」と「たん tão」とが一つの葡語からであるのは「パン pão」と「ポン pão」と同じ関係。(↓1009)

1013

あづまや(四阿)

四阿、阿舎などの漢字を当てるが、源氏物語にも東屋というタイトル(帖)がある。しかし、四阿は日本庭園にある四本柱の簡素な建屋で、源氏物語の東屋ではない。

そこで葡語で考えると、日本庭園に招かれた宣教師が四本柱だけで見晴らしはいいが吹き込む風に咳き込み asuma(アズマ=咳喘息)と言った可能性がある。

1014

まだ(未だ)

相撲はラテン語で信長の時代、全国的になった。(↓480)闘う選手=力士にとってはまず最初に相手と呼吸を合わせる立ち合いが勝負のポイントで、その立ち合いの有効性=成否を行司が判定している。

立ち合い不成立の場合、行司は大声で「まだまだ!」と叫び両力士の間に割って入り立ち会い不正を宣言する。

この「まだまだ！」は、葡語で「ma（悪い↓866）だ ma だ！」（ダメだダメだ！）これがキッカケになり、未然の事実「未だ」を「まだ」と訓読みするようになった。（↓877）

1015
しょぼい

ポルトガル人の「雨だ！（ショベウ choveu）」が語源。

当時の日本人の多くが農民や大工など手仕事だったため、雨が降れば効率が悪く、「今日はショボイ日」「雨がショボショボ」「（ショボ↓）そぼ降る」などと言った。

1016
カフェ（珈琲）

コーヒー（英語 coffee フランス・スペイン・葡語 café 中国語「咖啡」）はエチオピア原産で現地語カッファ（Kaffa）が語源。イタリア、ジェノバのコーヒー店「イル・カフェ（Il Caffè）」で刑法学者が「犯罪と刑罰」につき議論した記録が刑法の教科書にありルイ十四世時代のフランスに伝播した。日本には江戸時代オランダ経由で伝わりカフェ（珈琲店）が広まったのは大正時代（↓787「ブラブラ」）。生産国でカフェと言えばコーヒー豆そのものを指すのにフランス語 café だけが珈琲店も指すことから日本のカフェはフランス語が語源だろう（イタリア、スペイン、ポルトガル、ブラジルでコーヒーはbarバールで飲む。食後のコーヒーはブラジルのレストランでは一九八〇年頃まで無料が常識だったので有料になった当時は「カフェに金を払うんだって！」と国中大騒ぎした）。世界一のコーヒー生産国ブラジルのコーヒー鑑定士養成所では「ブラジルへ伝わった歴史」を「仏領ギアナ総督夫人とブラジル人将校が恋仲になり総督邸内で厳格に栽培されていたコーヒー（門外不出）の種を貰ったことからブラジル全土に広まった」と講義している。半信半疑の生徒達も「ベッドの上で伝わった」といかにもブラジル人好みの話にしている（→**195**「カタギ」）。

このほかに「これも葡語由来では？」と思われる日本語にお気づきでしたらご教示いただきたい。

《参考文献》東洋文庫『日本巡察記』（ヴァリニャーノ神父　佐久間正訳）
東洋文庫『吉利支丹文学集Ⅰ・Ⅱ』（新村出・柊源一校註）

後者は佐藤弘太郎氏（半世紀前商社入社時の新人インストラクター）よりご恵送いただいた書で

「こんてむつすむん地 Contemptus Mundi（「世俗厭離」）＊

＊　世俗的価値観を捨てる意味、「むん地」は葡語 mundo「世界→俗界」のラテン語形容詞、『(厭離《おんり》) 穢土《えど》』『世間虚仮』（聖徳太子）に近く、漢字「地」からも意味が理解されていたことがわかる。「せかいのみもなき事をいとひ Jx をまなび奉る事」で始まる文は「世界の実もなき事を厭いキリストを学び奉る事」

「どちりなきりしたん Doutrina Cristã（キリストの教理「公教要理」）」

「イソポのハブラス Esopono Fabulas（イソップ寓話集）」

三書がありその「校註者」（新村出・柊源一両氏）のご造詣の深さには驚くばかりであった。

音声学（Phonetics）の領域があるとするなら聊《いささ》かでも「広辞苑」の参考になれば幸甚である。

「ザビエルの置き土産」エピローグより

二十代でブラジル・ポルトガル語にどっぷり浸かることができたことは幸運だった。ポルトガル語はイタリア語、スペイン語、フランス語と同じラテン語なので、初めての単語でも聞けばわかることが多い。

昔、バリバリの商社ウーマンに突然「クッチーナ、ってどういう意味ですか?」と訊かれた。

初めて聞いた単語で、明らかに私の困り果てる顔を期待している、イタズラっ子っぽい目で喜色満面、「わかりません?」(トドメの一撃)で彼女に凱歌があがる寸前、落ち着いて答える。「厨房です」。

正解でがっかり、でも納得、といった複雑な表情の才媛を前に、何とか面目は保てた。

「クジーニャ」(葡《ポルトガル》語)⇓「クッチーナ」(伊《イタリア》語)⇓「キッチン」(英語)

いずれも同じ単語。おそらく昨晩夕食にパスタでも食べたイタリア料理店の名前で、わかるかどうか、朝一番に会社のおじさんをテストしてみたのだろう。

初めて聞く言葉でもかなりわかる。ルーマニアの独裁者チャウセスクが倒れたとき、民衆は叫んだ。(サッカー応援のフシで)「オレーオレオレオラー、チャウセスク、ノアイー！」このルーマニア語の「ノアイー」はラテン語諸国では通じる。「オレーオレオレオラー、チャウセスクは（もう）いない！」という意味。

西洋との邂逅《かいこう》もラテン語。ブラジルのポルトガル語は偶然にも四百五十年前のザビエルの言葉だった。歴史を「音」で辿《たど》る。ラテン世界の通例で、年金受給年齢（五十歳）に達し、商社を退職した西暦二〇〇〇年はインターネット時代の幕開けだった。昼夜世界中から音楽をダウンロードすれば、パソコンがジュークボックスとなって、忽《たちま》ち十年。徒然《つれづれ》なる生活ですっかり足腰が弱ったが、生涯を通じて「音」に拘《こだわ》るのはなぜか、というと赤ん坊の頃に遡る。母親にダッコされていた頃、左耳は空気に触れ、右耳は母体に密着していた。

すると母の声が左耳には空気を伝わり、右耳では母体を通じて聞こえ、「同じ音源なのにヘンだなぁ」と思った記憶がある。こうして人間の聴覚（空気の振動）は左耳が発達した。あるときこの話をすると、「まさか、そんなはずはない」、「またデマカシ言って」と一笑に付された。

信用されなくても「記憶があるものはある！」。音楽家が小さい音を集音して聴くのに左手を丸くして左耳に当てる。バイオリニストも左耳でバイオリンの音を聴きながら右手で弓を弾いている。離れたスピーカーから音が聞こえるエレキ・ギターならビートルズ（ポール・マッカートニー）のようにギターの柄を右に持ち左手で弾くこともできるが、どんなに器用な曲芸師でもバイオリンを右に持ち左手で弓を弾く人はいない。ビクターの犬だって蓄音機には左耳を傾けて聴いているではないか。左耳で音を聴いて音感が発達する。聞こえる雑多な音の中から響き合う和音に気づく。それは音楽的に完全五度の二音、ドとソ（箏曲「六段」出だしの二音）であり、弦楽器のバイオリン、ビオラ、チェロの四本の隣り合う開放弦の音程はどれも完全五度で調弦されている。

とまぁ、こういった次第で、ポルトガル語と日本語の音の耽想《よしなしごと》にお付き合いいただき、オブリガード（有り難う）ございました。

桃山時代の日本人（ヴァリニャーノ神父、東洋文庫『日本巡察記』より）

人々はいずれも色白く、きわめて礼儀正しい。一般庶民や労働者でもその社会では驚歎すべき礼節をもって上品に育てられ、あたかも宮廷の使用人のように見受けられる。この点においては、東洋の他の諸民族のみならず、我等ヨーロッパ人よりも優れている。

国民は有能で、秀でた理解力を有し、子供達は我等の学問や規律をすべてよく学びとり、ヨーロッパの子供達よりも、はるかに容易に、かつ短期間に我等の言葉で読み書きすることを覚える。また下層の人々の間にも、我等ヨーロッパ人の間に見受けられる粗暴や無能力ということがなく、一般にみな優れた理解力を有し、上品に育てられ、仕事に熟達している。

牧畜も行なわれず、土地を利用するなんらの産業もなく、彼等の生活を保つ僅かの米があるのみである。したがって一般には庶民も貴族もきわめて貧困である。ただし彼等の間では、貧困は恥辱とは考えられていないし、ある場合には、彼等は貧しくとも清潔にして鄭重に待遇されるので、貧苦は他人の目につかないのである。

日本人の家屋は、板や藁で覆われた木造で、はなはだ清潔でゆとりがあり、技術は精巧である。屋内にはどこもコルクのような畳が敷かれているので、きわめて清潔であり、調和が保たれている。

日本人は、全世界でもっとも面目と名誉を重んずる国民であると思われる。すなわち、彼等は侮蔑的な言辞は言うまでもなく、怒りを含んだ言葉を堪えることができない。したがって、もっとも下級の職人や農夫と語る時でも我等は礼節を尽くさねばならない。

しかし国王及び領主は、各自の国を能う限り拡大し、また防禦しようと努めるので、彼等の間には通常戦争が行なわれるが、一統治権のもとにある人々は、相互の間では平穏に暮らしており、我等ヨーロッパにおけるよりもはるかに生活は安寧である。それは彼等の間には、ヨーロッパにおいて習慣となっているような多くの闘争や殺傷がなく、自分の下僕か家臣でない者を殺傷すれば死刑に処されるからである。

日本人はきわめて忍耐強く、飢餓や寒気、また人間としてのあらゆる苦しみや不自由を堪え忍ぶ。それは、もっとも身分の高い貴人の場合も同様であるが、幼少の時から、これらあらゆる苦しみを甘受するよう習慣づけて育てられるからである。

また彼等は、感情を表すことにははなはだ慎み深く、胸中に抱く感情を外部に示さず、憤怒の情を抑制しているので、怒りを発することは稀である。

次に述べるように、日本人は他のことでは我等に劣るが、結論的に言って日本人が、優雅で礼儀正しく秀でた天性と理解力を有し、以上の点で我等を凌ぐほど優秀であることは否定できないところである。

彼等の間には、罵倒、呪詛、悪口、非難、侮辱の言葉がなく、また戦争、借用者、海賊の名目をもってなされる場合を除けば、盗みは行なわれず、(窃盗)行為はひどく憎悪され、厳罰に処せられる。

だが彼らに見受けられる第一の悪は色欲上の罪に耽ることであり、これは異教徒には常に見出されるものである。……最悪の罪悪は、この色欲の中でもっとも堕落したものであって、これを口にするには堪えない。彼等はそれを重大なことと考えていないから、若衆達も、関係のある相手もこれを誇りとし、公然と口にし、隠蔽しようとはしない。

この国民の第二の悪い点は、その主君に対して、ほとんど忠誠心を欠いていることである。主君の敵方と結託して、都合の良い機会に主君に対し反逆し、自らが主君となる。反転して再びその味方となるかと思うと、さらにまた新たな状況に応じて謀反するという始末であるが、これによって彼等は名誉を失いはしない。

日本人の第三の悪は、異教徒の間には常に一般的なものであるが、彼等は偽りの教義の中で生活し、欺瞞と虚構に満ちており、嘘を言ったり陰険に偽り装うことを怪しまないことである。……既述のように、もしこの思慮深さが道理の限度を超えないならば、日本人のこの性格から、幾多の徳が生まれるであろう。だが日本人はこれを制御することを知らぬから、思慮は悪意となり、その心の中を知るのに、はなはだ困難を感じるほど陰険となる。そして外部に表われた言葉では、胸中で考え企てていることを絶対に知ることはできない。

第四の性格は、はなはだ残忍に、軽々しく人間を殺すことである。些細なことで家臣を殺害し、人間の首を斬り、胴体を二つに断ち切ることは、まるで豚を殺すがごとくであり、これを重大なことことは考えていない。だから自分の刀剣がいかに鋭利であるかを試す目的だけで、自分に危険がない場合には、不運にも出くわした人間を真っ二つに斬る者も多い。……もっとも残忍で自然の秩序に反するのは、しばしば母親が子供を殺すこと（↓797「屁こき比丘尼」）であり、流産させる為に、薬を腹中に呑みこんだり、あるいは生んだ後に（赤子の）首に足をのせて窒息させたりする。

日本人の第五の悪は、飲酒と、祝祭、饗宴に耽溺することである。その為には多くの時間を消費し、幾晩も夜を徹する。この饗宴には、各種の音楽や演劇が伴うが、これらはすべて日本の宗教を日本人に教えた人々が考案したもののように思われる。この飲酒や類似の饗宴、過食は、常に他の多くの堕落を伴うので、これによって日本人の優秀な天性がはなはだしく損なわれている。

彼等のことごとくは、ある一つの言語を話すが、これは知られている諸言語の中でもっとも優秀で、もっとも優雅、かつ豊富なものである。その理由は、我等のラテン語よりも（語彙が）豊富で、思想をよく表現する（言語だ）からである。

上述のすべての点において、真実の精神が彼等の心の中に宿るならば、彼等は我等よりも優れた素質を有すると言いうる。なぜなら、彼等が天性として有するものに我等が到達する為には、我等は大いなる努力を必要とするからである。

〈著者紹介〉
レナート・ミナミ（Renato Minami、本名：亀川正紀）
1949年福岡県出身。10歳で東京へ、早稲田大学法学部卒。総合商社入社、25歳でブラジルへ（ポルトガル語）研修、30歳でブラジル・サントス駐在、自動車輸入（フランス、ドイツ他）50歳で退社。55歳で生家に戻る。レナート・ミナミはブラジルでの通称。

中野完二　（なかの・かんじ）
イラストレーター。1959年　大分県出身。デザイン専門学校卒業後、プロダクション勤務を経て1987年よりフリーランサー。広告イラストなどを手がける。

日本音楽著作権協会（出）許諾第1912806-901号

西欧音源《せいおうおんげん》の日本語《にほんご》1016《ミ〜レ》
日葡辞書《にっぽじしょ》にグラッチェ・ミ〜レ！

2022年１月12日　第１刷発行

著　者　　レナート・ミナミ
発行人　　久保田貴幸

発行元　　株式会社 幻冬舎メディアコンサルティング
〒151-0051　東京都渋谷区千駄ヶ谷4-9-7
電話　03-5411-6440（編集）

発売元　　株式会社 幻冬舎
〒151-0051　東京都渋谷区千駄ヶ谷4-9-7
電話　03-5411-6222（営業）

印刷・製本　シナジーコミュニケーションズ株式会社
装　丁　　弓田和則

検印廃止

Printed in Japan
ISBN 978-4-344-93732-1　C0095
幻冬舎メディアコンサルティングＨＰ
http://www.gentosha-mc.com/